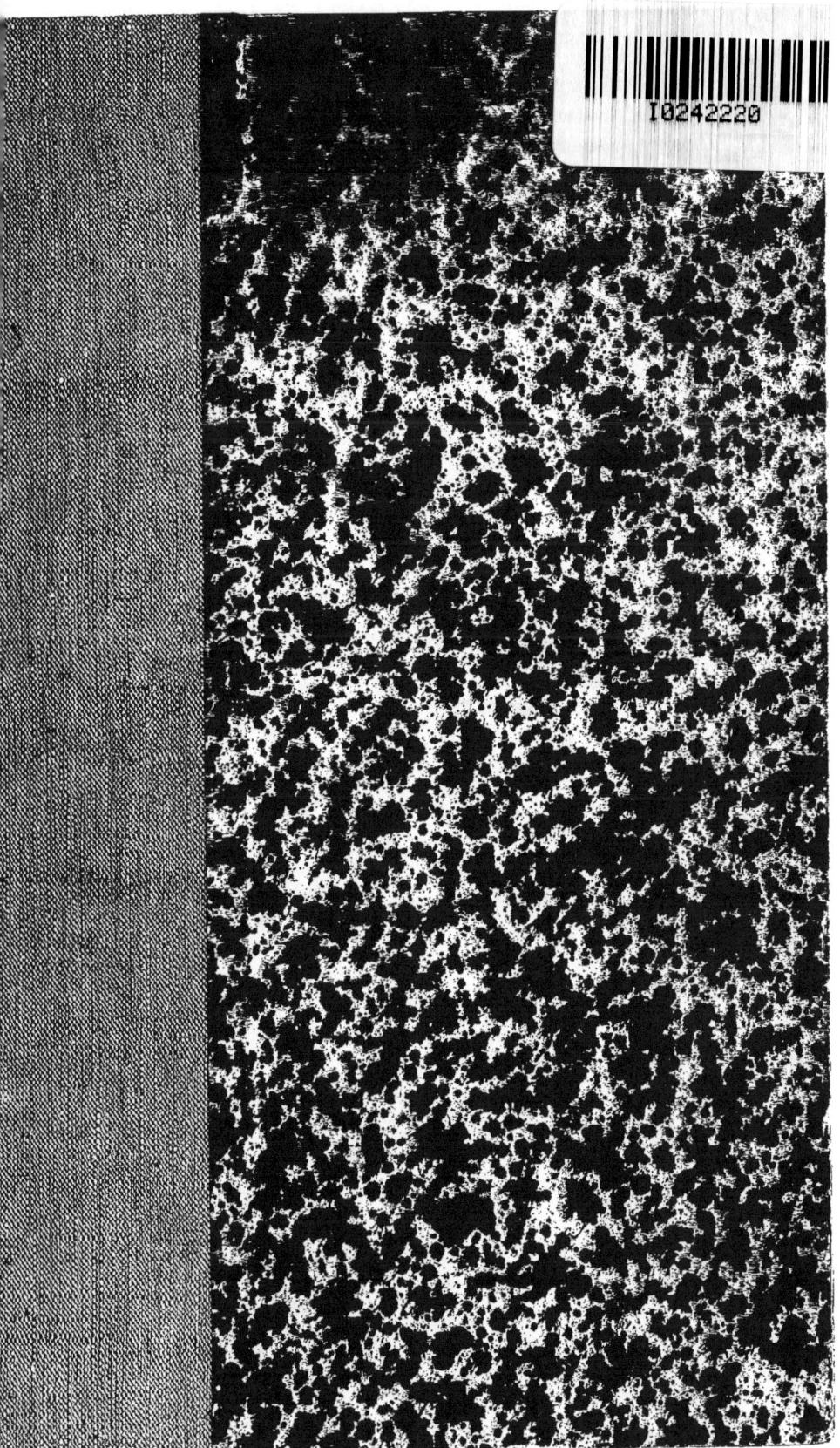

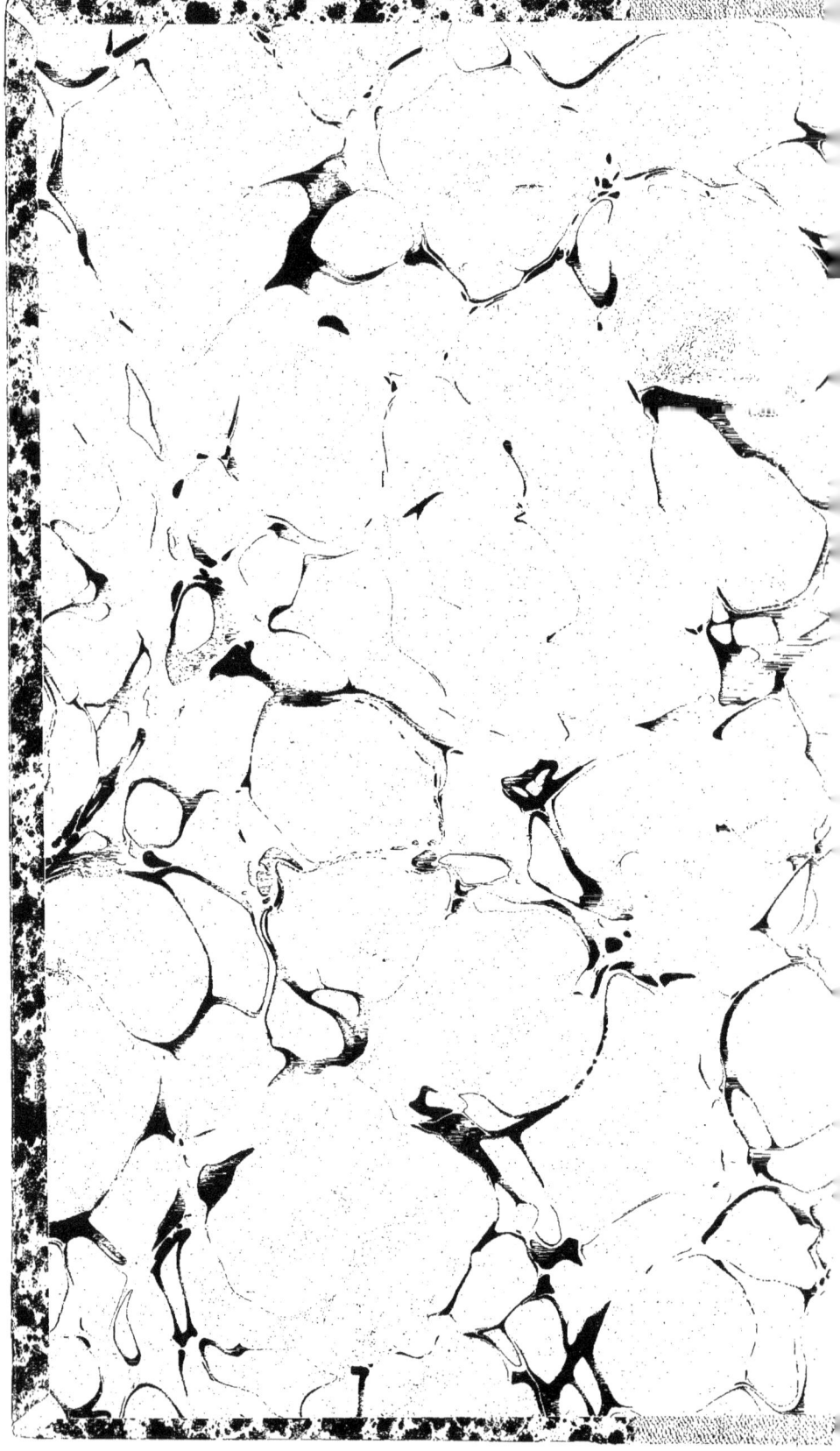

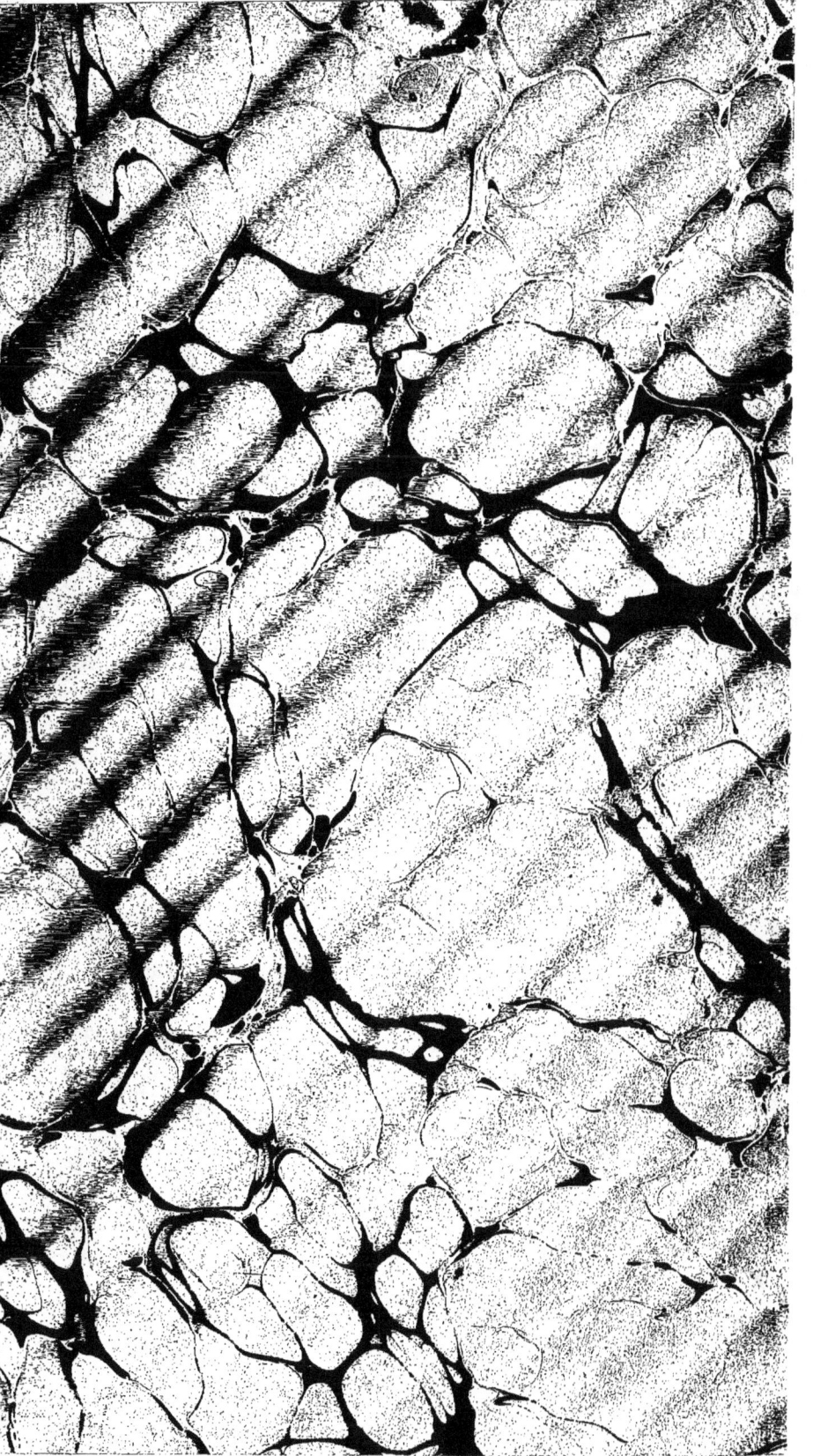

JACOBSON

ŒUVRES SCIENTIFIQUES

DE

M. J.-R. BOURGUIGNAT

OFFICIER D'ACADÉMIE
CHEVALIER DE LA LÉGION D'HONNEUR
SECRÉTAIRE GÉNÉRAL DE LA SOCIÉTÉ MALACOLOGIQUE DE FRANCE
MEMBRE HONORAIRE OU CORRESPONDANT
DE NOMBREUSES SOCIÉTÉS SAVANTES OU ACADÉMIQUES
DE FRANCE ET DE L'ÉTRANGER, ETC.

PRÉCÉDÉES

D'UNE PRÉFACE BIOGRAPHIQUE

PAR

Le Dr GEORGES SERVAIN
Président de la Société malacologique de France

PARIS
IMPRIMERIE D. DUMOULIN ET Cie
5, RUE DES GRANDS-AUGUSTINS, 5

DÉCEMBRE 1891

ŒUVRES SCIENTIFIQUES

DE

M. J.-R. BOURGUIGNAT

ŒUVRES SCIENTIFIQUES

DE

M. J.-R. BOURGUIGNAT

OFFICIER D'ACADÉMIE
CHEVALIER DE LA LÉGION D'HONNEUR
SECRÉTAIRE GÉNÉRAL DE LA SOCIÉTÉ MALACOLOGIQUE DE FRANCE
MEMBRE HONORAIRE OU CORRESPONDANT
DE NOMBREUSES SOCIÉTÉS SAVANTES OU ACADÉMIQUES
DE FRANCE ET DE L'ÉTRANGER, ETC.

PRÉCÉDÉES

D'UNE PRÉFACE BIOGRAPHIQUE

PAR

Le D' GEORGES SERVAIN

Président de la Société malacologique de France

PARIS

IMPRIMERIE D. DUMOULIN ET Cie

5, RUE DES GRANDS-AUGUSTINS, 5

DÉCEMBRE 1891

Parmi les Malacologistes, il existe peu de savants dont les idées scientifiques aient soulevé d'aussi violentes inimitiés que celles dont s'honore notre Collègue, inimitiés inhérentes à son rôle d'innovateur.

Si, d'une part, les colères de ceux dont il a troublé la quiétude ne lui manquent pas, il a su, d'autre part, par son inaltérable affabilité, conquérir l'amitié de tous ceux qui l'approchent.

Il est quelqu'un.

Né à Brienne-Napoléon (Aube), le 29 août 1829, après ses humanités passées à Troyes, en Champagne, notre Collègue vint à Paris, en 1850, dans l'intention de s'adonner aux études du Droit; mais poussé invinciblement vers celles des Sciences Naturelles, il abandonna bientôt les premières pour se livrer entièrement aux secondes. Dès 1852, il publiait une des parties scientifiques du voyage en Orient de M. F. de Saulcy, de l'Institut, et dès 1853, lors de la création de la Chaire de Paléontologie, il était appelé par le célèbre Alcide d'Orbigny à la place de Préparateur de ce cours au Muséum de Paris, place qu'il conserva jusqu'à la mort de ce savant illustre, dont il était devenu l'aide et l'ami.

A partir de cette époque, poussé par l'ardeur du travail, notre Collègue s'adonna sans réserve aux études scientifiques; chaque année, il fit paraître de nombreux Mémoires sur l'Archéologie, l'Épigraphie, la Botanique, la Géologie, l'Ostéologie, la Paléontologie et la Malacologie. C'est surtout cette dernière, sa science favorite, qui servit de thème à ses multiples ouvrages, et c'est au point de vue malacologique qu'il est intéressant d'étudier cet auteur et de montrer les évolutions scientifiques que l'étude, la réflexion et le travail ont apportées dans la série de ses travaux sur cette matière.

La Science malacologique, à l'époque où notre ami commença ses publications, était une science encore mal assise; à peine datait-elle, du reste, d'une cinquantaine d'années. On avait alors l'habitude d'envisager les formes spécifiques sous un aspect tout particulier. On s'imaginait faire preuve de savoir et de coup d'œil en agglomérant sous un nom des séries entières de formes la plupart du temps très différentes les unes des autres, et en allongeant, sous ce nom, des kyrielles de citations synonymiques ordinairement inexactes. Chacun, du reste, comprenait l'Espèce à sa fantaisie. Il n'y avait à ce sujet ni règles ni méthode. Pour les uns, les formes spécifiques consistaient en une réunion d'une ou de plusieurs variétés ; pour les autres, en une agglomération plus considérable. Chacune des Espèces, amalgame parfois insensé de formes distinctes, était, de plus, tantôt scindée en sous-espèce, tantôt démembrée, et les démembrements passaient alors sur les congénères voisines. En un mot, un vrai chaos.

Les premiers travaux de notre Collègue, encore sous l'empire des idées qui avaient cours à cette époque, portent le cachet de cette manière spécifique ; mais, peu à peu, au fur et à mesure que l'étude et la réflexion lui montrèrent l'insanité de ce mode, ses travaux se modifièrent et finirent par changer complètement de facture.

Pour notre Collègue, l'*Espèce malacologique* n'existe pas.

En Malacologie, à son sens, tout n'est que modifications, par cela même que parmi les animaux, les Mollusques sont, de tous les êtres, les plus aptes à subir les influences des milieux, parce qu'ils ne peuvent s'y soustraire. En présence de ces modifications, il a donc pensé qu'il fallait considérer l'*Espèce malacologique comme une chose abstraite, et élever néanmoins au niveau spécifique, pour le besoin zoologique,* toute forme caractérisée par *trois signes distinctifs* nets et constants.

Cette Méthode nouvelle, qui, au grand mérite

de supprimer l'arbitraire, en ajoute encore un plus grand, celui d'attribuer aux spécifications une allure mathématique, donne à cette Science une netteté, une clarté, une précision qui lui était jusqu'alors inconnue.

Les formes spécifiques comprises de cette façon, c'est à dire envisagées comme les résultantes des influences vitales et climatologiques, ont conduit notre Collègue à des découvertes inattendues.

Avec les formes sur lesquelles, à force de patience et d'étude, il est parvenu à lire les signes résultants du froid, de la chaleur, de la sécheresse ou de l'humidité, il est parvenu, disons-nous, en remontant des effets aux causes, à rétablir les anciennes climatologies, comme celles du bassin de la Seine aux époques préhistoriques [1], à chiffrer les dates des dépôts, ainsi qu'il l'a fait pour les dépôts inférieurs des dolmens de l'Algérie [2], et même à recomposer la topographie d'un pays, comme il a si heureusement réussi pour la colline de Sansan de l'époque Miocène [3], etc...

---

1. Voir *Mollusques terrestres et fluviatiles des environs de Paris à l'époque quaternaire.* In-4. Paris, 1869.
2. *Histoire des monuments mégalithiques de Roknia.* In-4. Paris, 1869.
3. *Histoire de la colline de Sansan*, précédée d'une Notice géologique, et suivie d'un aperçu climatologique et topographique de Sansan à l'époque des dépôts de cette colline. In-8. Paris, 1881.

Avec l'ancien Système, ce n'étaient que descriptions plus ou moins réussies, que classifications plus ou moins naturelles, souvent même antinaturelles, sans déductions, sans aperçus nouveaux, sans ce quelque chose, enfin, qui donne à une science un but et une portée intelligente. Avec la nouvelle Méthode, l'horizon se développe, le champ des investigations s'agrandit, la subordination des caractères rend logiques les classifications, la spécification devient mathématique et les formes actuelles, sans compter leur importance zoologique, se transforment, entre les mains de ceux qui savent les comprendre, en médailles de la nature, avec lesquelles l'on peut rétablir la climatologie, reproduire les paysages des régions disparues et chiffrer les dates des temps à jamais passés.

Cette Méthode de notre ami, cause de si fortes et de si nombreuses inimitiés, est un des grands services qu'il aura rendus à la Science malacologique.

Si les personnes attachées aux vieilles idées, inféodées à l'ancienne école, se sont constituées naturellement ses détracteurs, d'autres, amies du progrès, ont reconnu en lui le chercheur, le savant zélé et infatigable, en un mot, l'homme de science.

L'État l'a récompensé par la croix de la Légion d'honneur, le Ministère de l'Instruction publique par les Palmes académiques; la Société malacologique de France l'a nommé son secrétaire général à vie; l'Academia panormitana scientiarum, l'Institut égyptien, la Société de climatologie algérienne, la Conchological Society of Great Britain and Ireland, l'Academy of natural Sciences of United-States, siégeant à Philadelphie, etc..., ont tenu à honneur de l'admettre dans leur sein; enfin, un grand nombre de Sociétés savantes ou académiques de Paris et des départements le comptent parmi leurs membres.

Les travaux de notre Collègue sont nombreux: ils atteignent le chiffre de cent quinze. Eh bien! ces ouvrages forment à peine la moitié de ce qu'il a fait paraître ou en volumes séparés, ou dans des recueils scientifiques, ou des Revues, voire même dans des journaux, soit sous le nom de ses amis, soit sous des pseudonymes, soit sous des astérisques. L'énumération serait longue s'il fallait mentionner toutes ces productions. Du reste, nous ne les connaissons pas toutes, et nous sommes persuadés que l'auteur lui-même a perdu le souvenir d'un grand nombre.

Doué d'une grande facilité de travail, d'un coup d'œil remarquable, d'une rare rectitude de jugement et surtout d'une mémoire prodigieuse, notre Collègue a semé son savoir, fruit de persévérantes études, sur presque toutes les branches

ŒUVRES SCIENTIFIQUES
DE
M. J.-R. BOURGUIGNAT

ÉPIGRAPHIE, ARCHÉOLOGIE

I. — Inscriptions romaines de Vence (Alpes-Maritimes). Paris, 1869, impr. Bouchard-Huzard. 1 vol. in-8, avec 5 planches teintées.

Les inscriptions de la ville de Vence, toutes du troisième siècle, sont votives, honorifiques, funéraires ou milliaires.

Les *votives* sont dédiées à la « Matri idææ » et à « Marti vintio », c'est-à-dire à Cybèle et au dieu Mars de Vence. Une, entre autres, fait mention du sacrifice du taurobole.

Les *honorifiques*, décrétées par l'ordre des décurions de Vence, « ordo vintiensium », sont en l'honneur des empereurs : Marcus Aurelius Antoninus (*Héliogabale*, 218-222), de Marcus Antoninus Gordianus (*Gordien*, III, 238-244), de Cneius Messius Quintus Trajanus Decius (*Dèce*, 249-251); enfin, d'un « Princeps juventutis », Publius Cornelius Licinius Valerianus, fils et petit-fils des empereurs Valérien et Galien.

Parmi les *funéraires*, qui sont nombreuses, une, plus que toutes les autres, a une importance majeure, parce qu'à propos de la mention d'un « Collegium juvenum », elle enseigne le véritable nom des anciennes peuplades ligures qui vivaient autrefois sur le territoire de Vence, celui de *Nemesii*, au lieu de *Nerusii*, sous lequel elles avaient été, jusqu'à présent, faussement désignées.

Lorsque l'empereur Auguste fit construire le monument de la Turbie, il y fit graver les noms de toutes les peuplades vaincues des Alpes-Maritimes. A l'invasion des Barbares, il n'est pas resté, sauf deux ou trois mots, trace des noms qui y avaient été gravés.

Un seul auteur, Pline l'ancien ou le naturaliste, a transmis l'inscription de la Turbie. On ne connaît donc les noms des anciennes peuplades ligures que par la reproduction manuscrite de Pline.

Or, dans le texte de Pline, copié et recopié, Dieu sait combien de fois, il s'est trouvé l'appellation « *Nerusii* » que les géographes ont appliquée au peuple du territoire de Vence. Ce mot « *Nerusii* », cité d'après un seul auteur, est donc un mot estropié. Le vrai nom, comme l'indique l'inscription du « Collegium juvenum », est celui de Nemesii.

Les inscriptions *milliaires* sont également des plus intéressantes ; elles révèlent l'existence d'une nouvelle « via romana » de Vence à Salinium (Castellane). Cette voie, dont la restauration (pontes viamque vetustate collabsas) fut exécutée sous les empereurs Marcus Aurelius Antoninus (*Caracalla*, 211-217) et Caius Julius Verus Maximinus (*Maximin*, 235-238), se dirigeait du sud au nord, contrairement aux deux seules voies connues à cette époque, la « via Aurelia », qui traversait la contrée des « Alpium Maritimarum » de l'est à l'ouest, d'Albintimilio (Ventimiglia) à Forum Julii (Fréjus), et la « via Julia Augusta », qui de Trebbia, dans le Milanais, venait aboutir à Cemeneleum

(Cimiez), en longeant, depuis la Turbie, la « via Aurelia ».

II. — Description de la grande caverne du Djebel Thaya et des inscriptions dédiées à la Divinité topique de ce vaste souterrain (Province de Constantine). Paris, 1870, imp. Bouchard-Huzard. 1 vol. in-4, avec cartes et figures intercalées dans le texte.

Cette caverne, connue sous le nom de « Caverne de la Mosquée » (R'ar el Djema), est un effroyable précipice d'une profondeur verticale de près de 300 mètres, d'après les constatations du général Faidherbe, du capitaine Rouvière et celles de l'auteur.

Les inscriptions, découvertes dans une des galeries de cette caverne, sont au nombre de 64, 53 sur la paroi gauche, 8 sur celle de droite, 3 enfin au sommet de la voûte.

Ces inscriptions, des deuxième et troisième siècles, la plupart dédiées au dieu Bacax [Bacaci augusto sacrum], sont votives; quelques-unes, funéraires, sont consacrées à la mémoire des malheureux perdus dans cet insondable souterrain.

D'après les inscriptions votives, chaque année, au printemps, les édiles, ou magistrats, des « Aquæ thibilitanæ », petite ville romaine dont les ruines sont proches d'Hammam Meskhoutin, les fameux bains maudits des Arabes, venaient, en grande pompe, offrir un sacrifice au dieu de cette caverne.

Pour accomplir ce sacrifice, les édiles, précédés d'un « magister sacrorum », descendaient l'effrayante inclinaison (100 *mètres*) de la grande salle, parvenaient à la galerie du balcon, où, du haut de cette galerie, ils apercevaient, au milieu de la profonde salle de la Djema, l'autel du dieu.

Ce dieu topique, d'origine phénicienne, puis carthaginoise, était une divinité du creux et de l'épouvantement.

Cette caverne lui avait été consacrée, parce qu'elle était un repaire d'ursidés, d'où ces hôtes terribles avaient, par leur férocité, répandu au loin la crainte et la terreur.

III. — Notice sur une pierre tombale conservée en l'église Notre-Dame de la Ville-au-Bois. Bar-sur-Aube, 1855, impr. Jardeaux-Ray. 1 vol. in-4, avec titre et planches chromolithographiés.

Cet ouvrage, tiré à 100 exemplaires numérotés, imprimé avec le plus grand luxe, avec des en-têtes de chapitre chromolithographiés rappelant ceux des anciens manuscrits, est consacré à la mémoire de deux seigneurs de la Terre, Nicolas de Rochetaillée, chevalier du Saint-Sépulcre, décédé le 23 mai 1500, et de noble dame Jehanne d'Amoncourt, sa femme, décédée le 23 mai 1496.

Le récit de la vie de ces deux personnages, leur généalogie, ainsi que la description de leurs armes héraldiques, n'ont qu'un intérêt purement local.

Cet ouvrage, qui n'a jamais été mis dans le commerce, est depuis longtemps devenu une rareté recherchée par les amateurs de beaux livres.

MÉGALITHOLOGIE, ANTHROPOLOGIE

IV. — Monuments symboliques de l'Algérie.
Paris, impr. Bouchard-Huzard, 1868. In-4, avec 3 pl. n. lithogr.

Description des monuments de l'*Homme*, du *Scorpion*, etc., et du grand *Serpent* du Kef-ir'oud, découverts en Algérie. Comparaison de ces monuments avec ceux de l'Amérique du Nord et du grand Serpent d'Abury, en Angleterre.
Constatation d'une identité parfaite entre ces gigantesques symboles funéraires (long. de l'Homme, 174 mètres; du Scorpion, 75 mètres; du Serpent, 3 500 à 4 000 mètres), tant au point de vue de la forme, du mode de construction, qu'au point de vue de la conception religieuse, qui ont présidé à leur érection.
Ces monuments symboliques ont tous une origine commune. Ce sont des monuments *particuliers* à une race éteinte, à la *race atlante*, qui, aux époques préhistoriques, avait étendu sa domination aussi bien sur l'Amérique septentrionale que sur la partie occidentale de l'Europe et le Nord de l'Afrique [1].

V. — Histoire des monuments mégalithiques de Roknia, près d'Hammam Meskhoutin, en Algérie. Paris, impr. Bouchard-Huzard, 1868. Un vol. in-4, avec fig. intercalées dans le

---

1. Voir *Histoire des Clausilies vivantes et fossiles de France* (in : Annales sciences naturelles de Paris, 1876), au sujet des *Nénies atlantiques* acclimatées par cette race dans le département des Basses-Pyrénées.

texte, 2 cartes coloriées et 9 planches teintées, dont 3 de dolmens, 1 de bijoux, 2 de poteries et 3 de crânes.

Aspect de l'immense champ mortuaire de Roknia. Fouilles exécutées dans vingt-huit dolmens, donnant la preuve :

1° Que ces monuments étaient d'antiques tumulus ne possédant plus que la partie solide, la chambre sépulcrale, en un mot le dolmen ;

2° Que tous les dolmens, à l'exception d'un seul, étaient obliquement orientés du sud-ouest au sud-est ;

3° Qu'enfin, ils étaient tous remplis d'ossements, d'humus et de débris de coquilles.

L'examen de l'humus, des coquilles et des ossements a montré :

1° Que l'humus était, en partie, le produit du déblayement des tumulus, en partie celui du transport de terres étrangères par le vent, par la pluie ou par toute autre circonstance ;

2° Que les coquilles étaient les dépouilles de Mollusques réfugiés dans les chambres sépulcrales, dans le but de s'y mettre à l'abri du froid, de la chaleur ou de la sécheresse ;

3° Que les ossements étaient les restes de cadavres ensevelis, en l'honneur desquels les monuments funéraires avaient été construits.

D'après les savantes études craniologiques du Dr Pruner-Bey, ces ossements ayant appartenu : 1° à des Arias ; 2° à des Berbères ou Kabyles ; 3° à des Nègres ; 4° à une femme égyptienne de la 17° ou 18° dynastie ; 5° enfin, à des métis de Nègres et de Berbères, il est constaté :

1° Que les cadavres étaient couchés sur le dos, les jambes repliées et les bras croisés;

2° Qu'ils étaient indifféremment placés, regardant tantôt le sud-ouest, tantôt le nord-est;

3° Qu'à côté de chaque tête d'homme (et non de femme) se trouvaient un et quelquefois deux vases;

4° Que ces vases, non cuits, faits à la main, fort grossiers, rappelaient les poteries de nos dolmens;

5° Que les bijoux affectaient les formes de prédilection des bijoux de l'époque du bronze en Danemark, en Angleterre, en Étrurie;

6° Que ces bijoux de bronze, à l'exception de deux en argent doré, présentaient à l'analyse chimique les proportions des bronzes antiques, bien qu'il s'y trouvât quelques parcelles de fer;

7° Que *les plus grandes* sépultures renfermaient un ou deux cadavres, tandis que *les petites* en contenaient un plus grand nombre;

8° Que presque tous les crânes des *grandes* sépultures étaient des crânes de type *dolicho-pentagonal de race arias*; lorsque ceux des *petits* dolmens appartenaient soit à des nègres, des métis, soit, pour la plus grande partie, à des Berbères ou Kabyles;

9° Enfin, *que les Arias*, paraissant, d'après leurs sépultures, les plus riches, les plus puissants, *devaient être les dominateurs* des tribus berbères de Roknia.

Tels sont les faits qui découlent d'un examen approfondi de ces monuments.

La seconde partie de cet ouvrage *est consacrée à la recherche de l'âge de ces sépultures.*

D'après les études géologiques et minéralogiques du sol et des pierres des dolmens, constatation :

1° Qu'à l'origine le sol de Roknia était un gigantesque Hammam, un colossal cratère d'eaux chaudes et minérales;

2° Que cet Hammam s'est éteint peu à peu, après avoir donné naissance aux immenses dépôts qui forment actuellement le sol du pays ;

3° Que les tribus environnantes, pour se mettre sous la protection d'une divinité qui manifestait sa puissance par d'aussi étonnants phénomènes, avaient affecté ce lieu à un champ de sépultures;

4° Que les ensevelissements eurent lieu dès l'origine du refroidissement, puisqu'il existe des dolmens *où les ossements sont calcinés* sous l'influence d'un feu intérieur mal éteint;

5° Que ce foyer de chaleur était refroidi bien avant l'arrivée des peuples historiques, qui n'en eurent nulle connaissance et qui n'y établirent aucune construction;

6° Enfin, par conséquent, que ces sépultures sont antérieures aux périodes romaine, numide et carthaginoise.

Grâce à la science malacologique, preuves :

1° Qu'il existait, entre les coquilles d'*une même Espèce* enfouies *dans les couches inférieures* en contact avec les ossements et celles *des couches supérieures*, de GRANDES DIFFÉRENCES de forme ;

2° Que ces différences étaient la conséquence d'*un changement lent, continu*, dans le climat de Roknia, depuis l'époque des ensevelissements jusqu'à nos jours ;

3° Qu'autrefois, *d'après les coquilles des couches inférieures, la moyenne climatologique de Roknia devait être de 10° et de cent cinquante jours de pluie*, sans compter les jours couverts et brumeux;

4° Qu'actuellement, la moyenne est de 17° 50' avec cinquante jours de pluie ;

5° Que, lors des ensevelissements, le climat de Roknia, *gravé en caractères ineffaçables sur les coquilles,* était donc *plus froid et deux fois plus humide,* puisque les différences thermométriques et climatologiques sont de 10° à 17° 50', et que les jours pluvieux sont de cent cinquante à cinquante ;

6° Que, pour retrouver une climatologie *actuelle* analogue à celle de l'époque des sépultures, il faut remonter vers le pôle de 12° 50', jusqu'au 49° de latitude nord ;

7° Que ces changements dans le climat ne sont les conséquences ni du déboisement ni d'une perturbation géologique, mais qu'ils proviennent des résultantes des grandes lois cosmiques : A, de la variation de l'excentricité de l'orbite de la terre ; B, de la variation de l'obliquité de l'écliptique ; C, de la précession des équinoxes, combinée avec le mouvement des apsides ;

8° Que, d'après ces lois et en appliquant à leurs données les lois météorologiques, une température moyenne de 10° et de cent cinquante jours de pluie devait nécessairement avoir existé à Roknia, entre les 36 et 37° de latitude nord, vers l'an 2200 avant notre ère ; par conséquent, que ces sépultures dolméniques remontent à cette époque.

C'est la première fois que la DATE D'UNE ÉPOQUE SUR LAQUELLE IL N'EXISTE AUCUNE TRADITION a été nettement chiffrée.

Le but de ce travail a été de montrer *l'immense parti que l'on pouvait tirer de la science malacologique, lorsqu'elle était bien comprise,* pour arriver à la connaissance de la chronologie des temps préhistoriques.

VI. — Monuments mégalithiques de Saint-Cézaire, près de Grasse (Alpes-Maritimes), Cannes, impr. H. Vidal, 1876. In-8, avec 3 pl. n. lithogr.

Découverte de huit monuments dolméniques aux environs de Saint-Cézaire, et description du dolmen des *Puades*, sur le Maulvans, à 4 kilomètres à droite de la route de Saint-Vallier.

D'après la succession des couches de ce dolmen, l'examen des ossements, des instruments, etc., constatation que ce monument a été primitivement érigé pour la sépulture d'un homme de *race ligure*; qu'à la longue, par suite de l'intempérie des saisons, la chambre mortuaire ayant été mise à découvert, elle servit de demeure ; puis qu'elle redevint plus tard le lieu d'une sépulture d'un homme de *race celte*, et qu'enfin, après un long temps, elle fut encore utilisée pour l'ensevelissement d'un homme de *race ligure*.

Ces trois ensevelissements successifs sont fort remarquables. Les Mollusques, recueillis dans les différentes couches de l'humus, dénotent un monument relativement récent, élevé quelques siècles seulement avant notre ère.

OSTÉOLOGIE, PALÉTHÉROLOGIE

VII. — **Notice sur un Ursus nouveau découvert dans la grande caverne du Thaya** (province de Constantine). Paris, impr. Mme Ve Bouchard-Huzard, 1867. Br. in-8.

Ce Mémoire, consacré à la connaissance d'un Ursus nouveau, l'*Ursus Faidherbianus*, contient : 1° la description de la mâchoire de cet Ursus ; 2° une histoire des Ursidæ du Nord de l'Afrique, depuis Pline jusqu'à nos jours ; 3° enfin, un résumé paléthérologique constatant l'existence, dans les régions algériennes et marocaines, de trois Ursidæ : un *Ursus Crowtheri* (Schinz), au Maroc ; un grand *Ursus fossile*, innommé, découvert par M. Milne-Edwards dans une brèche ossifère, entre Oran et Mers-el-Kebir ; enfin, l'*Ursus Faidherbianus*, de la province de Constantine.

VIII. — **Notice prodromique sur quelques Ursidæ d'Algérie.** Paris, impr. Mme Ve Bouchard-Huzard, 1868. Br. in-8.

Description très succincte de quatre Espèces d'Ursidæ : les *Ursus Lartetianus* (spec. nov.), *Rouvieri* (spec. nov.), *Letourneuxianus* (spec. nov.) et *Faidherbianus*.

Ces Ursus sont séparés en deux séries : 1° en Espèces offrant dans la fosse olécranienne de l'humérus une grande perforation (*Urs. Lartetianus* et *Rouvieri*) ; 2° en Espèces n'offrant jamais de perforation olécranienne (*Urs. Letourneuxianus* et *Faidherbia-*

— 12 —

nus). Dans chacune de ces séries se trouvent une grande et une petite Espèce.

IX. — Note complémentaire sur diverses Espèces de Mollusques et de Mammifères découvertes dans une caverne près de Vence, à propos d'une communication faite à l'Institut, à la séance du 15 juillet 1868, par M. MILNE-EDWARDS. Paris, impr. Mme Ve Bouchard-Huzard, 1868. Br. in-8.

Vingt Espèces sont signalées de la caverne Mars, de Vence (Alpes-Maritimes), notamment les *Helix Euzierriana* (spec. nov.) du groupe des *Helix figulina* et *albescens* d'Orient ; *Helix Binetiana* (spec. nov.), forme ancestrale de la *Niciensis* actuelle ; *Helix Maureliana* (spec. nov.), sorte de Campylée, rappelant les formes spéciales au plateau asiatique et notamment l'*Helix Middendorfi*, de la région de l'Amour, enfin nombre d'échantillons, incomplètement *némoralisés*, de l'*Helix nemoralis* (Linneus), ayant conservé encore quelques traits de leurs ancêtres de forme, les *Helix atrolabiata, Pallasi, repanda*, etc. Parmi les mammifères, le *Felis Edwardsiana* (spec. nov.), regardé depuis comme un *Tigris*; un autre *Felis*, décrit plus tard sous le nom de *Leopardus Filholianus* (spec. nov.); un *Canis*, de la série des *Lupus*, publié depuis sous le nom de *Lycorus Nemesianus* (spec. nov.); le *Cuon europeus* (spec. nov.), canidé nouveau voisin du *Cuon primœvus* de l'Indoustan ; l'*Ursus Bourguignati*, décrit en 1867 par le professeur Ed. Lartet[1], Espèce de grand Ours marin, allongé,

---

1. Note sur deux têtes de carnassiers fossiles, in : Ann. sc. nat. (5e série), VIII, 1867.

très haut sur jambes et ayant des traits de ressemblance avec l'*Ursus ferox* de l'Amérique du Nord ; un *Ursus Pomelianus* (spec. nov.), Espèce de petite taille, pourvue de canines excessivement comprimées latéralement et offrant une grande perforation olécranienne à l'humérus ; un *Rhinoceros Mercki* (Kaup), animal très distinct du *Rhin. tichorhinus;* un *Sus primœvus* (spec. nov.), Espèce de grand Sanglier pourvu d'une tête proportionnellement énorme, terminée par un museau très allongé, acuminé, bombé en dessus, comprimé latéralement au-dessus des molaires, et se distinguant, en outre, de la tête du *Sus scrofa* d'Afrique, par la grande dilatation du frontal en forme de losange, par plus de rapprochement des crêtes temporales au voisinage de l'occiput, par la crête qui limite une fosse plus profonde au devant de l'orbite, par plus de simplicité dans les tubercules de la deuxième et de la troisième prémolaire supérieure, par une plus grande largeur du palais, etc.

Enfin, sont encore signalées de cette caverne plusieurs Espèces de *Bos*, *Musimon*, *Cervus* et *Lepus*.

Tous ces Animaux, de l'origine de la période quaternaire, offrent un grand intérêt, parce que la plupart d'entre eux, ayant conservé des réminiscences ataviques, confirment l'opinion émise par l'auteur, qu'en France, il n'y a pas de faune propre et spéciale au pays, mais une faune d'emprunt, une faune d'acclimatation.

D'après les données fournies par l'étude de la malacologie, l'auteur avait démontré, en effet, qu'au commencement de l'Époque quaternaire, les Animaux avaient peu à peu envahi, d'Orient en Occident, les pays montueux qui s'étendent du grand plateau central de l'Asie jusqu'à l'extrémité des Pyrénées ; il avait également prouvé qu'à la longue, par suite des changements de milieu, les Animaux s'étaient insensiblement modifiés, sans cependant perdre complètement leur forme atavique, mais s'étaient modifiés suffisamment pour présenter des caractères assez stables et assez distincts pour qu'on ait pu les considérer comme Espèces. Les Mollusques et les Mammifères de la caverne Mars prouvent cette théorie, puisque, parmi eux, comme les Cuons de l'Himalaya, par exemple, il s'en trouve qui n'avaient pas encore dévié du type primitif, et d'autres qui commençaient à perdre leurs formes ataviques pour s'assimiler des caractères plus appropriés aux nouveaux milieux dans lesquels ils étaient forcés de vivre, témoin ces *Helix nemoralis*, incomplétement némoralisées, qui avaient conservé encore quelques ressemblances de leurs ancêtres de forme.

Il résulte de ces faits que : *l'Espèce est relative sous la double influence du temps et des milieux.*

X. — **Histoire du Djebel-Thaya et des ossements fossiles recueillis dans la grande caverne de la Mosquée.** Paris, imp. Mme Ve Bouchard-Huzard, 1870. Un vol. in-4 avec 13 pl. d'ossements fossiles, 10 cartes coloriées et inscriptions intercalées dans le texte.

Description de la montagne du Thaya ; topographie, étendue et immense profondeur verticale (300 mètres) de la caverne de la Mosquée ; récit des explorations et histoire détaillée des Ursidæ du Nord de l'Afrique.

Les fouilles exécutées dans cet immense souterrain ont donné 1000 à 1200 ossements appartenant à vingt et une Espèces de Mammifères, sur lesquelles onze Espè ces encore actuellement vivantes et dix éteintes. Les Espèces vivantes sont le *Pithecus inuus*, ou le Magot commun ; le *Lupulus aureus*, ou le Chacal ; le *Vulpes atlanticus*, ou le Renard d'Algérie ; le *Felis leo*, ou le Lion ; le *Felis pardus*, ou la Panthère ; le *Sus scrofa*, ou le Sanglier ; l'*Equus caballus*, ou le Cheval ; l'*Histrix cristata*, ou le Porc-épic ; le *Musimon tragelaphus*, ou le Mouflon à manchettes ; le *Musimon corsicus*, ou le Mouflon de Corse, et une Espèce de *Bos*, sorte de Bœuf de très grande taille, dont le petit nombre d'ossements recueillis n'a pas permis une exacte détermination.

Les Espèces éteintes se décomposent en 4 Carnassiers de la famille des Ursidæ et 6 Ruminants de la famille des Antilopidæ (2 Antilopes, 1 Gazelle) et de celle des Ovidæ (3 Musimons).

Lorsque l'on considère séparément chacun des quatre Ursus (*Lartetianus*, *Letourneuxianus*, *Rouvieri* et *Faidherbianus*), on remarque entre leurs ossements des caractères spécifiques fort tranchés, qui dénotent des formes distinctes et qui impliquent des mœurs et des habitudes de vie fort différentes chez chacun de ces Ursus.

Ainsi, d'après le volume, la longueur et l'épaisseur des os, l'*Ursus Lartetianus* atteignait la taille d'un moyen *Ursus spelœus*, c'est-à-dire près de deux mètres du museau à la queue, et au moins un mètre en hauteur. Sa tête, à en juger par l'écartement angulaire du jugal, devait être analogue à celle du *spelœus*, si ce n'est plus large et relativement un tant soit peu plus courte. Ses membres antérieurs étaient également aussi longs et aussi robustes ; mais, par contre, ses membres postérieurs, moins volumineux, offraient un fémur plus court et un tibia plus long et plus délicat.

Cette différence de force et de puissance entre les membres de devant et le train de derrière indique les mœurs et la manière de vivre de cet animal. Cet Ours, d'après ces caractères, était peu apte à la course, mais il devait, au contraire, exceller, grâce à la puissance de ses membres antérieurs, à monter sur les arbres; par conséquent, il était frugivore. Ce qui démontre encore que cet Ursus ne devait chercher sa nourriture que sur les arbres, c'est cette perforation olécranienne caractéristique de la fosse humérale, qui ne peut être que le résultat de l'extrême pression qu'a dû subir si souvent la paroi osseuse de cette fosse, lorsque l'olécrâne, sous le poids de l'animal, venait s'arcbouter sur elle.

L'*Ursus Letourneuxianus*, moins robuste que le *Lartetianus*, mais relativement plus trapu, plus ramassé sur lui-même, possédait des membres parfaitement proportionnés en force et en puissance. Aussi, sans être un excellent coureur, il devait être plus agile que le *Lartetianus*, et assez alerte, lorsque la faim le poussait, pour pouvoir chasser et saisir une proie. Bien que les Ursus soient, de leur nature, essentiellement frugivores, cet animal devait indifféremment, pour apaiser sa faim, se nourrir de chair et de fruits. C'est ce qu'indiquent ses dents, qui sont toutes très usées et fortement polies. Cet Ursus possédait une tête d'une forme toute particulière. D'après le maxillaire gauche, la tête de cet animal devait être, grâce au faible écartement de l'arcade zygomatique, oblongue, peu dilatée à sa partie moyenne et terminée, vu le peu de développement de la partie dentaire et l'inclinaison presque droite de l'arête nasale, par un museau gros et écourté.

L'*Ursus Rouvieri*, au contraire, possédait une tête effilée et un museau étroit et fort allongé. De tous les Ours du Thaya c'était le plus agile. Cette Espèce devait être aussi apte à chercher sa nourriture sur les arbres, comme l'indique la perforation olécranienne de son humérus, que propre à poursuivre une proie et à la dévorer, ainsi que le dénote l'usure de ses dents. Cet animal, fluet, élancé, devait atteindre la taille de l'Ours des Pyrénées.

Quant à l'*Ursus Faidherbianus*, d'après le peu de débris que l'on en connaît, c'était le plus petit de tous ; à peine plus gros qu'un fort Renard, il devait, d'après sa dentition, être simplement frugivore.

Ces quatre Ursus n'ont pas été contemporains les uns des autres. Le plus ancien est le *Lartetianus*, puis le *Letourneuxianus*, ensuite le *Rouvieri* et le *Faidherbianus*.

Les deux Antilopes, la *Faidherbi* et la *Rouvieri*, d'après le petit nombre de débris extraits de la caverne, débris qui n'ont pu être assimilés aux ossements d'aucune des Espèces d'Antilopes africaines, étaient des animaux plus forts, plus robustes que pas une de leurs congénères actuellement vivantes du Sahara, de Nubie ou du Sénégal. Ces deux Espèces sont éteintes depuis bien des siècles, puisque leurs ossements ont été trouvés dans la couche la plus inférieure, dans celle où gisaient ceux de l'*Ursus Lartetianus*, le plus ancien des Ursus du Thaya.

La *Gazella atlantica* de la caverne de la Mosquée est également une Espèce perdue, qui n'a pu être assimilée aux *Gazella dorcas* et *corinna*, qui parcourent actuellement, en troupes, les plaines sahariennes du Sud algérien, parce que ces animaux sont non seulement d'une taille moitié moindre, mais encore parce qu'ils sont caractérisés par le canon des jambes de devant presque un quart plus court que celui de derrière. Chez l'*atlantica*, sans compter une taille double, les métacarpes sont presque aussi longs que les métatarses, ce qui indique un animal bien différent.

Enfin, quant aux trois Musimons (*Lartetianus*, *Faidherbi* et *Rouvieri*), d'après leurs ossements qui ont été reconnus très distincts de leurs similaires, ces Espèces ont été considérées comme des formes spéciales inassimilables aux autres Musimons actuellement connus.

XI. — Recherches sur les ossements de Canidæ constatés en France à l'état fossile pendant la période quaternaire. Paris, impr. Martinet, 1875. In-4, avec 3 pl. n. lithogr. (Même ouvrage format in-8, extrait des *Annales des Sciences géologiques*, 1875.)

Cet ouvrage comprend deux parties. Dans la première se trouve la description du *Cuon europæus*, des Alpes-Maritimes, précédée d'une notice sur le *Cuon primævus* de l'Himalaya.

La seconde partie est consacrée à la description d'un nouveau genre de Loup, le *Lycorus nemesianus* de la caverne Mars, et à l'histoire de tous les Canidæ quaternaires de France.

Les Canidæ fossiles de France (Belgique comprise) sont :

1° Le *Canis ferus* (spec. nov.), Espèce de Chien sauvage, type des nombreuses races de Chiens domestiques. C'est à tort que l'on croit que le Chien domestique descend d'une race de Loup. Les ossements du *Canis ferus* et du *Lupus* diffèrent d'une façon sensible les uns des autres ;

2° Le *Lupus spelœus*, Espèce de Loup de grande taille, plus robuste que le Loup ordinaire, et en différant par une élévation plus grande de la crête sagittale, qui, en même temps, s'abaisse plus vers sa partie postérieure; par le bord antérieur des prémolaires plus inclinées en arrière, par un écartement plus grand entre les dents, etc., enfin, par une étendue plus considérable des arrière-narines;

3° Le *Lupus Neschersensis*, Espèce de petit Loup de la taille d'un Renard;

4° Le *Lycorus nemesianus* (nov. gen. et spec. nov.), établi pour un Canidæ de grande taille, possédant un museau plus effilé, une tête moins large et plus allongée que celle des *Lupus* et n'ayant à la mâchoire inférieure que 3 prémolaires au lieu de 4, 1 forte carnassière et 2 tuberculeuses, dont une fort petite, comme embryonnaire.

5° Le *Cuon europæus* (spec. nov.), sorte de Canidæ ne possédant à la mâchoire inférieure qu'une seule tuberculeuse, et, à la troisième arête *postérieure* de la dent carnassière, une sommité *unique* subtriangulaire. Cet animal, d'après sa mâchoire, devait avoir une taille égalant celle du Loup et dépasser sensiblement celle du *Cuon primœvus* de l'Himalaya; il devait également être plus féroce et plus carnassier que le *primœvus;* ses dents plus volumineuses, à dentelures plus nombreuses, plus aiguës, dénotent, en effet, un naturel plus sauvage. C'est dans la caverne Mars de Vence que les ossements du *Cuon europæus* ont été découverts.

6° Le *Cuon Edwardsianus* (spec. nov.). Espèce établie d'après une mâchoire inférieure trouvée dans la caverne de Lunel-Viel, près de Montpellier, mâchoire considérée à tort, par les inventeurs, comme étant celle d'un Chien domestique. La dentition de cette mâchoire est celle d'un Cuon; toutes ses dents ressemblent à celles du *Cuon primœvus* de l'Himalaya, à l'exception de la dent carnassière, chez laquelle on remarque sur le talon postérieur deux éminences au lieu d'une. Malgré cette différence, cette mâchoire est bien celle d'une Espèce de Cuon;

7° Le *Vulpes vulgaris*, ou le Renard ordinaire. Les débris de cet animal se rencontrent dans presque toutes les cavernes; ils appartiennent à deux races de taille différente, races qu'il est impossible de distinguer ostéologiquement, l'une est la race *vulgaris*, l'autre la *major* de Schmerling.

8° Le *Vulpes minor*. Espèce créée pour un animal plus petit, moins élancé, plus trapu et plus bas sur jambes que le Renard ordinaire. Les ossements de ce *Vulpes*, moins longs que ceux du *vulgaris*, sont (proportion gardée), au contraire, plus gros et plus épais.

Ces divers *Canidæ* n'ont pas tous vécu en même temps. Voici l'ordre dans lequel ces animaux se sont succédé depuis le commencement de notre période quaternaire.

A la phase la plus ancienne (phase éozoïque), se montrent les *Cuon europæus* et *Edwardsianus*, et le *Lycorus nemesianus*.

Dans la seconde phase (dizoïque), le *Lycorus nemesianus* et le *Cuon europæus* n'existent plus; seul, le *Cuon Edwardsianus* apparaît encore, puis surgissent le *Canis ferus* (une ou deux races ou variétés), le grand *Lupus spelæus*, le *Lupus vulgaris* et le *Vulpes vulgaris*.

A la troisième phase (trizoïque), le *Cuon Edwardsianus* disparaît à son tour; les Chiens sauvages deviennent plus nombreux et commencent à se domestiquer. On y constate le *Canis ferus* avec un certain nombre d'Espèces ou de races classées par les auteurs sous le nom de *familiaris*, puis les *Lupus spelœus*, *vulgaris* et *Neschersensis*, enfin les *Vulpes vulgaris* et *minor*.

Les *Lupus spelœus*, *Neschersensis* et le *Vulpes minor* s'éteignent dans cette phase ; de sorte que dans la quatrième (ontozoïque), dans celle où nous nous trouvons, il n'existe plus que le Loup ordinaire *Lupus vulgaris*, et le Renard (*Vulpes vulgaris*) et de nombreuses races de Chiens domestiques, que les uns font descendre, à tort, du Loup ou du Renard, les autres d'un seul ou de deux ou trois types de *Canis ferus*.

XII. — Histoire des Felidæ fossiles constatés en France dans les dépôts de la période quaternaire. Paris, impr. Jules Tremblay, 1879. 1 vol. gr. in-4 avec 1 pl. double.

Les Felidæ quaternaires, découverts dans nos cavernes ou les alluvions de nos fleuves et de nos rivières (Belgique comprise) sont au nombre de vingt, répartis dans les genres Leo, Tigris, Leopardus, Felis, Lyncus et Machairodus.

Le genre *Leo* est représenté par le Lion ordinaire (Leo nobilis) et par le *grand Chat des cavernes* (Leo spelœus), sur lequel on a tant discouru.

Le genre *Tigris* est également représenté par deux Espèces, le *Tigris Edwardsiana* (spec. nov) des Alpes-Maritimes, et par le *Tigris europæa* (spec. nov.), très grand carnassier dont on n'a découvert que quelques ossements aux environs de Liège.

Les *Leopardus* sont au nombre de sept, ou plutôt au nombre de cinq seulement, attendu que les *Leo-*

pardus antiquus et *Laurillardi* sont plus que problématiques. Les cinq Léopards dont on peut être certain sont les *Leopardus Filholianus* (spec. nov.) et *presbyterus* (novum nomen pro *Felis prisca* de Schmerling), dont les ossements ont quelques rapports de forme avec ceux du *Couguar* (Felis concolor) de l'Amérique du Sud; le *Leopardus Larteti* (spec. nov.), Espèce qui offre quelques ressemblances avec le Léopard du Cap; le *Leopardus pardus*, qui paraît analogue aux Panthères du Nord de l'Afrique; enfin, le *Leopardus brachystoma* (spec. nov.), caractérisé par une large tête à museau très écourté.

Les *Felis* sont au nombre de six; les *Felis Engiholiensis* et *Servaloides* appartiennent au groupe du Serval; les quatre autres, les *Felis magna, fera, catus* et *minuta*, à celui des *Chats* ou des *vrais* Felis.

Le genre Lyncus comprend deux Espèces, le *Lyncoides* et le *Lynx*, qui seul se perpétue encore de nos jours dans les Alpes; enfin, on ne connaît du genre *Machairodus* que le *latidens*, dont on n'a trouvé que quelques débris dentaires.

Si tous ces carnassiers avaient vécu en même temps, le sol de notre pays aurait été inhabitable, mais heureusement ils se sont ainsi succédé.

Dans la première phase quaternaire (éozoïque), à laquelle appartiennent les brèches de Nice, d'Antibes, de la caverne Mars de Vence, etc., on voit apparaître le *Tigris Edwardsiana*, puis les *Leopardus antiquus, Filholianus, Larteti* et *brachystoma*.

Dans la seconde (dizoïque), dans laquelle il convient de placer les dépôts marins du Midi, ceux de la caverne de Lunel-Viel et de diverses grottes de Provence, on constate les *Leo spelœus* et *nobilis*, le *Leopardus pardus* et les *Felis servaloides* et *fera*.

Dans la troisième phase (trizoïque), contemporaine des dépôts de Saint-Acheul, près d'Amiens, et de ceux connus sous le nom de *hauts-niveaux*, de tous nos fleuves, ainsi que de ceux d'une infinité de grottes et de cavernes, on constate également les *Leopardus pardus*, le *Felis fera*, les *Leo nobilis* et *spelœus*, qui atteint son maximum de vitalité, puis, en outre, le *Tigris europæa*, le *Leopardus presbyterus*, les *Felis engiholiensis* et *magna*, le *Lyncus lyncoides* et *Machairodus latidens*.

Dans la quatrième phase (ontozoïque), qui comprend les assises supérieures des cavernes, les dépôts des *bas-niveaux*, des marais tourbeux, etc., enfin toutes les alluvions récentes ou actuelles, on ne remarque plus que les *Felis fera*, *minuta* et *catus*, et le *Lyncus lynx*.

Les Felidæ de la première phase se sont éteints dans cette phase.

Ceux de la seconde, à l'exception du *Leop. servaloides*, se sont tous éteints dans la troisième.

En cette troisième, qui semble être la grande époque des carnassiers, se trouvaient les plus grands représentants de la famille des Felidæ. C'est alors que nos contrées étaient parcourues par le grand Lion des cavernes, par le gigantesque Tigre d'Europe, et par toute une série de Panthères, de Lynx, de Servals et de Chats sauvages ; enfin, à la quatrième, c'est-à-dire à la phase actuelle, la plupart de ces animaux n'existent plus ; on ne constate que quelques Espèces et encore des plus petites. Les Felidæ tendent à disparaître. C'est au tour de l'homme à atteindre son maximum de développement.

XIII. — **Description des ossements d'un grand Felis (Tigris Edwardsiana), découvert à l'état fossile dans la caverne Mars de Vence.** Saint-Germain, impr. Bardin, 1879. 1 vol. gr. in-4 avec 12 pl. doubles lith. et une vue de la vallée des Grabelles et le plan du souterrain. (En cours de publication.)

Cet important travail ostéologique est consacré à la description des ossements de la tête, du tronc, des membres antérieur et postérieur, ainsi que ceux des pieds de devant et de derrière du *Tigris Edwardsiana*, avec comparaison de ces ossements avec ceux du Tigre actuel, du Lion de l'Algérie et du grand Lion des cavernes, le Leo spelœus. La comparaison des ossements de tous ces carnassiers montre que le Tigre de la caverne Mars de Vence est une Espèce spéciale et différente de toutes celles connues.

Ce carnassier, depuis le bout du museau jusqu'à l'extrémité de la queue, avait 2 mètres 837 millimètres.

Cette grande longueur se décompose ainsi : 320 millimètres pour la longueur de la tête, du bout du museau à ses condyles; 1 mètre 255 millimètres, de la tête à la naissance de la queue, et 965 millimètres de l'origine de la queue à son extrémité. Ce grand développement de la queue (presque un tiers de la longueur) est un caractère qui, chez les Felis actuellement vivants, ne s'observe que chez les Tigres et les Panthères. Les Lions, au contraire, ont la queue relativement courte et bien moins développée. Ce caractère indique bien que l'*Edwardsiana* est un Tigre.

GÉOLOGIE, PALÉONTOLOGIE

XIV. — **Paléontologie des Mollusques terrestres et fluviatiles de l'Algérie.** Paris, impr. Bouchard-Huzard, 1862. 1 vol. in-8 avec 6 pl. n. lithogr.

Les Mollusques fossiles, décrits dans cet ouvrage, sont au nombre de quatre-vingt-quatorze, dont soixante-trois terrestres et trente-deux fluviatiles. Ces quatre-vingt-quatorze fossiles ont été recueillis :

1° Par M. Joba fils, sous-intendant adjoint à Constantine, en 1861 et 1862, dans la tranchée que le gouvernement a fait exécuter sur la colline de Coudiat-Aty près de Constantine ;

2° Par M. Paul Marès, docteur-médecin, pendant ses explorations de 1856, 1857, 1858 et 1860, dans les oasis du Sud des provinces d'Oran, d'Alger et de Constantine ;

3° Enfin, par le savant M. Deshayes, en 1840, 1841 et 1842, sur les côtes du littoral, lors de l'expédition scientifique envoyée en Algérie sous la direction de Bory-Saint-Vincent.

Ces quatre-vingt-quatorze fossiles appartiennent à trois époques distinctes, au miocène et à deux phases du quaternaire.

Succinea Pfeifferi, debilis, ochracea, oblonga, Maresi (spec. nov.); Zonites Semperianus, candidissimus, Otthianus; Helix aspersa, pachya, melanostoma, lactea, punctata, Dumortieriana, subsenilis (spec. nov.), vermiculata, Desoudiniana, Jobæ, soluta, Vanvincquiana, subcantiana, pulchella, costata, roseotincta, psammæcia (spec. nov.); gyrioxia (spec. nov.), explanata, depressula, globuloidea, subrostrata, Terveri, Pisana, Koleensis (spec. nov.), cespitum, variabilis, submaritima, lineata, Rozeti, rechodia (spec. nov.), Geryvillensis (spec. nov.), Durieui, Berlieri, modica, pyramidata, trochlea, conoidea, barbara, acuta; Bulimus decollatus, Jobæ, pupa; Glandina Jobæ (spec. nov.); Ferussacia atava, subcylindrica; Pupa amblya (spec. nov.), ectina (spec. nov.), muscorum, granum; Vertigo discheilia (spec. nov.), Maresi (spec. nov.); Carychium Nouleti; Planorbis Jobæ (spec. nov.); Physa contorta, Brocchii, truncata, Maresi (spec. nov.), Raymondiana; Limnœa canalis, limosa, Peraudieriana (spec. nov.), peregra, Maresi (spec. nov.), palustris, truncatula; Ancylus Peraudieri; Cyclostoma sulcatum; Hydrobia Peraudieri, phoxia, (spec. nov.), Brondeli, arenaria, plagioxia (spec. nov.), dolichia (spec. nov.); Bythinia similis, luteola, Dupotetiana, Jobæ (spec. nov.); Melania tuberculata; Melanopsis præmorsa, maroccana, Maresi; Pisidium nitidum, pusillum, Casertanum; Unio Cirtanus (spec. nov.).

XV. — **Études géologique et paléontologique des hauts plateaux de l'Atlas entre Boghar et Tiharet.** Paris. impr. Bouchard-Huzard, 1868. In-4 avec 3 pl. lith. et avec coupes géologiques tirées sur chine, coloriées et intercalées dans le texte.

Description géologique des hauts plateaux du Sersou, depuis Sebaïn Aioun, à quatre heures à l'est de Tiharet, jusqu'au douar des Doui Hasseni, à cinq heures de Boghar. Constatation de couches de marnes et de grès pliocènes, s'alternant, *plongeant dans la direction du sud*, et recouvertes par des assises *horizontales* de quaternaires, et description de seize Espèces dont six pliocènes : les Cleodora Maresi (spec. nov.); Creseis Letourneuxi (spec. nov.), Dussertiana (spec. nov.); Necæra Maresi (spec. nov.); Leda subnicobarica et Pecten cristatus ; et dix quaternaires : les Helix euthygyra (spec. nov.), catostoma (spec. nov.), stomatoloxa (spec. nov.), palæa (spec. nov.), geralæa (spec. nov.), archæa (spec. nov.), eustrongyla (spec. nov.), eusphæridia (spec. nov.), sustellostoma (spec. nov.), et Bulimus decollatus.

Preuves tirées de la constance du plongement des couches pliocènes vers le sud et de la persistance horizontale des assises quaternaires, qu'un des derniers soulèvements de la chaîne de l'Atlas, *en cette partie de l'Afrique*, date de la fin de l'époque pliocène.

XVI. — **Catalogue des Mollusques terrestres et fluviatiles des environs de Paris à l'époque quaternaire.** Paris, Imprimerie impériale, 1869. In-4 avec 3 pl. n. lithogr.

Cet ouvrage, annexe du grand travail publié par l'ingénieur E. Belgrand, inspecteur général des Ponts et Chaussées, directeur des eaux et des égouts de la Ville de Paris, sur *le Bassin parisien aux âges préhistoriques* (3 vol. in-4°, dont 1 de planches et 1 de cartes), renferme les descriptions de soixante-seize Espèces fossiles recueillies dans les couches des hauts niveaux de la Seine (phase trizoïque).

Ces soixante-seize Espèces fossiles, sur lesquelles trente terrestres et quarante-six fluviatiles, sont : les Vitrina antediluviana (spec. nov.); Succinea putris, italica, Joinvillensis (spec. nov.); Zonites Elephantium (spec. nov.); Helix nemoralis, arbustorum, lapicida, pulchella, costata, celtica (spec. nov.), Boucheriana, Lutetiana (spec. nov.), Belgrandi (spec. nov.), Dumesniliana (spec. nov.), Ruchetiana (spec. nov.), diluvii, Radigueli (spec. nov.); Bulimus montanus, Royanus, tridens; Ferussacia subcylindrica, Clausilia Joinvillensis (spec. nov.); Pupa muscorum, palæa (spec. nov.); Carychium tridentatum, Planorbis complanatus, dubius, albus, Radigueli (spec. nov.); Limnæa auricularia, Roujoui (spec. nov.); Ancylus simplex, gibbosus, antediluvianus (spec. nov.), Desnoyersi (spec. nov.); Cyclostoma elegans, subelegans (spec. nov.), Lutetianum (spec. nov.); Pomatias primœvus (spec. nov.); Bythinia tentaculata, archæa (spec. nov.); Amnicola primœva (spec. nov.), Radigueli (spec. nov.); Belgrandia (nov. gen.), Joinvillensis (spec. nov.), Desnoyersi (spec. nov.), Lartetiana (spec. nov.), archœa (spec. nov.), Deshayesiana (spec. nov.), Edwardsiana (spec. nov.), Dumesniliana (spec. nov.); Lartetia (nov. gen.), Belgrandi (spec. nov.), Joinvillensis (spec. nov.), Radigueli (spec. nov.), Roujoui (spec. nov.), Mabilli (spec. nov.), Sequanica (spec. nov.), Nouletiana (spec. nov.); Valvata obtusa, piscinalis, Gaudryana, spirorbis, minuta, planorbulina; Sphærium corneum; Pisidium amnicum, Casertanum, Vionianum (spec. nov.), pusillum, nitidum, Henslowianum, conicum, obtusale; Unio rhomboidens, Joinvillensis (spec. nov.), et Hippotami (spec. nov.).

D'après l'examen approfondi des caractères de ces fossiles, on reconnaît :

1° Que les couches où ont été recueillis ces fossiles ne sont pas des terrains de transport dus à de violents courants, mais tout simplement des dépôts naturels d'un grand cours d'eau ;

2° Que le climat parisien était, à cette époque, d'une excessive humidité (300 jours au moins de temps couvert, humide ou pluvieux);

3° Que le froid et la chaleur n'étaient pas d'une grande intensité; que l'écart des températures estivale et hivernale était à peu près nul; que l'année devait s'écouler dans de longues alternatives de brouillards, de temps couvert ou de pluies fines et continues;

4° Que les eaux de la Seine n'étaient pas torrentielles ou fangeuses, mais que ce fleuve coulait assez limpide, à pleins bords, avec une vitesse moyenne peu supérieure à celle du fleuve actuel lors des crues hivernales;

5° Que les rives du fleuve n'étaient pas boisées, mais dénudées, avec des plages et des coteaux pierreux assez maigres en gazons, parsemés seulement çà et là de quelques buissons.

Il existe une seconde édition de cet ouvrage publiée quelques années après la guerre franco-allemande, édition bien inférieure à la première, à celle qui, bien que datée de 1869, n'a, en réalité, paru qu'en 1870, peu de temps seulement avant le siège de Paris, et qui a été brûlée, lors de l'incendie de l'hôtel de ville de Paris, en mai 1871.

Dans cette seconde édition, les planches de la partie malacologique, planches si soignées et si exactes dans l'édition originale, ont été complètement manquées. Confiées à un *artiste sans talent, sans coup d'œil*, ces planches sont *une honte* pour l'ouvrage. Les malacologistes sont priés de ne pas imputer à l'auteur la facture d'aussi mauvaises planches, que l'on a fait exécuter sans son autorisation.

XVII. — **Mollusques recueillis dans les marnes bleues des berges de la Saône**, in : *Mâconnais préhistorique*, par H. DE FERRY. Mâcon, impr. Protat, 1870. 1 vol. in-4 avec pl.

Les Espèces des marnes bleues proviennent de l'affleurement supérieur des berges. SUCCINEA putris, oblonga ; ZONITES septentrionalis ; PLANORBIS contortus, complanatus, vortex, Arcelini (spec. nov.), Crosseanus, cristatus ; LIMNŒA Hartmanni, peregra, palustris ; ANCYLUS lacustris ; BYTHINIA tentaculata ; VALVATA piscinalis, obtusa, Arcelini (spec. nov.), spirorbis, minuta, planorbulina ; NERITINA fluviatilis ; SPHÆRIUM corneum ; PISIDIUM Henslowianum, Casertanum, pusillum et nitidum.

Les caractères de ces fossiles dénotent, pour l'époque où vivaient ces petites Espèces, une température assez froide, analogue à celle qui, de nos jours, règne en Suisse, dans la vallée d'Ander-Matt, au Saint-Gothard.

XVIII. — **Mollusques découverts dans une grotte près de Bagnères-de-Bigorre**, in : *Note sur une grotte renfermant des restes humains*, par M. Émilien FROSSARD. Bagnères-de-Bigorre, 1870. In-8 avec 1 pl.

Les Espèces recueillies dans l'humus de cette grotte, en contact avec des débris humains et de nombreux ossements de Mammifères, accusent un climat plus humide et un peu plus froid que celui qui règne actuellement dans le pays. Ces Espèces sont les : HELIX nemoralis, hortensis ; ZONITES olivetorum : CYCLOSTOMA elegans ; POMATIAS crassilabris et Frossardi (spec. nov.).

XIX. — **Coquilles fossiles terrestres et fluviales trouvées dans les dépôts de phosphorites du département du Tarn-et-Garonne**, in : *Mémoires des Sciences physiques et naturelles de Toulouse*, 1874. Toulouse, impr. Douladoure, 1874. Br. in-8 avec 1 pl.

Les dépôts de phosphate de chaux, connus sous le nom de phosphorites, du département du Tarn-et-Garonne, s'ils sont riches en ossements de Mammifères, sont, au contraire, d'une grande pauvreté en coquilles fossiles. C'est dans le dépôt de la Mandine que les quatre premières Espèces ont été découvertes. Ces espèces se composent de deux formes fluviatiles déjà connues, les PLANORBIS cornu et LIMNŒA orelongo, et de deux formes terrestres inédites, une HELIX Filholi (spec. nov.) et un grand Cyclostomidæ servant de type à un genre nouveau, le genre *Ischurostoma*, dont les Espèces sont : ISCHUROSTOMA Filholi (spec. nov.), formosum et Aquense.

Ces Mollusques fossiles indiquent que le dépôt de la Mandine doit être rangé sur le même horizon que les calcaires de Villeneuve-la-Comtal et de Mas-Saintes-Puelles, dans l'Aude, calcaires que la plupart des paléontologistes placent à la partie supérieure du terrain éocène.

XX. — **Mollusques recueillis dans le tumulus du Plan de Nôve**, in : *Mémoire sur un tumulus de l'âge du bronze*, situé au Plan de Nôve, près Vence. Cannes, impr. Vidal, 1874. Br. in-8.

Les Espèces de Mollusques terrestres, découvertes dans le tumulus du Plan de Nôve, sont : TESTACELLA bisulcata ; ZONITES septentrionalis, Blauneri, Maceanus, stilpnus (spec. nov.), pseudohydatinus, diaphanus ; Helix nemoralis, Delacourti (spec. nov.), Nemesiana (spec. nov.), rotundata, obvoluta, rugosiuscula ; Ferussacia Bugesi ; Pupa quinquedentata, Blanci (spec. nov.), Ferrari ; Cæcilianella aciculoides ; Pomatias patulus ; Cyclostoma elegans et Lutetianum.

Tous ces Mollusques sont des Espèces de la phase *actuelle* (ontozoïque), dont l'ensevelissement des plus anciens ne doit pas remonter au delà de douze cents à quinze cents ans avant Jésus-Christ. Le lieu où vivaient ces Mollusques n'a pas, depuis cette époque, subi de modifications au point de vue de l'aspect et du relief des collines ; il n'en a subi qu'une, c'est qu'au lieu d'être totalement dénudé, comme il l'est actuellement, il devait autrefois ressembler à un maquis, sans pour cela être bien ombragé. C'est ce qu'indique le mode de vie des Espèces trouvées dans le tumulus.

XXI. — Description d'un genre nouveau de la craie chloritée de Vence, in : *Mémoires de la Société des Sciences naturelles et historiques de Cannes et de l'arrondissement de Grasse.* Cannes, impr. Vidal, 1876. Br. in-8 avec 1 pl. n. lithogr.

Ce nouveau genre, établi sous le nom de *Blancia*, en l'honneur de M. Blanc, de Vence, appartient à la famille des Acteonidæ, d'Alcide d'Orbigny. L'Espèce décrite est la Blancia Maccana (spec. nov.).

XXII. — Étude sur les fossiles tertiaires et quaternaires de la vallée de la Cettina en Dalmatie. Saint-Germain, impr. D. Bardin, 1880. 1 vol. in-8.

Les nombreux fossiles de la vallée de la Cettina proviennent des grands ravins dénudés qui avoisinent, à l'ouest, la ville de Sinj, et des bords d'une source au fond d'un vallon, près de Ribaric. Ces fossiles appartiennent à deux niveaux géologiques différents : 1° à un niveau quaternaire relativement récent; 2° à un autre niveau pliocène.

Les fossiles du premier niveau (Helix vulgarissima; Bulimus detritus; Cyclostoma elegans et Lutetianum) sont terrestres; les autres du second niveau sont *fluviatiles-operculés* de l'ordre des Branchifères.

Vivipara Neumayri, Pauloviciana (spec. nov.), Bajamontiana (spec. nov.); Bythinia Tripaloi (spec. nov.), Farezi (spec. nov.), leptostoma (spec. nov.); Nematurella Sandriana (spec. nov.), lamellata (spec. nov.), Stossichiana (spec. nov.), Letourneuxi (spec. nov.), Aristidis (spec. nov.), Tripaloi (spec. nov.), communis (spec. nov.), Klecakiana, (spec. nov.), syrmica, producta (spec. nov.), Paulovici (spec. nov.), obesa (spec. nov.), pygmæa (spec. nov.) ; Klecakia (nov. gen.) Letourneuxi (spec. nov.); Fossarulus Letourneuxi (spec. nov.), præclarus (spec. nov.), Brusinæ (spec. nov.), Tripaloi (spec. nov.), globulus (spec. nov), Stachei, diadematus (spec. nov.); Prososthenia Tournoueri, Drobraciana ; Paulovicia (nov. gen.) Bourguignati (spec. nov.); Melanoptychia Panciciana, dalmatina, acanthica, acanthicula (spec. nov.), pleuroplagia (spec. nov.), lyrata, misera, inconstans, camptogramma, Lanzeana, pterochila, Mojsisoviesi (spec. nov.); Melanopsis Tripaloi (spec. nov.), Klecakiana (spec. nov.), Paulovici (spec. nov.); Burgersteinia (nov. gen.), Neumayri; Gaillardotia Tripaloi (spec. nov.), Paulovici (spec. nov.), Calvertiana (spec. nov.), perobtusa (spec. nov.); Calvertia (nov. gen.) Letourneuxi (spec. nov.), Klecakiana (spec. nov.), Brusiniana (spec. nov.); Petrettinia (nov. gen.) Letourneuxi (spec. nov.); Saint-Simonia (nov. gen.) Letourneuxi (spec. nov.), birimata (spec. nov.); Tripaloia (nov. gen.) Sinjana, platystoma et Letourneuxi (spec. nov.).

D'après l'ensemble des caractères de ces fossiles, on reconnaît qu'il devait exister autrefois un grand lac d'eau salée, ou du moins d'eau saumâtre, dans la partie supérieure de la vallée de la Cettina.

XXIII. — Monographie du nouveau genre Filholia. Saint-Germain, impr. Bardin, 1881. In-8 avec 1 pl. n. lithogr.

Ce genre, dédié aux savants paléontologistes de Toulouse, MM. Filhol père et fils, a été établi [1] pour une grande coquille des calcaires éocènes de Villeneuve et de Mas-Saintes-Puelles, dans l'Aude. Cette coquille *sénestre* de forme allongée, à tours serrés, très nombreux, à suture linéaire, à péristome continu et détaché, est caractérisée, en outre, par une columelle *munie d'une lamelle saillante qui se poursuit à l'intérieur jusqu'au sommet de l'axe;* par un bord columellaire pourvu *extérieurement*, en regard de la fente ombilicale, *d'un gros tubercule* contourné en tire-bouchon *et formant saillie;* par un bord pariétal (ou calus) *détaché et s'infléchissant en forme de V, à la partie supérieure de l'ouverture.* Deux Espèces connues, les Filholia lœvo-longa et subcylindrica.

1. Nominativement en 1877 (in : Bourguignat, Claus. viv. et foss. France [art. 2], p. 65.

XXIV. — Histoire malacologique de la colline de Sansan, précédée d'une notice géologique et suivie d'un aperçu climatologique et topographique de Sansan, à l'époque des dépôts de cette colline. Paris, impr. Martinet, 1881. 1 vol. in-8 avec 2 cartes col. et 8 pl. n. lithogr.

La colline de Sansan, qui renferme dans ses couches le plus riche dépôt d'ossements fossiles de France, se trouve située sur les bords du Gers, à 10 kilomètres au sud de la ville d'Auch.

Les Mollusques fossiles de cette colline, au nombre de cent sept, sont les : Sansania (nov. gen.) Larteti ; Testacella Larteti, Nouleti (spec. nov.); Zonites Ludovici, apneus (spec. nov.); Helix atopa (spec. nov.), Ramondi, Ornezanensis, entela (spec. nov.), semna (spec. nov.), catagonia (spec. nov.), sterra (spec. nov.), polypleura (spec. nov.), euglypholena (spec. nov.), Leymeriana, Campanea (spec. nov.), eutrapela (spec. nov.), Larteti, Sansaniensis, Seissanica (spec. nov.), exæreta (spec. nov.), exochia (spec. nov.), sthenara (spec. nov.) strongillostoma (spec. nov.), Lucbardezensis, philoscia (spec. nov.), votiophila (spec. nov.), sciamoica (spec. nov.), Dicroceri (spec. nov.), Ambidotina (spec. nov.) Laurillardiana, pleuradra (spec. nov.), dasypleura (spec. nov.), subpulchella, Barreri (spec. nov.), asthena (spec. nov.); Milne-Edwardsia Deshayesi (spec. nov.), Larteti, Barreri (spec. nov.) ; Pupilla Iratiana ; Vertigo Blainvilleana, Larteti, Nouletiana, Ludovici (spec. nov.), Barreri (spec nov.), chydæa (spec. nov.), eucrina (spec. nov.), tapeina (spec. nov.), necra (spec. nov.), cyclophora (spec. nov.), diversidens, Campanea (spec. nov.), Sansanica (spec.

nov.), lœmodonta (spec. nov.), callostoma (spec. nov.), codiolena (spec. nov.), Milne-Edwardsi (spec. nov.), bothriocheila (spec. nov.), ragia (spec. nov.), triodonta (spec. nov.), rhynchostoma (spec. nov.), onixiodon (spec. nov.), micronixia (spec. nov.); CARYCHIUM Nouleti, Milne-Edwardsi (spec. nov.), Larteti (spec. nov.), coloratum (spec. nov.); LIMNÆA terpna (spec. nov.), pachygaster, dilatata, sphærogyra (spec. nov.), Barreri (spec. nov.), combsella (spec. nov.), Larteti, Armaniacensis, turrita, Dupuyana, eumicra (spec. nov.), SEGMENTINA declivis, Milne-Edwardsi (spec. nov.), Larteti, Barreri (spec. nov.); PLANORBIS goniobasis, solidus, telæus (spec. nov.), Sansaniensis, anabænus (spec. nov.), epagogus (spec. nov.), Dupuyanus, Rousianus, leptogyrus (spec. nov.), omalus (spec. nov.), gyreligmus (spec. nov.), Campaneus (spec. nov.), Goussardianus, Emyduum (spec. nov.), microstatus (spec. nov.), sphæriolænus (spec. nov.), lenapalus (spec. nov.), callistus (spec. nov.); CYCLOSTOMA subpyrenaicum, Campaneum (spec. nov.); MELANIA aquitanica, Sansaniensis; MELANOPSIS Kleini; VALVATA Larteti (spec. nov.); UNIO Larteti.

D'après les caractères spécifiques des fossiles *terrestres* des dépôts de Sansan, dépôts que les géologues placent au milieu de la période miocène, la température moyenne du pays, à l'époque où vivaient ces Mollusques, dont les analogues ne se rencontrent plus que dans les pays chauds *à climat sec*, devait atteindre 20 à 21 degrés. De plus, d'après leur mode vital, les Espèces *fluviales* prouvent qu'il y avait, à cette époque, un lac peu profond (30 mètres au plus) à Sansan; que ce lac était alimenté au moins par deux cours d'eau : une source aux eaux chargées de calcaire et une rivière assez importante qui coulait là où se trouve actuellement la colline d'Ambidot; les bords du lac étaient marécageux, et de vastes prairies, basses, très herbacées, s'étendaient aux alentours ; dans le lointain, le sol était recouvert par des bois de Micocouliers (Celtis)[1].

[1]. Les débris fossiles de ce végétal sont très nombreux dans les dépôts de Sansan.

MALACOLOGIE

A. — OUVRAGES PÉRIODIQUES

XXV. — **Aménités malacologiques.** Paris, impr. Bouchard-Huzard, 1853-1860. 2 vol. in-8, avec 45 pl. lith.

Ces deux volumes, publiés par livraisons du mois d'août 1853 au mois d'avril 1860, renferment une série de quatre-vingt-cinq notices, dont un grand nombre sont de véritables *Mémoires monographiques* sur des genres nouveaux ou sur des groupes d'Espèces inédites.

I. Du genre Sphærium (Août 1853). — Le nom générique de *Sphærium*, établi, en 1777, par Scopoli, était complètement oublié par les malacologistes, qui, à sa place, avaient adopté le nom inacceptable de *Cyclas*. C'est à partir de cette note rectificative que les savants rejetèrent l'appellation de *Cyclas* pour la remplacer par celle de *Sphærium*.

II. Note sur les Sphéries françaises (Août 1853). — Note rectificative au sujet des dix Espèces de Sphéries de France publiées par M. l'abbé Dupuy, sous le nom de Cyclas. La *Cyclas calyculata* de l'ouvrage de l'abbé Dupuy est celle que Müller a fait connaître, en 1774, sous l'appellation de *Tellina lacustris*. Or la *Cyclas* lacustris de Draparnaud (1805), qui est une Espèce différente, ne peut donc plus conserver ce nom de *lacustris*, parce que ce nom serait *en double emploi*. Cette Espèce devra prendre dorénavant le nom de *Sphærium Deshayesianum*.

III. Index du genre Sphærium (Août 1853). — Liste de 216 appellations d'Espèces sous le nom de *Cyclas*, sur lesquelles 109 doivent être appliquées à des *Sphærium*, 51 à des *Pisidium* et 56 à des *Corbicula*, *Ericina*, *Mactra*, etc.

IV. Ancylus Chittyi (Août 1853). — L'Espèce de la Jamaïque, désignée et figurée dans le Journal de conchyliologie (1853, p. 173, pl. IV, f. 10), sous le nom d'*Ancylus Petitianus*, doit prendre dorénavant le nom d'*Ancylus Chittyi* (Adams).

V. Ancylus Verreauxi (Août 1853). — Description d'un Ancyle nouveau du Cap de Bonne-Espérance, l'*Ancylus Verreauxi*, de la série des Ancylastrum.

VI. Simple note (Août 1853). — Cette note, relative aux règles qui président à la nomenclature des noms spécifiques, enseigne les conditions dans lesquelles un nom propre doit être adjectivé ou doit être placé au génitif.

VII. Melania Seguri (Janvier 1854). — Sous le nom de *Melania Seguri*, description d'un Lithoglyphus du Danube, aux environs de Belgrade (Serbie).

VIII. Helix Bargesiana (Janvier 1854). — Description de l'*Helix Bargesiana*, Espèce syrienne de la série des Xérophiliennes.

IX. Du genre Pisidium (Janvier 1854). — Les caractères d'après lesquels les auteurs français ont établi leurs Pisidies, ne valent rien, parce qu'ils sont essentiellement protéiques; ainsi l'on ne peut se baser, pour la distinction des Espèces, pas plus sur l'obliquité du sommet que sur la stabilité de la forme du tube siphonaire. Le seul caractère stable est celui de la charnière.

X. Pera et Eupera (Janvier 1854). — Les Pisidies peuvent être classées en deux grandes séries : 1° en Espèces possédant le ligament sur le plus petit côté ; 2° en Espèces l'offrant sur le plus grand. A la première série est appliquée la désignation de *Pera*, à la seconde celle d'*Eupera*. Cette seconde série a été depuis élevée au rang générique.

XI. Simple note sur le mot Pisum (Janvier 1854). — Le mot *Pisum*, de Még. von Mühlfeldt, ne peut être appliqué aux Pisidium, mais doit passer en synonymie du genre Sphærium.

XII. Des Pisidies françaises (Février 1854). — Historique, classification (en deux séries) et synonymie complète des Pisidies françaises au nombre de sept : Pisidium amnicum, Casertanum, Recluzianum, nitidum, pusillum et Henslowianum.

XIII. Index du genre Pisidium (Février 1854). — Liste de 127 appellations, sur lesquelles 55 sous le nom générique de Pisidium, et 72 sous les noms erronés de Cardium, Cordula, Cyclas, etc.

XIV. Pupa Gaudryi (Décembre 1854). — Description du *Pupa Gaudryi*, Espèce nouvelle de l'île de Chypre, qui doit être classée dans le genre Chondrus.

XV. Bulimus Rayianus (Décembre 1854). — Description, sous le nom de *Bulimus Rayianus*, d'une Espèce fossile des dépôts quaternaires de Canonville, près Vincennes, de la série du Chondrus tridens.

XVI. Helix idaliæ (Décembre 1854). — Hélice nouvelle de l'île de Chypre, de la série des *trochlea*.

XVII. Note sur la Nerita Bourguignati de Recluz (Décembre 1854). — Les Nérites françaises, d'après Recluz, sont : deux marines (Nerita viridis et Matoniana) et sept fluviales (Nerita fluviatilis, Mittreana,

Prevostiana, thermalis, Bourguignati, Bœtica, Zebrina). Actuellement, les deux marines appartiennent au genre Smaragdia, les sept fluviales au genre Theodoxia.

La *Nerita Bourguignati*, d'après les caractères reconnus par Recluz, est très distincte de la *fluviatilis*; elle provient de plusieurs rivières de la Mayenne.

XVIII. Espèce nouvelle du genre Pisidium (Décembre 1854). — Cette Espèce est le *Pisidium Moquinianum* de l'Amérique méridionale, Espèce devenue le type du genre Eupera.

XIX. Nouvelle distribution des Sphéries françaises (Décembre 1854). — Les Espèces françaises, d'après leurs caractères, forment deux groupes bien distincts, celui des *Cyrenastrum*, qui a pour type le *Sph. solidum*, et celui des *Sphæriastrum* qui a pour représentants toutes les autres Espèces. Ce dernier groupe lui-même se divise en Espèces à ligament apparent ou non apparent, et chacune de ces deux divisions se subdivise encore en Espèces à sommets arrondis ou caliculés, et à charnière à dents cardinales en V renversé ou non renversé. Les formes du groupe des Sphæriastrum sont les Sphærium rivicola, Scaldianum, Ryckholtii, Terverianum, Brochonianum, corneum, ovale (olim Deshayesianum) et lacustre.

XX. Sur les genres Cyrena, Sphærium et Pisidium (Décembre 1854). — Les genres Cyrena (nunc Corbicula), Sphærium et Pisidium se divisent, d'après leurs caractères longuement définis dans le Mémoire, chacun en deux groupes : les Cyrena, en *Cyanocyclas* et *Pseudocyrena;* les Sphærium, en *Cyrenastrum* et *Sphæriastrum;* les Pisidium, en *Pera* et *Eupera*.

XXI. Du genre Gundlachia (Janvier 1855). — Ce genre singulier découvert dans les eaux vaseuses de l'île de Cuba, par le Dr Gundlach, à qui il a été dédié, en 1849, par L. Pfeiffer, comprend une Espèce, la *Gundlachia ancyliformis*, caractérisée par une coquille ayant la forme d'un fourreau et offrant à son ouverture une dilatation ancyloïde s'épanouissant de tous côtés en éventail.

XXII. Du genre Latia (Janvier 1855). — Le genre Latia a été établi, en 1849, par Gray, pour une petite coquille de la Nouvelle-Zélande possédant un test *crépiduliforme*, à sommet spiral dextre tout-à-fait postérieur, et caractérisée par une large ouverture, obstruée en arrière par une lamelle *septiforme* se prolongeant en avant, du côté dextre, en une languette *libre* et contournée.

XXIII. Du genre Valenciennia (Janvier 1855). — Le genre *Valenciennia*, créé par Rousseau, en 1842, pour une très grande coquille fossile des couches tertiaires de Crimée, la *Valenciennia annulata*, a l'apparence d'un très grand Ancyle caractérisé postérieurement par un très fort sillon *siphonarioïde*.

XXIV. Réflexions sur les genres Gundlachia, Latia, Valenciennia, suivies de la description de l'Ancylus Cumingianus (Janvier 1855). — Les genres *Gundlachia*, *Latia* et *Valenciennia* doivent être considérés comme des *genres Limnéens* et classés dans la famille des Ancylidæ. L'*Ancylus Cumingianus* (spec. nov.) de la Nouvelle-Hollande peut servir de trait d'union entre les Ancylus et les Espèces de ces genres.

XXV. Monographie du genre Daudebardia (Juillet 1855). — Historique, critique et description du genre Daudebardia, qui doit être considéré comme faisant partie de la famille des Testacellidæ. Diagnoses et synonymies des Daudebardia rufa, brevipes, Langi, Gaillardoti (spec. nov.) et Saulcyi.

Depuis on a créé pour ces deux dernières Espèces le nouveau genre *Libania* (Bourg. 1867).

XXVI. Clausilia cylindrelliformis (Juillet 1855). — Description de cette belle Clausilie *nouvelle* de la chaîne du Liban.

XXVII. Unio Hueti (Juillet 1855). Diagnose de l'*Unio Hueti* (spec. nov.), découvert en Arménie, dans les cours d'eau du haut Euphrate.

XXVIII. Cyclostoma Gaillardoti (Juillet 1855). — Cette Espèce, regardée à tort comme un Cyclostome, a été reconnue depuis pour être une Cleopatra bulimoides.

XXIX. Catalogue de Coquilles recueillies en Crimée et dans l'Empire ottoman (Décembre 1855). — Les Espèces mentionnées ou décrites dans ce Mémoire sont celles qui ont été recueillies en Crimée, pendant le siège de Sébastopol, ainsi qu'aux environs de Constantinople, de Gallipoli, etc., ou dans quelques îles de l'Archipel, par les chirurgiens militaires, les Drs L. Raymond et Eugène Vesco.

Helix lucorum, taurica, ligata, grisea, vulgaris, albescens, figulina, Vindobonensis, fruticum, fruticola, Erdeli, Corcyrensis, setosa, denudata, pellita, Nicosiana, consona, lanuginosa, carascalioides (spec. nov.), ovularis, (spec. nov.), musicola (spec. nov.), Olivieri, Rothi, syriaca, subobstructa (spec. nov.), Cruzyi (spec. nov.), carthusiana, turbinata, pisana, virgata. Cretica, lauta, maritima, ericetorum, Krynickii, neglecta, arenosa, instabilis, filimargo, Roseti, pyramidata, acuta; Bulimus tauricus, detritus, subdetritus (spec. nov.), pupa, obscurus, tridens, Tournefortianus, Levaillantianus (spec. nov.), microtragus, Raymondi (spec. nov.), gibber, seductilis, quatridens, bidens, subtilis et Raynevalianus (spec. nov.).

XXX. Descriptions des Succinea Ægyptiana et Raymondi, suivies du recensement des Ambrettes du continent africain (Janvier 1856). — Descriptions des Succinea Ægyptiana d'Egypte et Raymondi (spec. nov.) de l'Algérie, suivies d'une liste *diagnostique et synonymique* des Succinea striata, exarata, patentissima, Delalandei, africana (spec. nov.) du Cap et de Natal, et des Succinea spurca de Libérie, concisa et helicoidea du Gabon, et des Sanctæ-Helenæ et picta de l'île Sainte-Hélène.

XXXI. Succinea Baudoni (Janvier 1856). — Description d'une petite Espèce succinéenne du département de l'Oise, sous le nom de *Succinea Baudoni*.

XXXII. Note relative a la Succinea elegans de Risso (Janvier 1856). — La Succinée des Alpes-Maritimes, que M. l'abbé Dupuy, dans son *Histoire des Mollusques de France*, avait assimilée à la *Succinea longiscata* du Portugal, n'est pas cette Espèce, mais est la *Succinea elegans* de Risso (1826), Espèce à laquelle Shuttleworth, en 1843, a appliqué, à tort, le nouveau nom de *Corsica*.

XXXIII. Helix Brondeli (Janvier 1856). — Description d'une nouvelle Hélice des environs de Mostaganem (Algérie).

XXXIV. Glandina Brondeli (Janvier 1856). — Cette *Glandina Brondeli* (spec. nov.), des environs de Mostaganem, est une Espèce qui a été, depuis, classée dans le genre Cœcilianella.

XXXV. Limnœa nubigena (Janvier 1856). — Description d'une nouvelle Limnée du Mont Viso.

XXXVI. Physa Fischeriana (Janvier 1856). — Diagnose d'une nouvelle Physe de l'Abyssinie.

XXXVII. Bythinia Gaillardoti (Janvier 1856).

XXXVIII. Bythinia longiscata (Janvier 1856).

XXXIX. Bythinia Moquiniana (Janvier 1856).

XL. Bythinia Putoniana (Janvier 1856). Ces quatre Paludinidées nouvelles de Syrie et de Palestine ont, depuis, été classées dans les genres Bythinella, Amnicola et Paludestrina.

XLI. Glandina Vescoi (Janvier 1856). — Description, sous le nom générique de *Glandina*, d'une nouvelle Espèce de Ferussacia.

XLII. Monographies des Acéphales fluviatiles de l'Empire ottoman (Février 1856). — Les Acéphales connus de l'Empire ottoman sont : Pisidium Casertanum ; Sphærium lacustre; Cyrena fluminalis, crassula ; Anodonta cygnæa, cellensis, oblonga, anatina, piscinalis, fuscata, rostrata; Unio Opperti (spec. nov.), Euphraticus, Saulcyi, Tripolitanus, Michonii, Hueti, Tigridis, Bagdadensis, Delesserti, batavus, Bruguierianus, Vescoi (spec. nov.), Schwerzenbachii (spec. nov.), Moquinianus, decipiens, decurvatus, Prusii (spec. nov.), pictorum, terminalis, littoralis ; Dreissena fluviatilis.

XLIII. Note relative a l'histoire de la Dreissena fluviatilis (Février 1856). — Sous le nom de *Mytilus polymorphus marinus et fluviatilis*, Pallas a confondu, incontestablement, deux Espèces : une *marine* de la mer Caspienne, et une *fluviale* du Volga. En conséquence, l'on doit attribuer à l'Espèce marine le nom de Mytilus marinus, et à l'Espèce fluviale celui de Dreissena fluviatilis. L'appellation *polymorphus* doit être supprimée.

XLIV. Supplément aux Acéphales fluviatiles de l'Empire ottoman (Mai 1856). — Descriptions de trois Unios nouveaux : les Unio Grelloisianus, Lunulifer et Jordanicus.

XLV. Monographie des Physes du continent africain (Mai 1856). — Les Physes africaines sont : les Physa Saulcyi (spec. nov.), Hemprichii, Brocchii, contorta, truncata (spec. nov.), Guerini, Raymondiana (spec nov.), acuta, subopaca, Brondeli (spec. nov.), Canariensis (spec. nov.), Forskali, lamellosa, diaphana, tropica, Verreauxi (spec. nov.), Natalensis, cyrtonota (spec. nov.), Senegalensis, Schmidti, scalaris, Fischeriana, Ludoviciana, Wahlbergi et Physopsis africana.

XLVI. Descriptions de deux Bythinies nouvelles, suivies du catalogue des Peristomacés des régions oriento-méditerranéennes (Mai 1856). — Descriptions des *Bythinia Verreauxiana* (spec. nov.) de l'Égypte et *Hebraica* (spec. nov.) de Syrie; la première doit être classée dans le genre Cleopatra, la seconde dans le genre Bythinella.

Les Péristomacés suivants sont ceux de l'Égypte et de l'Empire ottoman : Vivipara mamillata, unicolor; Bythinia badiella, bulimoides, Bizanthina, cyclostomoides, elata, Gaillardoti, Goryi, Hawadieriana, lactea, longiscata, Moquiniana, natolica, Putoniana, rubens, Saulcyi et Sennariensis. D'après les récentes classifications adoptées, ces Péristomacés doivent être répartis dans les genres Vivipara, Bythinia, Digyreidum, Cleopatra, Bythinella, Amnicola et Palusdestrina.

XLVII. Helix graphicotera (Mai 1856). — Description d'une nouvelle Hélice de l'île de Milo.

XLVIII. Zonites de la section des Crystallines (Juin 1856). — Descriptions des Zonites hydatinus, eudedalæus (spec. nov.), pseudohydatinus (spec. nov.), latebricola (spec. nov.), crystallinus, subterraneus (spec. nov.), Botteri et diaphanus.

XLIX. Monographie des Férussacies algériennes (Juin 1856). — Le nom générique de *Ferussacia*, établi par Risso, en 1826, doit être adopté pour distinguer toutes les petites Espèces *glandiniformes* d'Europe. Ces Espèces sont, pour l'Algérie, les Ferussacia procerula, eremiophila (spec. nov.), lamellifera, sciaphila (spec. nov.), ennychia (spec. nov.), Vescoi, Forbesi (spec. nov.), debilis, scaptobia (spec. nov.), Terveri (spec. nov.), et subcylindrica.

L. Monographie du nouveau genre Cæcilianella (Juillet 1856). — MM. Férussac (père et fils) n'ont jamais connu, ni même soupçonné, ce genre. Il est impossible, dans leurs ouvrages, de trouver les mots *cæcilioides*, ou *cæcilia*, cités *une seule fois*.

MM. Fagot[1] et Berthier[2] ont publié d'excellents Mémoires critiques et historiques au sujet de la création de ce genre, Mémoires auxquels il est bon de se rapporter pour avoir l'exacte vérité sur l'établissement de cette coupe générique que de malveillants auteurs ont essayé de disputer au véritable inventeur, à l'auteur des *Aménités malacologiques*.

Ce genre, établi pour de très petits Mollusques *aveugles, nocturnes, vivant sous terre*, pourvus d'une coquille allongée, cylindrique, d'une délicatesse, d'une

---

[1]. Historique du genre Cæcilianella, in : Bull. Soc. malac. Fr., IV, 1887, p. 49.
[2]. A quel auteur attribuer la paternité du genre Cæcilianella, in · Bull. Soc. malac. Fr., IV, 1887, p. 59.

transparence, d'un poli remarquables, comprend les Espèces suivantes : Cæcilianella Hohenwarthi[1], acicula, anglica (spec. nov.), Liesvillei (spec. nov.), raphidia (spec. nov.), tumulorum (spec. nov.), Brondeli, subsaxana (spec. nov.), nanodea (spec. nov.), aciculoides, miliaris, syriaca (spec. nov.), cylichna, nyctelia (spec. nov.), producta, Grateloupi (spec. nov.).

LI. Monographie du nouveau genre Zospeum (Novembre 1856). — Ce nouveau genre, créé pour de petits Mollusques *aveugles*, vivant dans l'intérieur des cavernes et possédant un test *vertigoïde* ou *carychioïde*, a pour Espèces les formes suivantes : *Zospeum* spelœum, lautum, aglenum (spec. nov.), obesum, nycteum (spec. nov.), Schmidti, pulchellum, costatum, alpestre, nyctozoilum (spec. nov.), Frauenfeldi, amœnum et Freyeri.

LII. Étude critique sur l'Helix Codringtoni de Gray et sur quelques Espèces voisines (Janvier 1857). — Historique, diagnose et synonymie de l'Helix Codringtoni de Grèce, suivis des descriptions des Helix parnassia, eucineta (spec. nov.), cupœcilia (spec. nov.) et euchromia (spec. nov.), également de Grèce.

LIII. Helix sphæriostoma (Janvier 1857).

LIV. Helix Grelloisi (Janvier 1857). — Descriptions de deux Hélices nouvelles : la *sphæriostoma*, du golfe de Volo (Thessalie); la *Grelloisi*, des îles de l'Archipel.

LV. Zonites deilus (Janvier 1857). — Diagnose d'une Hyalinie (olim Zonites) des environs de Sébastopol.

LVI. Bulimus episomus (Janvier 1857).

1. Cette Espèce sert maintenant de type au nouveau genre Hohenwarthia.

LVII. Bulimus pseudoepisomus (Janvier 1857). Descriptions de deux Bulimes nouveaux de Palestine.

LVIII. Bulimus Humberti (Janvier 1857). — Espèce nouvelle des environs de Sébastopol, du groupe *Bulimus obscurus*.

LIX. Pomatias Rayanus (Janvier 1857). — Descriptions d'une nouvelle Espèce de Pomatias du département de l'Aube, remarquable par la grande obliquité de son ouverture et par son dernier tour subcaréné.

LX. Des Cæcilianella aciculoides et aglena (Janvier 1857). — Descriptions des *Cæcilianella aciculoides* du Nord de l'Italie, et de l'*aglena*, forme nouvelle du département de l'Aube.

LXI. Ancylus Sallei (Janvier 1857). — Diagnose d'un Ancyle nouveau de l'État de Vera-Cruz, au Mexique.

LXII. Unio Gontieri (Janvier 1857). — Caractères d'une forme nouvelle d'Unio provenant de la Tchernaïa, en Crimée.

LXIII. Deuxième supplément aux Bivalves de l'Empire ottoman (Janvier 1857). — Descriptions des Anodonta Vescoiana (spec. nov.), Unio Churchillianus (spec. nov.), eucyphus (spec. nov.) et eucirrus (spec. nov.).

LXIV. Monographie du genre Carychium (Mai 1857). — Historique, caractère du genre et descriptions des Carychium minimum, tridentatum, striolatum (spec. nov.), gracile, Rayanum (spec. nov.), indicum, exiguum, existelium (spec. nov.), euphœum (spec. nov.), minus, eumicrum (spec. nov.), nanodeum (spec. nov.), antiquum, episomum (spec. nov.), Nouleti (spec. nov,), vulgare.

LXV. Helix dschulfensis de Dubois (Décembre 1857).
LXVI. Helix comephora (Décembre 1857).
Descriptions d'une Hélice *inédite* d'Arménie, la *Dschulfensis* (Dubois, mss.), et d'une Hélice *nouvelle* de Grèce, la *comephora*.

LXVII. Monographie du genre Balia (Décembre 1857). — Historique, caractères génériques et descriptions des Balia perversa, Pyrenaica (spec. nov.), Rayana (spec. nov.), Sarsii, Deshayesiana (spec. nov.), lucifuga (spec. nov.), Fischeriana (spec. nov.), Tristensis et ventricosa.

LXVIII. Monographie du genre Azeca (Décembre 1858). — Historique, caractères génériques et division des Espèces en quatre coupes sous-génériques : *Azecastrum* (type Az. tridens d'Europe), Alsobia (type Az. Paroliniana des Canaries), Agraulina (type Az. triticea des îles Madère) et *Hypnophila* (type Az. pupæformis des régions méditerranéennes).

Les Espèces du genre Azeca sont les : Azeca tridens, Nouletiana, Paroliniana, triticea, oryza, tuberculata, tornatellina, melampoides, mitriformis, pupæformis, Zacinthia, Emiliana (spec. nov.), cylindracea, incerta (spec. nov.), psathyrolena (spec. nov.).

Depuis cette monographie, les coupes sous-génériques (Alsobia, Agraulina et Hypnophila) ont été élevées au rang générique.

LXIX. Bulimes sénestres de Crimée (Janvier 1859). — Descriptions et synonymies des Bulimus Chersonesicus, gibber, candelaris et phorcus (spec. nov.).

LXX. Note monographique sur le Bulimus psarolenus des environs de Nice (Janvier 1859). — L'Espèce de Saorgio (Alpes-Maritimes), à laquelle on a attribué le nom de *Bulimus cinereus*, doit prendre l'appellation de *psarolenus*. Description de cette Espèce. On a reconnu depuis que ce Bulimus était un Pupa du groupe du *Farinesi*.

LXXI. SUCCINEA MEGALONIXIA (Janvier 1859). — Description, sous ce nom, d'une Succinée nouvelle de Sicile.

LXXII. SUPPLÉMENT A LA MONOGRAPHIE DU GENRE CARYCHIUM (Janvier 1859). — Descriptions des CARYCHIUM d'Orbignyanum (spec. nov.), Deshayesianum (spec. nov.), et observations nouvelles sur quelques Espèces mentionnées dans la Monographie.

LXXIII. ÉTUDES SUR LES PLANORBES EUROPÉENS VOISINS DU CORNEUS (Décembre 1859). — Descriptions des PLANORBIS corneus, etruscus, elophilus (spec. nov.), Nordenskioldi (spec. nov.), anthracius (spec. nov.), banaticus (spec. nov.) et adelosius (spec. nov.).

LXXIV. PLANORBES EUROPÉENS DU GROUPE DU DUFOURI (Décembre 1859). — Descriptions des PLANORBIS Metidjensis, Dufouri et aclopus (spec. nov.).

LXXV. HELIX AIMOPHILA (Décembre 1859). — Espèce *nouvelle* des montagnes des Abruzzes (Italie). Les *Helix Tchihatchefi* et *aimophilopsis*, des environs de Brousse (Anatolie), sont des formes voisines de celle des Abruzzes [1].

LXXVI. HELIX CODIA (Décembre 1859). — Description d'une Hélice nouvelle du Portugal.

LXXVII. NOTE RELATIVE AUX PARMACELLA VALENCIENNI ET MOQUINI (Décembre 1859). La Parmacelle des environs d'Arles, en Provence, que l'on avait assimilée à la *Parm. Valencienni* du Portugal, n'est pas cette

---

[1]. Villeserre, Esp. du gr. de l'Helix Aimophila, in : Bull. Soc. malac. Fr. II, 1885, p. 13.

Espèce. Celle d'Arles diffère de celle du Portugal par de nombreux signes distinctifs différents; en conséquence, cette soi-disant *Parm. Valencienni* française doit prendre le nom de *Parmacella Moquini*.

LXXVIII. Limaces des iles Madère et Ténériffe (Décembre 1859). — Sur les sept limaciens signalés dans ces îles, sous les dénominations d'*Arion empiricorum*, de *Limax antiquorum, variegatus, canariensis, carinatus, gagates* et *agrestris*, quatre doivent perdre leur nom pour prendre des appellations différentes; ainsi le *Limax antiquorum* doit s'appeler abrostolus (spec. nov.); le *variegatus*, calendymus (spec. nov.); le *carinatus*, polyptielus (spec. nov.), et l'*agrestis*, drymonius (spec. nov.).

LXXIX. Zonites nouveau de la section des Calcarina (Décembre 1859). — Description du Zonites amphicyrtus (spec. nov.) de Syrie.

LXXX. Catalogue des Zonites de la section des Caclarina (Décembre 1859). — Liste synonymique de vingt-quatre Espèces, dont quelques-unes ont été, par erreur, comprises dans la série des Calcarina [1] (Leucochroa de Beck). Les seules vraies Calcarines sont les Zonites Boissieri, candidissimus, prophetarum, fimbriatus, beticus, Mayrani, argius (spec. nov.), Otthianus, piestus (spec. nov.), chionodiscus, cariosulus, cariosus et amphicyrtus.

LXXXI. Lettre au directeur du Magasin de zoologie au sujet d'une singulière appréciation scientifique de M. H. Drouet (Décembre 1859). — Rectification au sujet d'une ânerie de M. Drouet, de Troyes, qui avait pris une enveloppe de larve de Nevroptère pour une coquille du genre Valvata.

1. Nom de section proposé par Moquin-Tandon.

LXXXII. Espèces du groupe de l'Helix aspersa (Février 1860). — Synonymie et descriptions des Helix Mazzulii et Quincayensis.

LXXXIII. Espèces européennes du groupe des Helix pomatia, ligata, etc. (Février 1860). — Ces Espèces sont les Helix pomatia, onixiomicra (spec. nov.), taurica, Buchii, Schlæfli, lucorum, straminea, mahometana (spec. nov.), ligata, asemnis (spec. nov,), albesdens, grisea, obtusalis, vulgaris, Pollini, Gussoneana, lutescens, Nordmanni, pathetica, philibensis, Engadcensis, pachya (spec. nov.), figulina, cavata, pycnia (spec. nov.), pomacella, cyrtolena (spec. nov.), melanostoma et nucula.

LXXXIV. Limnœa raphidia (Mars 1860). — Description, sous ce nom, d'une Limnée *nouvelle* de Dalmatie de la série de la stagnalis.

LXXXV. Supplément au genre Azeca (Mars 1860). — Descriptions des Azeca integra de Céphalonie (îles Ioniennes) et Boissyi des Pyrénées françaises, Espèces de la section des Hypnophila.

XXVI. — **Spicilèges malacologiques.** Paris, impr. Bouchard-Huzard, 1860-1862. 1 vol. in-8 avec 15 pl. lith. n. ou color.

Ce volume, complément des *Aménités malacologiques*, publié par livraisons, de décembre 1860 à mars 1862, renferme les quinze Mémoires suivants, qui en faisant suite à ceux des *Aménités*, complètent la centurie.

LXXXVI. Monographie du genre Choanomphalus (Décembre 1860). — Historique du genre. Descriptions des Choanomphalus Maacki, amauronius (spec.

nov.), et aorus (spec. nov.). Ce genre du lac Baïkal (Sibérie) doit être classé près du genre Planorbis.

LXXXVII. Mollusques de la famille des Paludinidées recueillis, jusqu'a ce jour, en Sibérie et sur le territoire de l'Amour (Décembre 1860). — Les Paludinidées de ces régions sont les Vivipara Ussuriensis, prærosa, pachya (spec. nov.), elophila (spec. nov.), chloantha (spec. nov.), Baicalensis; Bythinia Manchourica (spec. nov.), striata, tentaculata, similis, Leachi, Angarensis, raphidia (spec. nov.) et aploa (spec. nov.).

LXXXVIII. Notes sur divers Limaciens nouveaux ou peu connus (Juin 1861). — Observations sur les Arions ater, rufus, albus; Limax cinereo-niger, gagates, Sowerbyi, marginatus, et descriptions des Limax nubigenus (spec. nov.), callichrous (spec. nov.), Doriæ (spec. nov.), Da Campi, psarus (spec. nov.), Veranyanus (spec. nov.) et pycnoblennius (spec. nov.).

LXXXIX. Limaces algériennes (Juillet 1861). — Historique critique des Limaciens signalés en Algérie par les auteurs et descriptions des Limax Deshayesi (spec. nov.), Brondelianus (spec. nov.), eremiophilus (spec. nov.), Raymondianus (spec. nov.), gagates, nyctelius (spec. nov.), subsaxanus (spec. nov.) et scaptobius (spec. nov.).

XC. Monographie de la Parmacella Deshayesi (Septembre 1861). — Historique, synonymie, description de cette Parmacelle algérienne et anatomie de ses organes.

XCI. Notice monographique sur les Espèces vivantes et fossiles du genre Testacella (Décembre 1861). — Les Testacelles vivantes sont les Testacella Maugei, Companyoi, drymonia (spec. nov.), Fischeriana (spec nov.), bisulcata, Pecchioli (spec. nov.), scutulum, episcia, haliotidea, Brondeli (spec. nov.); les Espèces fossiles sont les TESTACELLA Deshayesi, asinina, Bruntouiana, Larteti, auriculata et haliotidea.

XCII. MONOGRAPHIE DU GENRE PYRGULA (Décembre 1861). — Historique, caractères génériques et descriptions des PYRGULA helvetica, bicarinata et pyrenaica (spec. nov.).

XCIII. NOTICE MONOGRAPHIQUE SUR LE GENRE GUNDLACHIA (Janvier 1862). — Caractères du genre et descriptions des GUNDLACHIA ancyliformis, Poeyi (spec. nov.) et adelosia (spec. nov.). Ce genre, spécial à l'île de Cuba, appartient à la famille des Ancylidæ.

XCIV. NOTICE MONOGRAPHIQUE SUR LE NOUVEAU GENRE POEYIA (Janvier 1862). — Ce nouveau genre, également de l'île de Cuba, caractérisé par un test *gundlachiforme* en dessus, *ancyliforme* en dessous, par un sommet excentrique, postérieur, dextre, aplati, comme écrasé, sans sommité appréciable et sans dépression apicale, ressemblant à un nucléus obtus de Gundlachia, auquel manquerait la lamelle inférieure, par une ouverture occupant tout le développement inférieur de la coquille, par ses bords marginaux simples, aigus et moyennement évasés, etc., appartient à la famille des Ancylidæ. Une seule Espèce connue, la *Poeyia gundlachioïdes* (spec. nov.).

XCV. NOTICE MONOGRAPHIQUE SUR LE NOUVEAU GENRE BRONDELIA (Janvier 1862). — Les Espèces de ce nouveau genre, découvert dans la forêt de l'Edough, près de Bône, en Algérie, ressemblent à des Ancylus, tout en s'en distinguant par leur sommet rétréci, mamelonné, atrophié, intérieurement rempli, sans dépression apicale, appliqué sur la partie postérieure du test et muni d'une spire latérale sénestre. Les deux Brondelies connues (*Brondelia Drouetiana* et *gibbosa* (spec. nov.) sont des Mollusques qui vivent hors de l'eau, sur les rochers humides au voisinage des sources; ils appartiennent également à la famille des Ancylidæ.

XCVI. Limnée d'Europe du groupe de la Limnœa stagnalis (Février 1862). — Ces Limnées sont les Limnæa stagnalis, borealis (spec. nov.). elophila (spec. nov.), raphidia, colpodia (spec. nov.) Doriana (spec. nov.), psilia (spec. nov.) et Tommasellii.

XCVII. Notice sur les Paludinidées de l'algérie (Mars 1862). — Historique des Espèces, plus ou moins bien déterminées, signalées dans cette partie du Nord de l'Afrique, et descriptions des Hydrobia Peraudieri (spec. nov.), acerosa (spec. nov.), Brondeli (spec. nov.), arenaria (spec. nov.), sordida, elachista (spec. nov.), nana; Bythinia Leachi, similis, luteola, idria, Dupotetiana, pycnocheilia (spec. nov.), perforata (spec. nov.), desertorum (spec. nov.), pycnolena (spec. nov.), Letourneuxiana (spec. nov.) et seminium.

XCVIII. Notice sur les Vivipara d'Europe (Mars 1862). — Historique critique des Paludinidées citées par les auteurs, et descriptions des Vivipara contecta, fasciata, pyramidalis, mamillata et acerosa (spec. nov.).

XCIX. Vivipara stelmaphora et Bythinia codia (Mars 1862). — Descriptions de la *Vivipara stelmaphora* (spec. nov.) de Chine et de la *Bythinia codia* (spec. nov.) d'Italie.

C. Étude synonymique sur le genre Ancylus (Mars 1862). — Cette étude est une véritable monographie, la plus complète qui ait jamais été publiée sur ce genre si difficile. Elle comprend un historique critique du genre, une exposition des caractères génériques, une division raisonnée des Ancylus en Ancylastrum et en Velletia, un exposé des caractères distinctifs des Espèces, une distribution géographique des formes, enfin la synonymie et la description de tous les Ancyles connus par ordre géographique.

ANCYLASTRUM. [Europe] ANCYLUS simplex (avec ses variétés : B, *meridionalis*, C, *costatus*, D, *radiolatus*, E, *striatus*, F, *obtusus*, G, *compressus*, H, *fluviatilis*, I, *margaritaceus*, J, *rupicola*, K, *Fabræi*, L, *labrosus*, M, *albus*, N, *sinuosus*, O, *Frayssianus*, et P, *bireflexus*), Deshayesianus, strigatus, riparius, Jani, costulatus, strictus, Tiberianus (spec. nov.), striatus, pileolus, Tinci, Benoitianus (spec. nov.), gibbosus (spec. nov.), obtusus, Morcleti, vitraceus, Cyclostoma, deperditus, Orbignyanus, marginatus, compressus, Brauni, Mattiacus, latus; — [Afrique] ANCYLUS caffer, Verreauxi, aduncus, Raymondi, Peraudieri (spec. nov.), caliculatus (spec. nov.), platylenus (spec. nov.), Brondeli (spec. nov.), epipedus (spec. nov.); — [Asie] ANCYLUS sibericus, Baconi, verruca, tenuis; — [Océanie] ANCYLUS Cumingianus; — [Amérique] ANCYLUS concentricus, Barilensis, culicoides, plæarius (spec. nov.), Moricandi, aorus (spec. nov.), Charpentierianus, plagioxus (spec. nov.), Saulcyanus, obliquus, Chittyi, radiatus, pallidus, irroratus, Havanennis, adelinus (spec. nov.) radiatilis, Pfeifferi (spec. nov.), Beaui, parasitans, Sallei, complanatus (spec. nov.), patelloides, Newberryi, rivularis, elatior, filosus, fuscus, crassus, tardus, Nuttali, obscurus, calcarius, Haldemani, parallelus, diaphanus.

Velletia. — [Europe]. Ancylus lacustris, Moquinianus, elegans, decussatus, Matheroni et depressus.

XXVII. — Mollusques nouveaux, litigieux ou peu connus. Paris, impr. Bouchard-Huzard. Première centurie. 1 vol. in-8 avec 45 pl. lith., n. ou color. et avec fig. anatomiques intercalées dans le texte, publiée en 10 livraisons ou décades de mars 1863 à décembre 1868. Deuxième centurie (inachevée). Décades xi et xii seulement (janvier 1870) avec 4 pl. n. lith. *(Les décades* xiii, xiv, xv *et* xvi *avec 12 pl. n. lithogr. qui devaient paraitre en novembre-décembre 1870 et janvier 1871 ont été détruites pendant les luttes de la Commune en mai 1871.)*

Ces nouveaux Mémoires, qui font suite aux *Aménités* et aux *Spicilèges*, se composent de douze décades. Ces décades ont été suspendues à l'époque où l'auteur prit la résolution de quitter la capitale, afin de mettre, autant que possible, ses collections, sa bibliothèque et ce qui lui restait de ses publications échappées à l'incendie, hors de la portée des luttes d'une nouvelle Commune.

Les douze décades, les seules parues, puisque les autres n'ont jamais été rééditées, contiennent les descriptions de plus de cent vingt Espèces nouvelles ou litigieuses et plusieurs Mémoires fort étendus sur l'histoire, la classification, la répartition ou l'anatomie de différents groupes d'Espèces.

PREMIÈRE DÉCADE (mars 1863). In-8, 4 pl. n. lith.

1. Helix embia (spec. nov.). Algérie.
2. — Burini (spec. nov.). Algérie.
3. — Dastuguei (spec. nov.). Algérie.

4. Helix Bonduelliana (spec. nov.). Algérie.
5. — asteia (spec. nov.). Espagne.
6. — Aucapitainiana (spec. nov.). Algérie.
7. — nilotica (spec. nov.). Égypte.
8. — Genezarethana (Mousson, 1861). Syrie.
9. Clausilia cedretorum (spec. nov.). Syrie.
10. — Raymondi (spec. nov.). Syrie.

DEUXIÈME DÉCADE (mai 1863). In-8, 3 pl. lith. n. color.

11. Limax Companyoi (spec. nov.). France.
12. Helix pygmæa (Draparnaud, 1801). France.
13. — Massoti (spec. nov.). France.
14. — micropleuros (Paget, 1854). France.
15. — elachia (spec. nov.). France. Espèce suivie de la liste des formes du groupe de l'*Helix pygmæa*, réparties en deux séries, en Espèces à test lisse (H. *Debeauxiana*, *pygmæa*, *Aucapitainiana* et *Massoti*) ou en Espèces à test lamellé (H. *micropleuros*, *elachia* et *Poupillieri*).
16. — Berytensis (Ferussac, 1821), Espèce de Syrie qu'il ne faut pas confondre avec l'*Helix rachioidia* (spec. nov.), forme de Carie, nommée par erreur H. *granulata* par Roth, 1839 (non H. granulata Quoy et Gaimard, 1832).
17. — Fourousi (spec. nov.). Syrie. Forme distincte, du même groupe que les deux précédentes.
18. — Arrouxi (spec. nov.). Syrie.
19. — Colliniana (spec. nov.). Suède.
20. Pupa Raymondi (spec. nov.). Syrie.

TROISIÈME DÉCADE (décembre 1863). In-8, 4 pl. n. lith.

21. Zonites Lawleyanus (spec. nov.). Italie.
22. Helix Lavandulæ (spec. nov.). France.
23. — Mogadorensis (spec. nov.). Maroc.
24. — tuberculosa (Conrad, 1825). Syrie.
25. — philammia (spec. nov.). Égypte.
26. — ptychodia (spec. nov.). Égypte.
27. — Ledereri (Pfeiffer, 1856). Syrie, Égypte.
28. — Davidiana (spec. nov.). Syrie.
29. Pupa eudolicha (spec. nov.). France.
30. Ampullaria Raymondi (spec. nov.). Espèce égyptienne, suivie d'une liste synonymique et critique des Ampullaria Wernei, Kordofana, ovata, lucida, nilotica et Bolteniana.

QUATRIÈME DÉCADE (mai 1864). In-8, 8 pl. n. lith.

31. Helix chilembia (spec. nov.). Égypte.
32. — Kurdistana (spec. nov.). Kurdistan.
33. — Michoniana (spec. nov.). Kurdistan et Diarbékir.
34. — guttata (Olivier, 1804). Diarbékir.
35. — Cæsareana (Boissier, 1847). Syrie, avec ses variétés : *nana, carinata, albidula, globulosa, convexa.*
36. — spiriplana (Olivier, 1801), Syrie, avec ses variétés : *maxima, carinata, globulosa, lithophaga* de Conrad, suivies d'une Étude historique et critique de toutes les Hélices de ce groupe, réparties en deux séries : en Espèces dont les tours supérieurs sont *convexes* et non carénés (H. Kurdistana, Dschulfensis, Michoniana, guttata, Escheriana [Mousson; Espèce décrite

à nouveau] et Bellardii [Mousson]) et en Espèces dont les tours supérieurs sont toujours *fortement carénés* (H. Cæsareana et spiriplana)

37. Ferussacia Rothi (spec. nov.). Palestine.
38. — Moussoniana (spec. nov.). Palestine.
39. — Saulcyi (spec. nov.). Palestine.
40. — Michoniana (spec. nov.). Palestine.

L'ensemble des Ferussacies syriennes connues à cette époque est de huit Espèces (Fer. Hierosolymarum, Rothi, Moussoniana, Saulcyi, syriaca, Michoniana, Berytensis et Judaica). Sur ces huit Espèces les cinq premières composent actuellement le nouveau genre *Calaxis* (Bourg., 1882) et les trois dernières sont classées dans le genre *Hohenwarthia* (Bourg., 1884).

Cet aperçu sur l'ensemble des Férussacies syriennes est suivi d'un historique du genre, d'un exposé des caractères génériques et d'un index synonymique de toutes les formes, réparties en deux grandes sections : en *Zua* (4 Espèces) et en *Euferussacia;* cette seconde section est subdivisée en *Folliculiana* (14 Espèces), en *Proceruliana* (23 Espèces) et en *Hohenwarthiana* (10 Espèces). Ce dernier nom a été depuis élevé au rang générique.

Les Espèces de l'index sont les FERUSSACIA subcylindrica, Maderensis, azorica, exigua, folliculus, regularis, amauronia, nitidissima, Forbesi, terebella, amblya, Gronoviana, Vescoi, proechia, gracilis, vitrea, aphelina (spec. nov.), abromia (spec. nov.), Webbi, eremophila, carnea, agræcia, lamellifera, Hierosolymarum, charopia, Rothi, Moussoniana, Saulcyi, syriaca, Tandoniana, ovuliformis, Leacociana, sciaphila, celosia, ennychia, debilis, scaptobia, gracilenta, Terveri, abia, Hohenwarthi, psilia (spec. nov.), Michoniana, Berytensis (spec. nov.), Judaica, Biondina, Rizzeana, eucharista, Bourguignatiana, thamnophila.

CINQUIÈME DÉCADE (novembre 1865). In-8, 9 pl. lith. n. et color.

41. Unio Rothi (spec. nov.). Syrie.
42. — umbonatus (Rossmæssler, 1854). Espagne.
43. — subreniformis (spec. nov.). Espagne.
44. — Penchinatianus (spec. nov.). Espagne.
45. — Valentinus (Rossmæssler, 1854). Espagne.
46. — Hispanus (Moquin-Tandon, 1844). Espagne.
47. — Graellsianus (spec. nov.). Espagne.
48. — Courquinianus (spec. nov.). Espagne.
49. — Aleroni (Companyo et Massot, 1845). France et Espagne.
50. Anodonta melinia (spec. nov.). Espagne.

Les Acéphales connus du centre hispanique, qui comprend les régions du Nord de l'Afrique, sont les UNIO sinuatus, umbonatus, rhomboideus, subreniformis, Penchinatianus, batavus, Durieui, Letourneuxi, Graellsianus, Hispanus, valentinus, tristis [1], dactylus, mucidus, pictorum, Requieni, Ravoisieri, Moreleti, Courquinianus, Aleroni; MARGARITANA margaritifera; ANODONTA cygnæa, embia, Lucasi, regularis, macilenta, anatina, Tunizana, Lusitana, piscinalis, melinia, Ranarum, numidica, Letourneuxi. Quant à l'*Unio Wolwichi* (Morelet), décrite comme Espèce portugaise, c'est une forme de l'Amérique du Sud.

SIXIÈME DÉCADE (janvier 1866). In-8, 3 pl. lith. n. et color.

51. Arion Mabillianus (spec. nov.). France.
52. — tenellus (Drouët, 1855). France.
53. — anthracius (spec. nov.). France.

[1]. Cette Espèce est une Margaritana.

54. Helix Paladilhi (spec. nov.). France.
55. Ferussacia Moitessieri (spec. nov.). France.
56. — Bugesi (spec. nov.). France.
57. — Paladilhi (spec. nov.). France.
58. Hydrobia Moitessieri (spec. nov.). France.
59. Paladilhia Masclaryana (spec. nov.). France.
60. Anodonta elachista (spec. nov.). France.

SEPTIÈME DÉCADE (février 1866). In-8, 3 pl. lith. n. ou color.

61. Letourneuxia numidica (spec. nov.), Algérie, suivie des caractères du nouveau genre Letourneuxia.
62. Limax xanthius (spec. nov.). Allemagne.
63. Krynickillus eustrictus (spec. nov.). Syrie.
64. Milax baripus (spec. nov.). Syrie.
65. Daudebardia Letourneuxi (spec. nov.). Algérie.
66. Zonites Pazi (spec. nov.). Espagne.
67. Ancylus Isseli (spec. nov.). Égypte.
68. Pomatias Letourneuxi (spec. nov.). Algérie.
69. Hydrobia Reboudi (spec. nov.). Algérie.
70. Unio Maccarthyanus (spec. nov.). Algérie.

HUITIÈME DÉCADE (décembre 1867). In-8, avec fig. anatom. intercalées dans le texte et 4 pl. n. lith.

71. Zonites curabdotus (spec. nov.). Algérie.
72. — Blidahensis (spec. nov.). Algérie.
73. — Pomelianus (spec. nov.). Algérie.
74. Helix apalolena (spec. nov.), France et Espagne, suivie de la description des appareils reproducteurs des *Helix apalolena, lactea* et *punctata*.
75. — Jourdaniana (spec. nov.). Algérie.
76. — thayaca (spec. nov.). Algérie. (Cette Espèce est une Leucochroa.)

77. Helix Rokniaca (spec. nov.). Algérie.
78. — Dussertiana (spec nov.). Algérie.
79. — Vatonniana (spec. nov.). Algérie.
80. Ferussacia cirtana (spec. nov.). Algérie.

NEUVIÈME DÉCADE (septembre 1868). In-8, 4 pl. n. lith.

81. Zonites Issericus (spec. nov.). Algérie.
82. Helix Faidherbiana (spec. nov.). Algérie.
83. — Djebbarica (spec. nov.). Algérie.
84. — Tlemcenensis (spec. nov.). Algérie.
85. Ferussacia Oranensis (spec. nov.). Algérie.
86. — diodonta (spec. nov.). Algérie.
87. Clausilia Davidiana (spec. nov.). Syrie.
88. — prophetarum (spec. nov.). Syrie. Les Clausilies syriennes peuvent être réparties en cinq séries : (*Clausiliæ carinatæ*), CLAUSILIA bicarinata, bitorquata, cedretorum, Melycotti, galeata ; (*Cl. cærulescentes*) Boissieri, birugata, cylindrelliformis, filumna, Zelebori ; (*Cl. vesicantes*) Colbeauiana, Delesserti, Gaudryi (spec. nov.), vesicalis, fauciata, Bargesi (spec. nov.) ; (*Cl. striatæ*) Albersi, judaica (spec. nov.), Dutaillyana (spec. nov.), phæniciaca (spec. nov.), Genczarethana, porrecta, Raymondi, Hedenborgi, strangulata, sancta (spec. nov.), Davidiana, prophetarum ; (*Cl. denticulatæ*) oxystoma, mæsta, Hierosolymitana (spec. nov.), Saulcyi et corpulenta ; enfin une espèce douteuse, la Clausilia tubaparadisi.
89. Pomatias atlanticus (spec. nov.). Algérie.
90. Melanopsis Penchinati (spec. nov.). Espagne.

DIXIÈME DÉCADE (décembre 1868). In-8, 4 pl. n. lith.

91. Helix Paretiana (Issel, 1867), Espèce fossile et sub-fossile des dépôts modernes de la Ligurie et des Alpes-Maritimes.
92. — Brocardiana (Dutailly, 1867). Corse.
93. — Cyrniaca (Dutailly, 1867). Corse.
94. — Barcinensis (spec. nov.). Espagne.
95. — Penchinati (spec. nov.). Espagne.
96. — Rouvieriana (spec. nov.). Algérie.
97. — spiroxia (spec. nov.). Syrie.
98. Ferussacia microxia (spec. nov.). Algérie.
99. Cyrena Saulcyi (spec. nov.). Syrie.
100. Unio mauritanicus (spec. nov.). Algérie.

ONZIÈME DÉCADE (janvier 1870). In-8, 2 pl. n. lith.

101. Daudebardia nubigena (spec. nov.). Algérie.
102. — atlantica (spec. nov.). Algérie.
103. Zonites septentrionalis (spec. nov.). France.
104. — Farinesianus (spec. nov.). France et Espagne.
105. — navarricus (spec. nov.). France et Espagne.
106. Helix schlærotricha (spec. nov.). Algérie.
107. — Simoniana (spec. nov.). France, suivie de la liste synonymique des Hélices pygméennes ; HELIX micropleuros, elachia, Poupillieri, Servaini (spec. nov.), Debeauxiana, pygmæa, Aucapitainiana, Massoti, Letessieriana (spec. nov.) et Simoniana.
108. — Martorelli (spec. nov.). Espagne.
109. — Tenietensis (spec. nov.). Algérie.
110. Planorbis Mabilli (spec. nov.). France.

DOUZIÈME DÉCADE (février 1870). In-8, 2 pl. n. lith.

111. Zonites catoleius (spec. nov). Égypte.
112. — Durandoianus (spec. nov.). Algérie.
113. — pictonicus (spec. nov.). France.
114. — Courquini (spec. nov.). Espagne.
115. — Jacetanicus (spec. nov.). Espagne.
116. Helix Laurenti (spec. nov.). Espagne.
117. — Henoniana (spec. nov.). Algérie.
118. Limnæa Martorelli (spec. nov.). Espagne.
119. Valvata Coronadoi (spec. nov.). Espagne.
120. Sphærium Hispanicum (spec. nov.). Espagne.

XXVIII. — Species novissimæ molluscorum in Europæo systemati detectæ, notis diagnosticis succinctis breviter descriptæ. Lutetiæ.

exc. Bouchard-Huzard, vidua, in-8.

Première centurie, juillet 1876; deuxième centurie, juillet 1878.

Ces *Species*, qui font suite aux douze décades des *Mollusques nouveaux, litigieux ou peu connus,* publiées à petit nombre (25 exemplaires), dans le seul but de prendre date, comprennent les diagnoses de deux cents Espèces *nouvelles,* parmi lesquelles se trouvent reproduites celles des *Formes* qui avaient été décrites dans les décades XIII, XIV, XV et XVI, décades détruites sous la Commune en mai 1871.

1. Bulimus spirectinus, Syrie.
2. Bulimus thaumastus, Syrie.
3. Bulimus exochus, Syrie.
4. Bulimus Lamprostatus, Syrie.
5. Bulimus exacastoma, Syrie.
6. Bulimus therinus, Syrie.
7. Bulimus Courtieri, id.
8. Bulimus Fourousi, id.
9. Bulimus dispistus, id.
10. Bulimus Calverti, Rhodes.

11. Bulimus rembus, Crimée.
12. Bulimns petrophius, Crimée.
13. Bulimus Cruzyi, Crimée.
14. Bulimus lenomphalus, Crimée.
15. Bulimus theodosianus, Crimée.
16. Bulimus leptolenus, Crimée.
17. Bulimus bulgaricus, Bulgarie.
18. Bulimus bæoticus, Grèce.
19. Bulimus cadmeanus, id.
20. Bulimus Heliconus, id.
21. Bulimus tetragonostoma, Bulgarie.
22. Bulimus subcarneolus, Bosphore.
23. Bulimus euryomphalus [1], Algérie.
24. Bulimus chareius, Algérie.
25. Bulimus Lhotellerii, Algérie.
26. Bulimus Sabæanus, Arabie.
27. Bulimus Ducoureti, Arabie.
28. Bulimus Soleilleti, Sahara.
29. Bulimus, Maharasicus, Arabie.
30. Bulimus euphraticus, Mésopotamie.
31. Bulimus Marebiensis, Arabie.

32. Bulimus Kursiensis, Arabie.
33. Bulimus Reboudi, Algérie.
34. Clausilia Perinni, Algérie.
35. Clausilia Hispanica, Espagne.
36. Clausilia Lusitanica, Portugal.
37. Clausilia Courquiniana, Espagne.
38. Clausilia Penchinati, Espagne et France.
39. Carychium melanostoma, Algérie.
40. Ferussacia Letourneuxi, Algérie.
41. Ferussacia eulissa, Algérie.
42. Ferussacia subgracilenta, Algérie.
43. Helix Gallandi, Rhodes.
44. Clausilia Gallandi, id.
45. Vitrina striata, France.
46. Vitrina Penchinati, Pyrénées.
47. Helix Andorrica, Pyrénées.
48. Helix Doumeti, Tunisie.
49. Helix hyperconica, Algérie.
50. Helix tellica, Algérie.
51. — chthamatolena, id.
52. Helix syrosina, Archipel (Syra).
53. Helix melosina, Archipel (Milo).

1. Melius *callomphalus*, Bourguignat (non, Bul. euryomphalus, de *Jonas*,1844. Espèce du Vénézuéla.

54. Helix pleurischura, Sicile.
55. Helix chonomphala, id.
56. Helix Soleilleti, Sahara.
57. Helix Hierica, Sicile.
58. Helix Hariotiana, Baléares.
5 . Helix eugoniostoma, Archipel (Syra).
60. Helix Darolli, Algérie.
61. Helix Djarica, id.
62. Helix Hellenica, Grèce.
63. Helix Guimeti, Égypte.
64. Helix Schahbulakensis, Arménie.
65. Helix straminiformis, Italie.
66. Helix equitum, Rhodes.
67. Helix Luynesiana, Syrie.
68. Helix dichromolena, Italie.
69. Helix Interamnensis, Italie.
70. Helix Giuliæ, Malte.
71. Helix melanonixia, Algérie.
72. Peringia helvetica, Suisse.
73. Peringia Letourneuxi, France.
74. Peringia pyramidalis, Algérie.
75. Peringia Mabilli, Algérie.
76. Peringia cyclolabris, id.
77. Peringia Reboudi, id.
78. Peringia Nansoutyana, France.
79. Peringia Perrieriana, France.
80. Peringia microstoma, France.
81. Peringia micropleuros, France.
82. Peringia tumida, Algérie.
83. Paludestrina Mabilli, France.
84. Paludestrina Saint-Simoniana, France.
85. Paludestrina Milne-Edwardsiana, France.
86. Paludestrina eucyphogyra, France.
87. Paludestrina acutalis, France.
88. Paludestrina Sancti-Coulbani, France.
89. Paludestrina paludinelliformis, France.
90. Paludestrina aciculina, France.
91. Paludestrina elegantissima, Algérie.
92. Paludestrina gracillima, France.
93. Paludestrina Moitessieri, France.
94. Paludestrina spiroxia, France.
95. Paludestrina soluta, France.
96. Paludestrina euryomphalus, France.
97. Paludestrina arenarum France.
98. Paludestrina Narbonensis, France.
99. Paludestrina leneumicra, France.
100. Helix catharolena, Algérie.
101. Helix Toukriana, Algérie.
102. Helix catodonta. id.

103. Helix Lucetumensis, Espagne, Algérie.
104. Helix acanonica, Algérie.
105. Helix Berthieri, id.
106. Helix axia, Algérie, Maroc, Espagne.
107. Helix galena, Espagne.
108. Helix eugastora, Algérie, Espagne.
109. Helix sphæromorpha, Algérie, Maroc.
110. Helix Marguerittei, Algérie.
111. Helix simocheilia, Espagne, Algérie.
112. Helix Baudotiana, Algérie.
113. Helix heliophila, Algérie.
114. Helix chydopsis, Maroc.
115. Helix mea, Algérie.
116. Helix romalea, Sahara, Algérie.
117. Helix surrodonta, Sahara, Algérie.
118. Helix stereodonta, Sahara, Algérie.
119. Helix Seignettei, Sahara, Algérie.
120. Helix Mattarica, Maroc.
121. Helix nitefacta, Tunisie, Algérie.
122. Helix takredica, Maroc.
123. Helix lamprimathia, id.
124. Helix sticta, id.
125. Helix azorella, id.
126. Helix eustrapa, Baléares.
127. Helix Raymondopsis, Maroc.
128. Helix plæsia, Maroc.
129. Helix Graellopsis, id.
130. Helix menobana, Espagne.
131. Helix Mosellica, France.
132. Helix Aubianiana, id.
133. Helix Lemonica, id.
134. Helix Dumorum, id.
135. Helix Lycina, Syrie.
136. Helix chersonesica, Crimée.
137. Helix Phygaliæ, Grèce.
138. Helix Mehadiæ, Banat.
139. Helix lepidophora, France
140. Helix Rusinica, France, Espagne.
141. Helix Separica, France.
142. Helix Nemetuna, id.
143. Helix Buxetorum, id.
144. Pomatias Pinianus, Italie.
145. — Eupleurus, Sicile.
146. — megetius, id.
147. — Monterosati, id.
148. — babiolenus, id.
149. — Aradasi, id.
150. Acme Adamii, Italie.
151. Sphyradium Adamii, id.
152. Orcula scyphoidæa, Anatolie.
153. Orcula turcica, Archipel (Santorin).
154. Orcula hellenica, Grèce.
155. — Mabilliana, id.
156. — rapala, Syrie.
157. — desertorum, id.
158. — pyrgula, id.
159. — helvetica, Suisse.
160. Chondrus mauritanicus, Algérie.
161. Chondrus Lhotellerii, Égypte.
162. Chondrus Innesianus, Égypte.
163. Chondrus Letourneuxi, Égypte.

164. Chondrus subtricuspis, Égypte.
165. Chondrus Olympicus, Anatolie.
166. Chondrus Prusaensis, Anatolie.
167. Chondrus oresigenus, Syrie.
168. Chondrus sphæroideus, Syrie.
169. Chondrus anisodus, Syrie
170. — acheilus, id.
171. — prionotus, Anatolie.
172. — chrestus, Syrie.
173. — Gauthieri, id.
174. — mesus, id.
175. — Bargesi. id.
116. — adrus, id.
177. — prostoma, id.
178. — compsus, id.
179. — lenichnus, id.
180. Planorbula ægyptiaca, Égypte.
181. Planorbula calliodon, Égypte.
182. Planorbula odontostoma, Égypte.
183. Planorbula chauliodon, Égypte.
184. Planorbula Letourneuxi, Égypte.
185. Planorbula microstoma, Égypte.
186. Planorbula diodonta, Égypte.
187. Planorbula Tanousi, Égypte.
188. Planorbula Chambardiana, Égypte.
189. Planorbula Calvertiana, Égypte.
190. Planorbula Cleopatræ, Égypte.
191. Valvata syriaca, Syrie.
192. — judaica, id.
193. — Rothi, Égypte.
194. — Letourneuxi, id.
195. — ægyptiaca, id.
196. — callista, id.
197. — planulata, id.
198. Melanopsis Letourneuxi, Égypte.
199. Chondrus erithus, Syrie.
200. — psammæcius, id.

La plupart de ces Espèces ont été, depuis, publiées « in extenso » dans les travaux de MM. Letourneux, Pechaud, Walter Innes, etc.

XXIX. — Nouveautés malacologiques. In-8. N° 1. *Unionidæ et Iridinidæ du lac Tanganika.* Paris, impr. Mme Ve Tremblay, avril 1886. 1 vol. in-8.

La première partie des « Nouveautés malacologiques », seule, est parue jusqu'à présent. Cette partie a été reproduite dans la *Cronica cientifica* de Barcelone (septembre 1886), sous le titre d'*Unionidos é Iridinidos del lago Tanganika ;* elle renferme les descriptions détaillées des Espèces *nouvelles* recueillies par le capitaine L. Joubert et par les RR. PP Missionnaires, dans cette grande mer intérieure de l'Afrique équatoriale. Ces Espèces sont : les Unio Jouberti, Charbonnieri, Moineti, Coulboisi, Bridouxi, Lavigerianus, Guillemeti, Dromauxi, Vinckei, Josseti, Menardi, Vysseri, Randabeli ; Mutela Bridouxi, Lavigeriana, Moineti, Jouberti, Moncети, Vysseri ; Burtonia Moineti, elongata, subtriangularis, Lavigeriana, Bridouxi, Bourguignati, contorta, Jouberti, magnifica, Grandidieriana ; Brazzæa ventrosa, Randabeli, Moineti, Jouberti, Coulboisi, elongata, Charbonnieri, Lavigeriana, Bridouxi, Newcombiana, eximia, Bourguignati ; Moncetia Lavigeriana, Moineti, Rochebruniana, Jouberti, Bridouxi ; Cameroxia gigantea, admirabilis, Bridouxi, Guillemeti, pulchella, Landeaui, obtusa, complanata, Coulboisi, Locardiana, Revoiliana, Vynchei, Josseti, Charbonnieri, Dromauxi, Lavigeriana, Mabilliana, Jouberti, Moineti, Randabeli et paradoxa.

XXX. — Lettres malacologiques. Paris, impr. Bouchard-Huzard et Tremblay. 5 lettres in-8 de 1867 à 1882, avec 1 pl. n. lithogr. (1ʳᵉ 1867, 2ᵉ 1869, 3ᵉ, 4ᵉ et 5ᵉ 1882).

Ces lettres, œuvres de polémique, n'ont qu'une importance relative au point de vue de la science malacologique. La cinquième seule, à l'adresse d'un sieur Brusina, est intéressante et importante parce qu'elle rappelle les caractères de plusieurs genres contestés, tels que ceux des *Lhotelleria*, *Jolya*, *Colletopterum*, *Tripaloia*, *Calvertia*, *Petrettinia* et *Saint-Simonia*; ensuite parce que, chez elle, se trouvent exposés les principes de la *nouvelle École* relatifs à la compréhension des formes spécifiques.

« Il existe, dans le monde malacologique, deux Écoles ennemies, l'*ancienne* et la *nouvelle*, c'est-à-dire l'*École transformiste*, celle qui ne croit pas à l'invariabilité des Espèces, celle qui nie la fixité des caractères, et qui n'admet l'*Espèce*, ou ce qu'on est censé appeler Espèce, *que comme* RELATIVE *sous la double influence du temps et des milieux*. C'est l'École des Geoffroy Saint-Hilaire, des Lamarck et autres penseurs. La *nouvelle École*, ainsi qu'on la nomme, bien qu'elle date de loin, *ne reconnaît, lorsqu'il s'agit d'une diagnose, ni* ESPÈCE *ni* RACE; elle spécifie et elle caractérise toutes les formes que la nature a suffisamment distinguées, sans se préoccuper si ces distinctions sont le résultat des milieux, du temps ou de toute autre cause...

« La *nouvelle École* distingue donc, sous un nom spécial, *toute forme ayant des caractères constants, pourvu que ces caractères soient au nombre de trois.* Au-dessous de ce nombre, elle rejette les formes au rang de variétés; au-dessus, elle les classe dans celui des Espèces, ou de ce que l'on est convenu d'appeler Espèce, puisque, d'après elle, l'Espèce est relative.

« Par ces principes, la nouvelle École *a voulu soustraire les formes à l'arbitraire des spécificateurs.*

« Pour certains de l'ancienne École, l'Espèce est *une* depuis l'origine; pour d'autres, elle est *invariable avec des variétés constantes;* pour ceux-ci, elle n'est constituée *que de races fixes sorties d'un type primitif inconnu ;* enfin, pour ceux-là, elle est *variable jusqu'à un certain degré, avec des sous-variétés plus ou moins constantes* qui viennent rayonner autour d'elle.

« En un mot, dans l'ancienne École, autant d'opinions que d'auteurs. Personne ne s'entend. Ce ne sont que discussions sur l'Espèce, sur les races constantes ou pas constantes, sur les variétés, les sous-variétés, etc. Le zoologiste le plus érudit ne peut dire où finit l'Espèce, où commence la race, où s'accentue la variété. Chacun, selon son tempérament, a son opinion faite et bien arrêtée à ce sujet. Pour les uns, il faut une masse de signes différentiels pour la création d'une Espèce ; pour d'autres, il en faut moins ; pour d'autres encore, elle n'est pas possible sans une série de variétés ou de sous-variétés.

« La *nouvelle École* supprime toutes les discussions : l'Espèce, pour elle, n'existant pas en réalité, *elle accepte toutes les formes à caractères fixes, pourvu que ces caractères soient au nombre de trois et suffisamment prononcés.* La spécification, comprise dans ce sens, devient une science pour ainsi dire mathématique, parce qu'elle laisse aussi peu de prise que possible à l'appréciation des malacologistes.

« C'est justement de cette appréciation, souvent fantaisiste, dont elle a voulu se garer dans cette science, une des plus difficiles des connaissances naturelles, précisément parce que ses animaux, ne pouvant se soustraire aux milieux où ils se trouvent, sont forcés de subir non seulement les conséquences du mode de nourriture, mais encore les influences du froid, de la chaleur, de la sécheresse ou de l'humidité. »

MALACOLOGIE

B. — OUVRAGES SÉPARÉS

XXXI. — Testacea novissima quæ Cl. de Saulcy in itinere per Orientem annis 1850 et 1851 collegit. Lutetiæ, excud. E. Thunot et Socii. In-8, 1852.

Cet ouvrage, prodrome du *Catalogue raisonné des Mollusques terrestres et fluviatiles recueillis par M. F. de Saulcy, pendant son voyage en Orient*, est consacré aux diagnoses de trente-trois Espèces nouvelles, sur lesquelles dix-sept terrestres et seize d'eau douce :

Limax phœniciacus, Berytensis; — Testacella Saulcyi; — Helix Engaddensis, fimbriata, prophetarum, Hierosolymitana, camelina, solitudinis, sancta, nitelina; — Bulimus Delesserti, Saulcyi; — Glandina Delesserti; — Pupa Saulcyi ; — Clausilia Albersi, Bourguignati; — Planorbis atticus, piscinarum, hebraicus; — Hydrobia tritonum; — Neritina Michoni, Saulcyi, syriaca; — Unio Saulcyi, Michoni, Tripolitana, Euphratica, orientalis, Delesserti, Bagdadensis, Tigridis et terminalis.

Toutes ces Espèces ont été découvertes en Grèce, dans les îles de l'Archipel, en Syrie et en Palestine.

XXXII. — Description d'une nouvelle Espèce de Pisidium. (*Journal de Conchyliologie*, III, 1852.) Paris, 1852. In-8 avec fig.

Cette description est celle d'une nouvelle Espèce de Pisidie, le *Pisidium sinuatum*, caractérisée par une très forte sinuosité à la partie inférieure de son bord palléal, et découverte dans le ruisseau d'Amance (Aube).

XXXIII. — Description d'un Pidisium nouveau. (*Journ. Conch.*, III, 1852.) Paris, 1852. In-8 avec fig.

Cette autre description s'applique à une Espèce différente, également nouvelle, le *Pisidium Recluzianum*, provenant d'un petit cours d'eau des environs de Boulogne-sur-Mer (Pas-de-Calais).

XXXIV. — Description de quelques coquilles provenant de Syrie. (*Journ. Conch.*, IV, 1853.) Paris, 1853. In-8 avec fig.

Ce Mémoire donne la connaissance des caractères de cinq Espèces de Palestine : les ZONITES fimbriatus, prophetarum, nitelinus; BULIMUS Saulcyi et UNIO terminalis.

XXXV. — Monographie de l'Ancylus jani. (*Revue* et *Magasin de Zoologie*, 1853.) Paris, 1853. In-8.

Mémoire critique sur l'ancien *Ancylus capuloides* de Porro, au point de vue de ses caractères et de sa dénomination contraire aux règles de la nomenclature.

XXXVI. — Notice sur le genre Ancylus, suivie d'un catalogue synonymique des Espèces de ce genre. (*Journ. Conch.*, IV, 1853.) Paris, 1853. In-8 avec fig.

Après avoir fait connaître les caractères *génériques*

des Ancylus, divisés en Ancylastrum et en Velletia, et après avoir appelé l'attention sur les caractères *spécifiques* sur lesquels il convient de se baser pour la création d'un Ancylus, l'auteur donne une liste synonymique des cinquante-trois Espèces suivantes, sur lesquelles treize sont présentées comme nouvelles : Ancylus Cumingianus (spec. nov.), concentricus, Barilensis, Petitianus (spec. nov.), obliquus, Charpentierianus (spec. nov.), Saulcyanus (spec. nov.), culicoides, Moricandi, radiatus, irroratus, Beaui (spec. nov.), Havanensis, rivularis, Drouetianus (spec. nov.), filosus, radiatilis, fuscus, crassus, tardus, obscurus, calcarius, Haldemanni, parallelus, diaphanus, Baconi (spec. nov.), caffer, Raymondi (spec. nov.), aduncus, Deshayesianus (spec. nov.), striatus, Jani, pileolus, gibbosus, deperditus, simplex, costulatus, riparius, strictus, obtusus, Moreleti (spec. nov.), strigatus (spec. nov.), vitraceus, cyclostoma (spec. nov.), Orbignyanus, marginatus, compressus, elegans, decussatus, Matheroni, depressus, Moquinianus (spec. nov.) et lacustris.

XXXVII. — Catalogue raisonné des Mollusques terrestres et fluviatiles recueillis par M. F. de Saulcy pendant son voyage en Orient. Paris, impr. Claye et C⁰, 1853. 1 vol. in-4 avec pl. n. lith.

Cet ouvrage, sans compter un exposé chronologique des expéditions scientifiques envoyées en Orient par les gouvernements européens, ou dues à des initiatives privées, contient un résumé des recherches malacologiques des savants voyageurs Forskal, Niebuhr, Olivier, Bruguière, Savigny, Hemprich, Ehrenberg, Erdl, Roth et Boissier.

Le résultat des recherches malacologiques de M. F. de Saulcy se chiffre par 139 Espèces, savoir : 2 Limax, 1 Testacella, 1 Succinea, 11 Zonites, 53 Helix, 12 Bulimus, 2 Glandina, 18 Clausilia, 5 Pupa, 3 Planorbis, 2 Limnæa, 2 Cyclostoma, 1 Pomatias, 4 Bythinia, 1 Melania, 3 Melanopsis, 2 Valvata, 5 Neritina, 9 Unio, 1 Cyrena et 1 Pisidium.

Sur ces 139 Mollusques orientaux, les HELIX Langloisiana; CLAUSILIA Delesserti, Saulcyi; PUPA Michoni, Delesserti; BYTHINIA Saulcyi, Hawaderiana; MELANOPSIS Saulcyi et VALVATA Saulcyi, qui n'avaient pas été décrits dans le prodrome des « *Testacea novissima* », sont caractérisés et figurés sur les quatre planches où sont représentées toutes les formes nouvelles découvertes par M. de Saulcy.

XXXVIII. — **Descriptions d'Ancyles nouveaux de la collection de M. Cuming, précédées d'une courte notice sur le genre Ancylus et d'un catalogue complet des Espèces qui le composent.** *(Proceedings of the zoological Society of London*, XXI, 1853.) London, 1853. In-8 avec 1 pl. lith.

Ce travail est consacré : 1° à l'historique du genre Ancylus; 2° à la description du genre; 3° à sa division en Ancylastrum et en Velletia; 4° aux caractères distinctifs des Espèces; 5° à la distribution géographique; 6° au Catalogue synonymique des Ancyles de la collection Cuming; 7° enfin, aux diagnoses des ANCYLUS Cumingianus, Baconi, Drouetianus et Saulcyanus.

XXXIX. — **Monographie des Espèces françaises du genre Sphærium, suivie d'un cata-**

logue synonymique des Sphéries constatées en France, à l'état fossile. *(Mémoires de la Société des Sciences physiques et naturelles de Bordeaux*, I, 1854.) Bordeaux, 1854. In-8 avec 4 pl. n. lith.

1° Historique critique du genre Sphærium ; 2° classification nouvelle des Sphéries en Cyrenastrum (type *Sph. solidum*), et en Sphæriastrum (type *Sph. rivicola*) ; 3° description, avec leur synonymie complète, des Sphærium solidum, rivicola, Scaldianum, Rickholti, Terverianum, Brochonianum (spec. nov.), corneum, ovale et lacustre ; 4° catalogue raisonné et synonymique des Sphéries fossiles classées par ordre de terrains : *Espèces tertiaires*, Sphærium Verneuili, unguiforme, concinnum, Gardanense, pisum, Aquæ-Sextiæ, gibbosum, numismale, Coquandianum ; *Espèces quaternaires :* Sphærium seminulum, prominulum, rivicola, corneum et lacustre ; 7° enfin, répartition dans les genres Cyrena et Pisidium de trente Espèces fossiles, publiées sous le nom de Cyclas, qui ne peuvent être considérées comme des Sphærium.

XL. — Malacologie terrestre de l'île du Château d'If, près de Marseille. Paris, impr. Bouchard-Huzard, 1860. 1 vol. in-8 avec 2 pl. n. lith.

L'île du château d'If se trouve située à environ 4 kilomètres en avant du port de Marseille, non loin des îlots de la Quarantaine. Cette île, ou plutôt ce rocher, n'est qu'un amas de fortifications, avec bastions et contrebastions, dont la base des constructions plonge jusqu'à la mer. Il n'y a qu'un seul endroit sur cet îlot, vers le sud-ouest, où les murailles, par suite d'un retrait, laissent à découvert quelques dizaines de mètres carrés de rochers, où croissent quelques graminées et quelques Choux maritimes.

C'est sur ce petit coin de rocher qu'ont été recueillies et découvertes les Espèces suivantes : Zonites lucidus, Blauneri ; Helix melanostoma, vermiculata, pisana, catocyphia (spec. nov.), apicina, neglecta, pseudenhalia (spec. nov.), numidica (forme nouvelle pour la France), conoidea ; Bulimus decollatus ; Ferussacia Gronoviana ; Clausilia solida ; Pupa quinquedentata, amicta (forme nouvelle pour la France), granum et umbilicata.

Total, deux Espèces inédites et deux nouvelles pour la faune. Dans l'intention de faire comprendre les signes distinctifs de la *Ferussacia Gronoviana*, l'auteur a donné, comme terme de comparaison avec cette Espèce, les figures, jusqu'à ce jour inédites, des Ferrussacia folliculus, regularis, Vescoi, amauronia, amblya et Forbesi.

XLI. — Malacologie terrestre et fluviatile de la Bretagne. Paris, impr. Bouchard-Huzard, 1860. 1 vol. in-8 avec 2 pl. n. lith.

Examen critique des ouvrages publiés de 1830 à 1859 par MM. Collard des Cherres, de Fréminville, Duval de Rennes, Daniel de Dinan et Fouquet de Vannes, sur la malacologie de la Bretagne.

Exposé du résultat des recherches de l'auteur pendant le cours d'un voyage circulaire (1859), commencé à Saint-Nazaire, à l'embouchure de la Loire, et poursuivi jusqu'à Dol, limite de la basse Normandie :

I. Loire-Inférieure (de Saint-Nazaire à Herbignac, par le Croisic et Guérande).—Arion rufus, hortensis ;

Limax agrestis ; Testacella haliotidea ; Vitrina major; Succinea putris; Zonites lucidus; Helix aspersa, nemoralis, hortensis, arbustorum, carthusiana, hispida, occidentalis, rotundata, pisana, variabilis, submaritama, lineata, acuta ; Clausilia nigricans, obtusa ; Pupa umbilicata ; Planorbis rotundatus ; Limnæa limosa.

II. Morbihan (de la Roche-Bernard à Lorient, par Muzillac, Vannes, Auray, Carnac et Port-Louis, et de Vannes et Ploermel par Elven et Malestroit). — Arion rufus, hortensis ; Limax cinereus, agrestis, gagates Sowerbyi (Espèce nouvelle pour la faune française); Testacella Maugei, haliotidea, bisulcata; Vitrina major; Succinea Pfeifferi; Zonites lucidus, subglaber (spec. nov.), cellarius, nitidulus, radiatulus, nitidosus ; Helix aspersa, nemoralis, hortensis, Quimperiana, lapicida, pulchella, costata, sericea, hispida, occidentalis, ptilota (spec. nov.), rotundata, intersecta, cespitum, sphœrita (Espèce nouvelle pour la faune française), cricetorum, arenosa [1] (Espèce nouvelle pour la faune française), pisana, variabilis, submaritima, lineata, acuta; Bulimus obscurus; Ferussacia subcylindrica ; Clausilia nigricans, obtusa ; Balia perversa; Pupa umbilicata, Loroisiana (spec. nov.); Vertigo muscorum; Planorbis corneus, contortus, carinatus, rotundatus, vortex, nitidus ; Physa fontinalis, Taslei (spec. nov.); Limnæa stagnalis, limosa, intermedia, peregra, palustris, glabra, truncatula ; Ancylus simplex, strictus (Espèce nouvelle pour la faune française), lacustris; Cyclostoma elegans; Anodonta cygnea, arenaria, Rossmæssleriana, anatina ; Unio rhom-

---

1. Non H. arenosa de Dupuy, qui est l'H. enhalia, Bourguignat.

boideus, pictorum; Sphærium rivale, Terverianum ; Pisidium amnicum, Casertanum, pusillum.

III. Finistère (de Quimperlé à Morlaix par Quimper, Châteaulin, Brest et Landerneau). — Arion rufus ; Limax variegatus, cinereus, agrestis ; Testacella Maugei, haliotidea, bisulcata; Vitrina major; Succinea putris, Pfeifferi; Zonites lucidus, subglaber, cellarius, alliarius, nitens, nitidulus, nitidus, radiatulus, crystallinus, fulvus ; Helix aspersa, nemoralis, hortensis, Quimperiana, lapicida, pulchella, costata, psaturochæta (spec. nov.), aculeata, rufescens, hispida, rotundata, caperata, intersecta, ericetorum, Danieli (spec. nov.), submaritima, lineata, acuta ; Ferussacia subcylindrica; Clausilia nigricans, druiditica (spec. nov.); Balia Deshayesiana, lucifuga (Espèce nouvelle pour la faune française; Pupa umbilicata; Planorbis complanatus, rotundatus, Perezii, vortex, compressus, albus ; Physa subopaca; Limnæa limosa, palustris, truncatula; Ancylus cyclostoma, simplex, gibbosus, strictus, lacustris; Cyclostoma elegans; Neritina fluviatilis; Anodonta anatina ; Margaritana margaritifera ; Unio rhomboideus; Sphærium rivale; Pisidium Casertanum, pusillum, obtusale.

IV. Côtes-du-Nord (de Plounévez-Moëdec à Dinan, par Guingamp, Saint-Brieuc et Lamballe). — Arion rufus; Limax cinereus, agrestis; Vitrina major; Succinea putris, Pfeifferi; Zonites lucidus, subglaber, cellarius, alliarius, nitens; Helix aspersa, nemoralis, hortensis, lapicida, pulchella, costata, rufescens, hispida, rotundata, intersecta, submaritima, lineata, acuta ; Bulimus obscurus ; Ferussacia subcylindrica ; Clausilia armoricana (spec. nov.), nigricans, druiditica; Pupa umbilicata; Planorbis corneus, complanatus, rotundatus,

— 82 —

Perezii, imbricatus, cristatus, albus, stelmachætius (spec. nov.), fontanus; Physa fontinalis; Limnæa limosa, palustris, truncatala; Ancylus simplex; Bythinia tentaculata, Leachi; Unio rhomboideus; Sphærium rivale; Pisidium amnicum.

V. Ille-et-Vilaine (de Dinard à Dol par Saint-Malo et Cancale). — Arion rufus, subfuscus, hortensis; Limax cinereus, agrestis; Succinea Pfeifferi; Zonites lucidus, Helix aspersa, nemoralis, occidentalis, hispida, rotundata, umbilicata, caperata, intersecta, pisana, submaritima, lineata, acuta; Bulimus obscurus; Ferussacia subcylindrica; Cæcilianella Liesvillei, enhalia (spec. nov.); Clausilia obtusa, nigricans; Balia perversa; Pupa umbilicata, muscorum; Planorbis complanatus, rotundatus, albus; Limnæa limosa, palustris, truncatula; Ancylus simplex; Cyclostoma elegans; Valvata piscinalis; Sphærium corneum; Psidium casertanum et pusillum.

XLII. — Étude synonymique sur les Mollusques des Alpes-Maritimes publiés par A. Risso en 1826. Paris, impr. Bouchard-Huzard, 1861. 1 vol. in-8 avec 1 pl. n lith.

Aperçu critique des ouvrages de Risso et revue rectificative, tant au point de vue synonymique qu'au point de vue diagnostique, de tous les Mollusques terrestres et fluviatiles, au nombre de 125, signalés par Risso dans son *Histoire naturelle des principales productions de l'Europe méridionale et particulièrement de celles des environs de Nice et des Alpes-Maritimes.* (1 vol. in-8 av. pl., 1826.)

Sur ces 125 Mollusques, 10 seulement sont nouveaux : Limax carinatus; Succinea elegans; Helix

[Theba] cemenelea, rubella ; Ferrussacia Gronoviana ; Cæcilianella [acicula] eburnea ; Carychium [saraphia] tridentatum ; Clausilia crenulata ; Ferussacia [Pegea] carnea et Chondrus [Jaminia] niso. Les 115 autres sont ou mal nommés ou faussement appréciés.

A ces 10 Mollusques nouveaux des Alpes-Maritimes, l'auteur a ajouté la diagnose d'une Espèce inédite, la *Testacella episcia*, qu'il a reconnue dans la collection de Risso, confondue avec la *Testacella bisulcata*.

XLIII. — Malacologie du lac des Quatre-Cantons et de ses environs. Paris, impr. Bouchard-Huzard, 1862. 1 vol. in-8 avec 4 pl. n. lithogr.

Description du lac des Quatre-Cantons, ainsi appelé des quatre cantons d'Uri, d'Unterwalden, de Schwitz et de Lucerne ; indication des endroits du lac et des localités circonvoisines où ont été recueillies les 126 Espèces suivantes qui composent la population malacologique de cette partie de la Suisse.

Arion rufus, subfuscus, hortensis ; Limax cinereus, cinereo-niger, helveticus (spec. nov.), sylvaticus, agrestis ; Milax marginatus ; Vitrina annularis, major, diaphana ; Succinea putris, Charpentieri, Pfeifferi, oblonga ; Zonites lucidus, subglaber, glaber, cellarius, Pilaticus (spec. nov.), nitidulus, nitens, nitidus, nitidosus, radiatulus, viridulus, Rigiacus (spec. nov.), crystallinus, diaphanus, fulvus ; Helix pomatia, sylvatica, nemoralis, hortensis, arbustorum, fruticum, strigella, incarnata, villosa, circinnata, cœlata, montana, sericea, hispida, cobresiana, depilata, lapicida, obvoluta, diodonstoma, isognomostoma, costata, pulchella, aculeata, rupestris, ruderata, rotundata ; Bulimus montanus, obscurus ; Ferrussacia subcylindrica ; Balia Deshayesiana ; Clausilia laminata, ventricosa, lineolata, helvetica (spec. nov.), plicata, plicatula, dubia, perversa, nigricans, obtusa, gracilis, parvula ; Pupa secale, frumentum, avenacea, dolium, muscorum ; Vertigo muscorum, eumicra (spec. nov.); Carychium tridentatum, minimum ; Planorbis contortus, albus, Crosseanus (spec. nov.), complanatus, dubius, carinatus, rotundatus, imbricatus, cristatus, fontanus, nitidus ; Physa Hypnorum ; Limnæa elophila, auricularia, limosa, peregra, palustris, truncatula ; Ancylus Jani, riparius, simplex ; Pomatias septemspiralis ; Bythinia tentaculata, Leachi ; Valvata contorta, piscinalis ; Sphærium corneum, lacustre ; Pisidium amnicum, Casertanum, pusillum, nitidum ; Unio batavus, Sanderi, proechus (spec. nov.), actephilus (spec. nov.) ; Anodonta arenaria, oblonga, anatina, Rayi, psammita (spec. nov.), idrina, helvetica (spec. nov.), rostrata.

XLIV. — Mollusques de San-Julia de Loria.
Paris, impr. Bouchard-Huzard, 1863. 1 vol. in-8 avec 2 pl. n. lith.

Les Mollusques signalés ou décrits dans cet ouvrage, la plupart nouveaux, rares ou peu connus, proviennent d'une étroite gorge de montagne, où mugit l'Embalyre, sur le versant sud des Pyrénées, entre Andorre et San-Julia-de-Loria, dernier village au midi de la petite République andorréenne avant d'arriver à la Séo-d'Urgel, en Catalogne.

Vitrina pyrenaica ; Succinea putris ; Helix pyrenaica, Desmoulinsi, rupestris ; Pupa Farinesi, Jumillensis, Massotiana (spec. nov.), Penchinatiana (spec. nov.), cereana, secale, Boileausiana, goniostoma, Moquiniana, Andorrensis (spec. nov.), polyodon, Vergniesiana ; Limnæa truncatula ; Ancylus Iani.

Dans le but de compléter l'histoire descriptive de l'*Helix Desmoulinsi*, l'auteur a donné l'anatomie complète des organes digestifs et de la reproduction de cet animal.

XLV. — Monographie du nouveau genre français Moitessieria. Paris, impr. Bouchard-Huzard, 1863. 1 vol. in-8, avec 2 pl. n. lith.

Histoire d'une petite Espèce microscopique que les malacologistes avaient regardée à tort, soit comme une Paludina, une Bythinia ou une Hydrobia, soit comme une Acicula, un Acme ou une Pupula. Cette petite Espèce est, au contraire, le type d'un genre nouveau, le genre Moitessieria.

Exposé des caractères de ce genre et description des Moitessieria Rolandiana, Gervaisiana, Massoti et Simoniana, Espèces des cours d'eau du Midi de la France.

XLVI. — Malacologie d'Aix-les-Bains. Paris, impr. Bouchard-Huzard, 1864. 1 vol. in-8 avec 3 pl. n. lith.

Le lac du Bourget et les environs de la petite ville d'Aix-les-Bains, près de Chambéry, en Savoie, possèdent la population malacologique suivante :

Arion rufus, hortensis; Limax cinereus, sylvaticus, agrestis; Milax marginatus; Vitrina major; Succinea putris, Pfeifferi, oblonga; Zonites glaber, lucidus, cellarius, Pilaticus (Esp. nouv. pour la faune française), nitens, nitidulus, nitidus, nitidosus, Dumontianus (spec. nov.), radiatulus, subterraneus, diaphanus, fulvus; Helix pomatia, sylvatica, nemoralis, arbustorum, fruticum, strigella, villosa, carthusiana, Juriniana (spec. nov.), depilata, Lavandulæ, plebeia, sericea, hispida, lapicida, obvoluta, isognomostoma, pulchella, costata, aculeata, rupestris, rotundata, unifasciata, ericetorum; Bulimus detritus, montanus, obscurus, tridens, quatridens; Ferussacia subcylindrica; Balia Deshayesiana; Clausilia laminata, ventricosa, lineolata, dubia, plicatula, parvula; Pupa multidentata, Sabaudina (spec. nov.), secale, Bourgetica (spec. nov.), sublævigata (spec. nov), avenacea, dolium, doliolum, umbilicata, muscorum, triplicata; Vertigo pygmæa; Cæcilianella Liesvillei, uniplicata; Carychium tridentatum; Planorbis contortus, albus, Crosseanus, complanatus, dubius; Limnæa stagnalis, auricularia, limosa, peregra, palustris, truncatula; Ancylus Iani, simplex; Cyclostoma elegans; Pomatias Sabaudinus (spec. nov.), apricus, septemspiralis; Bythinia tentaculata; Valvata contorta, obtusa, piscinalis, alpestris (Esp. nouvelle pour la faune française); Neritina fluviatilis; Sphærium corneum; Pisidium amnicum, Casertanum, nitidum, pusillum, Henslowianum; Unio rhomboideus, batavus, mancus, nanus, amnicus, ater, Sanderi, Requieni, Turtoni, platyrhynchoideus; Anodonta arenaria, oblonga et anatina.

XLVII. — Malacologie de la Grande-Chartreuse. Paris, impr. Bouchard-Huzard, 1864. 1 vol. in-8 avec 25 pl. n. ou color., dont 9 paysages.

1° Description de la route, de Fourvoirie, du couvent et du « Désert », comme renseignements utiles et nécessaires à la partie scientifique, dans le but de faire connaître les localités et les sites où ont été recueillis les Mollusques.

2° Examen critique des ouvrages de MM. Michaud, Albin Gras, Dumont, Dupuy, David, Auguste Bourne, etc., ayant trait aux Espèces de la Grande-Chartreuse.

3° Constatation et description des Mollusques suivants : Arion rufus, hortensis, Dupuyanus (spec. nov.); Limax cinereo-niger, cinereus, erythrus (spec. nov.), eubalius (spec. nov.), sylvaticus, agrestis; Milax marginatus; Vitrina major, pellucida; Succinea Pfeifferi; Zonites glaber, lucidus, cellarius, nitidulus, nitens, nitidus, nitidosus, Dumontianus, radiatulus, crystallinus, diaphanus, fulvus; Helix pomatia, sylvatica, nemoralis, hortensis, arbustorum, fruticum, strigella, incarnata, villosa, phorochætia (spec. nov.), plebeia, Bourniana (spec. nov.), sericea, hispida, circinnata, depilata, lapicida, obvoluta, isognomostoma, pulchella, costata, alpina, Fontenilli, aculeata, rupestris, rotundata, unifasciata, ericetorum; Bulimus detritus, montanus, obscurus, tridens; Ferussacia subcylindrica; Balia Deshayesiana; Clausilia laminata, ventricosa, lineolata, Rolphii, dubia, plicatula, parvula; Pupa secale, avenacea, Farinesi, dolium, doliolum, triplicata; Vertigo pygmæa; Carychium tridentatum; Limnæa truncatula; Ancylus Iani; Cyclostoma elegans; Pomatias apricus, septemspiralis; Acme lineata.

4° Anatomie des organes reproducteurs des *Helix alpina, Fontenilli* et *depilata* et exposé d'une *nouvelle théorie de l'acte de la reproduction* chez les Gastéropodes androgynes, théorie que l'on peut ainsi résumer.

« Les Hélices ne se fécondent pas mutuellement. Dans l'acte de l'accouplement, une Hélice tantôt joue le rôle de mâle, tantôt subit le rôle de femelle. Elle peut même agir comme mâle dans plusieurs accouplements successifs, de même qu'elle peut remplir plusieurs fois de suite le rôle de femelle. Il se trouve donc, dans l'acte de la fécondation, un mâle et une femelle, et non pas deux mâles et deux femelles, comme on l'a cru jusqu'à présent.

Chaque follicule (ou cœcum) de la glande hermaphrodite est composé d'une poche dans laquelle se trouve *une seule membrane génitifère*, par excellence, forte, résistante, dont *la partie externe produit les ovules, et la partie interne les rudiments des spermatozoïdes*.

Or, dans l'acte de la fécondation, lorsqu'un individu agit comme mâle, la partie interne ou testiculaire de cette membrane sécrète les spermatozoïdes, tandis que sa partie externe ou ovarique est comme annulée et atrophiée. C'est l'inverse si l'individu remplit le rôle de femelle.

Le *canal excréteur* est double, il n'y a pas mélange, comme on l'a cru, des ovules et des spermatozoïdes.

Les ovules et les spermatozoïdes ne se rencontrent jamais en même temps dans le canal excréteur, par la raison bien simple que, le Mollusque n'agissant que comme mâle ou que comme femelle, la membrane *génitifère* des cœcums ne peut fournir séparément que des spermatozoïdes ou des ovules.

Lorsque le Mollusque a joué le rôle de mâle, le canal paraît filiforme, aplati, peu gonflé vers les courbes, et le conduit interne ou testiculaire, assez développé, devient visible à un grossissement de dix à vingt fois; si l'animal a rempli, au contraire, le rôle de femelle, ce même canal devient boursouflé vers les courbes, comme tuméfié, et son conduit interne est tellement contracté, resserré, qu'il est pour ainsi dire inperceptible au microscope.

Le conduit interne correspond directement avec *la prostate déférente;* la partie externe ou ovarique avec *la glande albuminipare.*

Chaque cœcum ou *follicule de la glande hermaphrodite* d'un individu fécondé comme femelle peut fournir un, deux ou trois ovules, le plus ordinairement deux. Or, comme il existe chez certaines Hélices une trentaine de groupes de follicules, composés chacun d'une dizaine de cœcums, les ovules, ou rudiments d'ovules, qui descendent de la glande hermaphrodite doivent être au nombre de cinq à six cents.

Les ovules ne descendent pas immédiatement après la fécondation, dans le canal excréteur; ils ne commencent à affluer dans ce conduit que vers le deuxième ou le troisième jour, suivant les Espèces. Lorsqu'ils sont en trop grande abondance *ils s'écrasent et se troublent* dans les cellules de la paroi ovarique, surtout à leur arrivée vers le *talon* du canal excréteur. Alors ils s'écoulent par la matrice, l'oviducte et le vagin, sous l'apparence d'un liquide jaunacé plus ou moins verdâtre. Ce fait explique le petit nombre d'œufs pondus par un mollusque fécondé, en comparaison des quantités d'ovules qui descendent de la glande hermaphrodite.

La *glande copulatrice* est le réservoir des spermatozoïdes.

Chez un Mollusque qui a subi le rôle de femelle, cette poche est gonflée et d'un assez gros volume; elle est, au contraire, dégonflée, flasque, à contours souvent indécis, chez un individu qui a agi comme mâle. Si, chez ce dernier, il se trouve encore quelques spermatozoïdes, le fait est un indice certain que le

Mollusque, au dernier accouplement, a été fécondé comme femelle.

Le *vagin* est le conduit qui reçoit l'organe mâle. Chez les Hélices, comme l'*alpina* par exemple, le vagin commence immédiatement *au-dessus de l'ouverture de la verge* et se poursuit sous la forme d'un long conduit fermé à son extrémité supérieure. Ce conduit, auquel on doit attribuer le nom de *sac vaginal*, est cet organe que les anatomistes ont jusqu'à présent envisagé comme une annexe de la poche copulatrice.

Dans l'acte de la fécondation, *la verge pénètre dans le vagin, ainsi que dans le sac vaginal,* jusqu'à ce que *l'ouverture de la gouttière séminale soit juste au niveau de l'orifice du canal de la poche copulatrice;* alors, la *poche à dard*, dont l'orifice est situé à la base du vagin, se contracte, et *le dard vient fixer la verge*, afin que celle-ci ne puisse, en pénétrant trop avant, rendre la fécondation nulle ou incomplète. *Le sac vaginal fait alors l'office de contrefrein.*

Chez les Hélices où le sac vaginal fait défaut, comme chez la *depilata*, il existe *deux poches à dard* toujours *opposées* l'une à l'autre, afin que la verge soit prise et fixée comme dans un étau, lorsqu'elle est parvenue à une position convenable à une bonne fécondation.

Le *dard* n'est pas, ainsi qu'on l'a dit jusqu'à ce jour, un instrument de prélude, un organe excitateur de la copulation, il fait l'office de frein.

XLVIII. — Malacologie de l'Algérie ou histoire naturelle des animaux Mollusques terrestres et fluviatiles recueillis jusqu'à ce jour dans nos possessions du Nord de l'Afrique. Paris, impr. Bouchard-Huzard, 1864.

2 vol. grand in-4 avec 58 pl. n. ou color. et 5 cartes.

Ce magnifique ouvrage, édité avec le plus grand luxe, dans le format grand in-4 de l'*Exploration scientifique de l'Algérie*, comprend deux volumes, où sont traités : 1° la bibliographie algérienne ; 2° la classification méthodique des classes, ordres, familles et genres de Mollusques du Nord de l'Afrique ; 3° les descriptions de 335 Espèces ; 4° la stratigraphie malacologique du Nord de l'Afrique ; 5° les rapports entre les formes algériennes et celles de Sicile, d'Espagne, de Tunisie, du Maroc et des îles Madère et Canaries. C'est dans cet ouvrage que l'auteur a commencé à émettre son opinion sur la répartition des Êtres.

Les Mollusques décrits et représentés sur les 58 planches, au nombre de 1 658 figures, sont :

Arion rufus ; Limax Deshayesi (spec. nov.), Raymondianus (spec. nov.), nyctelius (spec. nov.) ; Krynickillus Brondelianus (spec. nov.), subsaxanus (spec. nov.) ; Milax gagates, eremiophilus (spec. nov.), scaptobius (spec. nov.) ; Parmacella Deshayesi ; Testacella bisulcata, Fischeriana, Brondeli ; Succinea Raymondi, Maresi, Pfeifferi, debilis ; Zonites Mandralisci, chelius (spec. nov.), achlyophilus (spec. nov.), Djurjurensis, psaturus (spec. nov.), hemipsoricus, eustilbus (spec. nov.), apalistus (spec. nov.), chionodiscus, Otthianus, piestius, argius, candidissimus, bœticus, cariosulus ; Helix aperta, melanostoma, nucula, pachya, aspersa, Raymondi, Massylæa, punica, vermiculata, Constantinæ, Bonduelliana, punctata, Zapharina, lactea, calendyma (spec. nov.), Lucasi, Juilleti, hieroglyphicula, soluta, pycnocheilia (spec.

nov.), abrolena, xanthodon, odopachya, (spec. nov.), embia, Tigriana, Burini, Dastuguei, onychina, Mongrandiana, lanuginosa, roseo-tincta, Baccueti (spec. nov.), Moquiniana, Fradiniana (spec. nov.), acleochroa (spec. nov.), psammæcia, revelata, sericea, hispida, flavida, cedretorum, alsia (spec. nov.), pulchella, costata, Gougeti, lenticula, abietina (spec. nov.), Poupillieri (spec. nov.), Aucapitainiana, Debeauxiana (spec. nov.), rupestris, aculeata, sordulenta, lasia (spec. nov.), chnoodia (spec. nov.), Locheana (spec. nov.), psara (spec. nov.), conspurcata, Letourneuxiana (spec. nov.), eustricta, apicina, subcostulata (spec. nov.), agrioica (spec. nov.), Geryvillensis, Rozeti, psammoica, Durieui, Berlieri, lacertarum (spec. nov.), rufolabris, Lallemantiana (spec. nov.), Reboudiana (spec. nov.), submeridionalis, acompsia (spec. nov.), lineata, lauta, variabilis, mæsta, kabyliana, cretica, euphorca (spec. nov.), Pisana, arenarum (spec. nov.), subrostrata, choreta (spec. nov.), Oranensis, Colomesiana (spec. nov.), sphærita, stiparum, Terveri, illibata, cespitum, protea, ericetorum, arenosa, neglecta, pyramidata, numidica, Duveyrieriana (spec. nov.), amanda, Brondeli, calopsis (spec. nov.), depressula, explanata, tetragona, mograbina, terrestris, trochlea, trochoides, conoidea, barbara, acuta; Bulimus decollatus, Milevianus, Letourneuxi (spec. nov.), Jeannoti, Cirtanus, todillus, numidicus (spec. nov.), Brondelianus (spec. nov.), pupa; Azeca psathyrolena; Ferussacia subcylindrica, amauronia, Forbesi, amblya, Vescoi, proechia (spec. nov.), abromia (spec. nov.), procerula, eremiophila, carnea, agræcia (spec. nov.), lamellifera, charopia (spec. nov.), sciaphila, celosia (spec. nov.), ennychia, debilis, scaptobia, gracilenta, Terveri, abia (spec. nov.), eucharista (spec. nov.),

Bourguignatiana, thamnophila (spec. nov.); CLAUSILIA Tristami, bidens, Letourneuxi (spec. nov.), PUPA Polyodon, Letourneuxi (spec. nov.), Lallemantiana (spec. nov.), Brauni, goniostoma, granum, Michaudi, Brondeli (spec. nov.), Poupillieri (spec. nov.), umbilicata, Aucapitainiana (spec. nov.), muscorum; VERTIGO Dupoteti, muscorum, numidica, aprica (spec. nov.), codia (spec. nov.), microlena (spec. nov.), discheilia, Maresi; CÆCILIANELLA nanodea, Letourneuxi (spec. nov.), Brondeli, raphidia; GLANDINA dilatata, algira; CARYCHIUM minimum, tridentatum; ALEXIA myosotis, Micheli, algerica (spec. nov.), Firmini; PLANORBIS Metidjensis, Dufouri, aclopus, euchelius (spec. nov.), complanatus, subangulatus, spirorbis, rotundatus, lævis, agraulus (spec. nov.), numidicus (spec. nov.), Brondeli, imbricatus, cristatus, euphæus (spec. nov.), diaphanellus (spec. nov.), Raymondi (spec. nov.); PHYSA acuta, subopaca, contorta, Raymondiana, Brochii, truncata, Brondeli; LIMNÆA auricularia, limosa, palustris, glabra, truncatula; ANCYLUS simplex, striatus, costulatus, caliculatus, gibbosus, Raymondi, platylenus, Brondeli, epipedus, strictus, Peraudieri; BRONDELIA Drouetiana, gibbosa; CYCLOSTOMA sulcatum, mamillare, ferrugineum; ACME Lallemanti (spec. nov.), Letourneuxi (spec. nov.); BYTHINIA tentaculata, numidica (spec. nov.); HYDROBIA Peraudieri, acerosa, Brondeli, arenaria, sordida, elachista, nana, dolichia; AMNICOLA similis, luteola, desertorum, pycnocheilia, pycnolena, Dupotetiana, perforata, Letourneuxiana, seminium; MELANIA tuberculata; MELANOPSIS maroccana, præmorsa, Maresi; NERITINA fluviatilis, numidica, Maresi (spec. nov.); SPHÆRIUM Ddingoli, ovale; PISIDIUM amnicum, Casertanum, pusillum, nitidum; UNIO rhomboideus, batavus, Durieui, Letourneuxi (spec. nov.), Ravoisieri, pictorum, Morcleti; ANODONTA Lucasi, embia (spec. nov.), numidica (spec. nov.), Letourneuxi (spec. nov.). — Espèces supplémentaires : LIMAX Companyoi ; VITRINA Letourneuxi (spec. nov.) ; ZONITES subplicatulus (spec. nov.), pseudohydatinus ; HELIX splendida, Challamelliana (spec. nov.), Bastidiana (spec. nov.), pygmæa, Cottyi, ablennia (spec. nov.), Setubalensis ; BULIMUS obscurus ; CLAUSILIA plicata, VERTIGO bilobia (spec. nov.) ; HYDROBIA Challameliana (spec. nov.) ; ANODONTA tunizana.

En outre de toutes ces Espèces algériennes, cet ouvrage contient les monographies de genres peu connus, telles que celles des genres Milax, Krynickillus, Azeca, Ferussacia, Cæcilianella, Glandina, Carychium, Alexia et Acme.

XLIX. — Monographie du nouveau genre français Paladilhia. Paris, impr. Bouchard-Huzard, 1865. In-8 avec 1 pl. n. lith.

Ce nouveau genre a été établi pour de très petits Mollusques fluviatiles recueillis dans les alluvions du Lez et de la Mosson, près de Montpellier (Hérault). Ces Mollusques sont surtout remarquables par l'évasement de leur ouverture et par la présence d'une *fente pleurotomoïdale* au sommet du bord externe. Trois Espèces nouvelles, les Paladilhia pleurotoma, Moitessieri et Gervaisiana.

L. — Mollusques terrestres et fluviatiles recueillis par M. Henri Duveyrier dans le Sahara (supplément au « *Touareg du Nord* », par M. H. DUVEYRIER). Paris, impr. Claye, 1865. In-8 avec 3 pl. n. lith.

Les Espèces signalées, au nombre de trente vivantes et de six fossiles, proviennent du Sahara, où elles ont été recueillies par l'intrépide voyageur Duveyrier dans ses explorations du grand désert.

Les Espèces vivantes sont : Zonites candidissimus ; Helix aperta, Warnieriana (spec. nov.), agrioica, Reboudiana, rufolabris, lineata, lauta, pisana, Terveri, ericetorum, pyramidata, Duveyrieriana, acuta ; Bulimus decollatus ; Ferussacia charopia ; Pupa granum ; Limnœa truncatula ; Hydrobia Peraudieri, Brondeli, arenaria, Duveyrieri (spec. nov.) ; Bythinia similis, Dupotetiana, pycnocheilia, seminium ; Melania tuberculata ; Melanopsis maroccana, præmorsa, Maresi.

Les Espèces fossiles sont : Planorbis Aucapitainianus (spec. nov.), Duveyrieri (spec. nov.), Maresianus (spec. nov.) ; Physa contorta, Brocchii et truncata.

LI. — Histoire malacologique de la Régence de Tunis. Paris, impr. Bouchard-Huzard, 1868. 1 vol. in-4 avec 1 pl. n. lith.

Les explorations scientifiques exécutées par l'auteur dans les environs de Tunis, au mois de mai 1867, ont donné les résultats suivants : Milax gagates ; Zonites subplicatulus, eustilbus, Otthianus, candidissimus ; Helix aperta, melanostoma, nucula, pachya, aspersa, vermiculata, Constantinæ, Fleurati (spec. nov.), roseotincta, rupestris, Malaspinæ (spec. nov.), conspurcata, mendicaria, lenticula, Warnieriana, psammoica, Geryvillensis, Bardoensis (spec. nov.), rufolabris, lineata, lauta, variabilis, cretica, euphorca, Pisana, arenarum, cespitum, pyramidata, numidica, Arianensis (spec. nov.), Tunctana, Tristami, terrestris, trochlea, barbara, acuta ; Bulimus decollatus, pupa ; Ferussacia abromia, procerula, eremiophila, carnea ; Clausilia bidens, Tristami, punica (spec. nov.); Pupa granum, umbilicata; Physa Brocchii; Limnæa Vatonni (spec. nov.), truncatula; Cyclostoma sulcatum; Hydrobia Duveyrieri; Amnicola Dupotetiana; Melania tuberculata; Melanopsis maroccana et Maresi.

D'après ces Espèces, la Régence de Tunis possède une faune semblable à celle de l'Algérie.

LII. — Description d'Espèces nouvelles de Mollusques terrestres du département des Alpes-Maritimes. Cannes, impr. Maccary, Vidal, successeur, 1869. In-8.

Les Espèces nouvelles des Alpes-Maritimes sont : les Limax Martinianus; Krynickillus Maurelianus; Succinea Valcourtiana; Zonites Blondianus, Maceanus; Helix Guevarriana; Ferussacia Macei; Clausilia Euzierriana, Maceana, Aubiniana; Cæcilianella Mauriania, Merimeana; Pomatias Macei, Simonianus et Isselianus.

LIII. — Aperçu sur la faune malacologique du bas Danube *(Annales de Malacologie, 1, 1870).* Paris, impr. Bouchard-Huzard, 1870. In-8 avec 2 pl. n. lith.

C'est aux environs de Brahilov, ou mieux Ibraïla, en Valachie, dans les alluvions du bas Danube, qu'ont été recueillies les intéressantes Espèces, la plupart nouvelles, qui font le thème de ce Mémoire.

Planorbis megistus (spec. nov.), etruscus, Penchinati (spec. nov.), complanatus, subangulatus, vortex, piscinarum; Limnæa limosa, stagnalis, Berlani (spec. nov.); Vivipara contecta, accrosa, mamillata, Penchinati (spec. nov.), subfasciata (spec. nov.), Duboisiana, danubialis (spec. nov.), amblya (spec. nov.), microlena (spec. nov.); BYTHINIA tentaculata; AMNICOLA Penchinati (spec. nov.); LITHOGLYPHUS Penchinati (spec. nov.); MELANIA Holandri, Esperi; MELANOPSIS acicularis, potomactebia (spec. nov.); NERITINA danubialis, stragulata ; UNIO ponderosus, proechistus (spec. nov.), graniger, tumidus, crassus, batavus ; ALASMODONTA Penchinati (spec. nov.), Berlani (spec. nov.); ANODONTA complatana.

D'après l'ensemble de ces Espèces, cétte faune fluviatile des environs de Brahilov est une faune taurique.

Dans le but de faire comprendre la position relative que doivent occuper ces formes nouvelles, l'auteur a complété ce travail par un aperçu synonymique et critique des groupes du *Planorbis corneus*, de la *Limnœa stagnalis*, des *Vivipara*, des *Lithoglyphus* d'Europe et des *Alasmodonta* (mieux Pseudodon) d'Asie, et a signalé incidemment pour la première fois les *Vivipara occidentalis* de France et le *Lithoglyphus Servainianus*, de la Save, en Croatie.

LIV. — **Monografia del nuovo genere siciliano Allerya** *(Atti dell'Accademia di Scienze, lettere ed arti di Palermo, IV, 1876).* Palermo, 1876. In-4 con fig. interc.

Ce nouveau genre sicilien tient des Daudebardies, des Vitrines et des Hélices ; des Daudebardies, notamment du genre *Pseudolibania* de Stefani, par son large ombilic *subelliptique;* des Vitrines, par sa coquille à moitié recouverte par les plis du manteau ; des Hélices, par l'apparence héliciforme du test.

Ce test, en effet, qui ressemble à celui d'une hélice paucispirale pouryuę d'un large ombilic subel-

7

liptique, est formé d'une partie *lisse* (ou vitrinoïde) et d'une autre partie *striée* formant le dernier tour.

Trois Espèces connues de ce singulier genre, les Allerya Monterosati (spec. nov.), Brocchii et Cupanii.

LV. — Histoire des Clausilies de France vivantes et fossiles *(Annales des Sciences naturelles de Paris, 1876-77).* Paris, 1876 et 1877. In-8.

Cet important travail, qui jette un jour tout nouveau sur les Clausilies françaises, d'une étude si difficile et si ardue, comprend, sans compter une explication descriptive des denticulations aperturales, trois parties : une, consacrée aux *Nenia*, une aux *Clausilia* vivantes, dont l'auteur sépare les *Temesa* et les *Garnieria* de Cochinchine (nouvelle coupe générique créée pour la *Cl. Mouhoti*), et une troisième aux Clausilies fossiles et au nouveau genre Milne-Edwardsia.

1° Les Espèces du genre Nenia sont divisées en *Neniastrum* pour les formes *américaines*, au nombre de dix-huit, pourvues d'un péristome épais, bien évasé, et d'une pariétale inférieure *divergente* de la supérieure à la périphérie, et en *Neniatlanta* pour les deux Espèces *françaises*, caractérisées par un péristome obtus, faiblement évasé, et par la pariétale inférieure *parallèle* et non divergente.

Les deux Espèces de cette série, les *Nenia Pauli* et *Mabilli* (spec. nov.), sont des formes importées dans les temps préhistoriques et acclimatées dans le département des Basses-Pyrénées.

2° Les Clausilies *vivantes*, constatées en France, sont au nombre de 87, sans compter une cinquantaine de variétés, réparties en 14 séries, savoir : A. Clausilia Mongermonti (spec. nov.); B. Clausilia herculæa (spec. nov.), bidens, virgata, solida, Marioniana (spec. nov.), arcæensis (spec. nov.), enhalia (spec. nov.), Sancti-Honorati (spec. nov.); C. CLAUSILIA plagiostoma (spec. nov.); Silanica (spec. nov.), sequanica (spec. nov.), laminata, fimbriata, emeria (spec. nov.); D. CLAUSILIA punctata, Veranyi (spec. nov.), viriata (spec. nov.); E. CLAUSILIA ventricosa, micropleuros (spec. nov.), carina (spec. nov.), armoricana, carthusiana (spec. nov.), onixiomicra (spec. nov.), Rolphi, digonostoma (spec. nov.); F. CLAUSILIA Milne-Edwardsi (spec. nov.), matronica (spec. nov.), Sabaudina (spec. nov.), lineolata, mucida, plicatula, Euzieriana, leia (spec. nov.); G. CLAUSILIA gibbosa (spec. nov.), plicata, plagia (spec. nov.), biplicata, alasthena (spec. nov.); H. CLAUSILIA Fagotiana (spec. nov.), Saint-Simonis (spec. nov.), Buxorum (spec. nov.), Bertronica (spec. nov.), albietina, Capellarum (spec. nov.), Fuxumica (spec. nov.), mamillata (spec. nov.), perexilis (spec. nov.), pyrenaica, Aurigerana, druidica, pumicata; I. CLAUSILIA ylora (spec. nov.); J. CLAUSILIA dubia, Dupuyana (spec. nov.), gallica (spec. nov.), Farinesiana (spec. nov.), Nansoutyana (spec. nov.), ennychia (spec. nov.), obtusa, Reboudi; K. CLAUSILIA cruciata, micratracta (spec. nov.), gracilis, nigricans, rugosa, Velaviana (spec. nov.); L. CLAUSILIA pleurasthena (spec. nov.), arrosta (spec. nov.), Nantuacina (spec. nov.); M. CLAUSILIA crenulata, Moitessieri (spec. nov.), Isseli, Maccana, Aubiniana, Penchinati (spec. nov.), belonidea (spec. nov.); N. CLAUSILIA atrosuturalis (spec. nov.), dilophia (spec. nov.), girathroa (spec. nov.), parvula, corynodes, Tettelbachiana, Compauyoi (spec. nov.), eumicra (spec. nov.), microlena (spec. nov.); — Espèces *supplémentaires*. CLAUSILIA hispanica et Lamalouensis.

3° Les formes clausiliennes fossiles sont les Clausilia contorta, Joncheryensis, Edmondi et Novigentiensis de l'éocène ; Clausilia articulata, bulimoides, bulimiformis et archæa, du miocène ; Clausilia Loryi, Baudoni, Michelottii et Fischeri du pliocène ; Clausilia Gaduelliana (spec. nov.), Bizarellina (spec. nov.) et Joinvillensis du quaternaire.

Enfin, ce long travail est terminé par la monographie du nouveau genre *Milne-Edwardsia*, créé pour de grandes Espèces sénestres des terrains miocène et pliocène, regardées à tort comme des Clausilies et dont la columelle est ornée de deux plis égaux, *parallèles*, s'enroulant jusqu'au sommet de l'axe. Les Espèces de ce genre sont les Milne-Edwardsia Terveri, maxima, Deshayesi (spec. nov.), sinistrorsa, Larteti et Barreri (spec. nov.).

LVI. — Aperçu sur les Espèces françaises du genre Succinea. Paris, impr. Bouchard-Huzard, 1877. In-8.

Les Succinées de France, sans compter les variétés, sont au nombre de 30 Espèces bien distinctes, réparties en 6 séries.

A. Succinea Milne-Edwardsi (spec. nov.), xanthelea (spec. nov.), Charpentieri, acrambleia, parvula, Baudoni, Morleti ; B. Succinea olivula, putris, hordeacea, pyrenaica (spec. nov.), Mortilleti, Pfeifferi, elegans ; C. Succinea debilis, Dupuyana (spec. nov.), longiscata, sublongiscata (spec. nov.), Bourguignati (spec. nov.); D. Succinea haliolidea (spec. nov.); E. Succinea Fagotiana (spec. nov.), agonostoma, oblonga, Lutetiana, Valcourtiana, Saint-Simonis (spec. nov.) ; F. Succinea chroabsinthina (spec. nov.), arenaria, humilis et brachya (spec. nov.).

LVII. — **Descriptions de deux nouveaux genres algériens, suivies d'une classification des familles et des genres de Mollusques terrestres et fluviatiles du système européen.** Toulouse, impr. L. et J.-M. Douladoure, 1877. 1 vol. in-8.

Les deux genres nouveaux ont été établis : l'un, sous le nom de *Lhotelleria*, pour de petites Espèces fluviales, *truncatuliformes*, caractérisées par une ouverture pourvue, sur le côté columellaire, d'un bord péristomal *lacunoïde*, et à la base, d'une dilatation canaliforme ou rostriforme ; l'autre, sous le nom de *Jolya*, pour une bivalve *iridiniforme*, recouverte par un tissu épidermique dépassant les bords et analogue à celui des *Solens*, enfin, possédant une charnière réduite à une simple ligne sur laquelle on remarque en arrière (à la place de la dent latérale) un filament blanchâtre, opaque, rectiligne, très allongé, et en avant (à la place de la cardinale), une lame mince, fluette, faiblement arquée et lamelliforme.

Trois Espèces nouvelles dans le premier genre, les Lhotelleria *Letourneuxi*, *lævigata* et *ornata* ; une Espèce unique dans le second, la Jolya *Letourneuxi*.

Les Mollusques vivants du Système européen, répartis en 26 familles, appartiennent aux 100 genres suivants : Arion, Baudonia, Geomalacus, Letourneuxia, Palizzolia (nov. gen.), Limax, Mabillia (nov. gen.), Krynickillus, Milax, Parmacella, Testacella, Libania (nov. gen.), Daudebardia, Isselia (nov. gen.), Helixarion, Vitrina, Succinea, Allerya, Zonites, Leucochroa, Drepanostoma, Helix, Bulimus, Chondrus, Limicolaria, Stenogyra, Azeca, Ferussacia, Cœlestele, Nenia, Clausilia, Temesa, Balia, Pupa, Orcula, Ennea, Pupilla, Zospeum, Vertigo, Isthmia, Cæcilianella, Glandina, Carychium, Alexia, Otina, Brondelia, Ancylus, Limnæa, Amphipeplea, Physa, Choanomphalus, Segmentina, Planorbula, Planorbis, Cyclostoma, Pomatias, Acme, Hydrocena, Assiminia, Truncatella, Vivipara, Bythinia, Amnicola, Paludinella, Belgrandia, Maresia (nov. gen.), Hydrobia, Paludestrina, Peringia, Melania, Melanella, Melanopsis, Lithoglyphus, Emmericia, Pyrgula, Paladilhia, Lartetia, Moitessieria, Lhotelleria, Ampullaria, Valvata, Ielskia (nov. gen.), Theodoxia, Gaillardotia (nov. gen.), Corbicula, Sphærium, Pisidium, Eupera, Unio, Margaritana, Leguminaia, Pseudodon, Anodonta, Mutela, Jolya, Spatha, Pliodon, Ætheria et Dreissensia.

L'ensemble des Espèces, y compris les variétés, atteint le chiffre de 24 à 25 000.

LVIII. — Hélices françaises du groupe de la Telonensis. Fontainebleau, impr. E. Bourges, 1877. In-8.

Les Hélices de ce groupe, au nombre de huit [Helix Telonensis, Druentiana (spec. nov.), Moutoni, Lavandulæ, diæga (spec. nov.), gelida (spec. nov.), concreta (spec. nov.) et crimoda (spec. nov.)] vivent dans les climats les plus disparates des départements du Sud-Est de la France, puisque quelques-uns habitent la région des Orangers, tandis que d'autres prospèrent sur les plateaux alpestres, rocailleux et glacés pendant les trois quarts de l'année.

L'examen attentif des caractères de ces Hélices montre :

1° Que les Espèces des localités sèches et chaudes sont très déprimées, subanguleuses, avec une ouverture très oblique et une grande déflexion à l'insertion du bord externe ;

2° Que les Espèces des régions moyennes, comme la *diæga*, qui habite la Clus de Saint-Auban, localité froide et humide, présentent un accroissement spiral plus rapide, un dernier tour plus développé, une ouverture plus ample, moins oblongue, presque arrondie, enfin une déflexion nulle ou presque nulle à l'insertion du bord externe ;

3° Que celles qui vivent dans les hautes régions où les neiges persistent sept à huit mois, offrent une ouverture plus ou moins arrondie, des tours moins anguleux, tandis que leur croissance spirale redevient plus lente, plus régulière ; leur dernier tour moins grand, avec une déflexion nulle ou presque nulle.

Il résulte de cet examen que ces Espèces, lorsqu'on les rencontre à l'état fossile, dans les dépôts quaternaires, peuvent servir d'excellents points de repère pour reconstruire la température préhistorique des régions du Sud-Est de la France.

LIX. — **Description de diverses Espèces terrestres et fluviatiles et de différents genres de Mollusques de l'Égypte, de l'Abyssinie, de Zanzibar, du Sénégal et du centre de l'Afrique.** Paris, impr. Tremblay, 1879. 1 vol. in-8.

Ce volume contient seize chapitres consacrés :

1° Aux Espèces suivantes : Succinea Adowensis (spec. nov.) ; Bulimus Cameroni (spec. nov.) et Spekii (spec. nov.) ; Achatina zanzibarica (spec. nov.), Lhotellerii (spec. nov.), Letourneuxi (spec. nov.) et panthera ; Subulina Lhotellerii (spec. nov.) ; Planorbis

Adowensis (spec. nov.) ; Ampullaria Letourneuxi (spec. nov.) et Welwitschi (spec. nov.).

2° Aux Espèces des genres :

Physopsis (Physopsis africana, abyssinaca, eximia (spec. nov.), Stanleyana (spec. nov.), præclara (spec. nov.), globosa, ovoidea (spec. nov.), Letourneuxi (spec. nov.) et Lhotellerii (spec. nov.).

Cleopatra (Cleopatra Letourneuxi (spec. nov.), Kynganioa (spec. nov.), Cameroni (spec. nov.), buhmoides, Raymondi (spec. nov.), Laurenti (spec. nov.), mareotica (spec. nov.), Lhotellerii (spec. nov.), Verreauxiana et cyclostomoides.

Spekia, nouveau genre du lac Tanganika, établi pour l'ancien *Lithoglyphus zonatus* de Woodward.

Meladomus (Meladomus ambiguus, procerus, ellipticus, elatior, olivaceus, purpureus, ovum, pyramidalis (spec. nov.). Pfeifferi (spec. nov.), holostoma, Bernardianus, libycus, sinistrorsus, intortus, Nyassanus, Guinaicus, subcarinatus, niloticus, Boltenianus et Letourneuxi (spec. nov.).

Cameronia, nouveau genre du lac Tanganika, établi pour la *Cameronia Spekii*, anciennement *Iridina spekii* de Woodward.

Et Pliodon (Pliodon pachyodon (spec. nov.), Diolibanus (spec. nov.). elongatus (spec. nov.) et Letourneuxianus (spec. nov.).

LX. — Description de quelques Espèces nouvelles de Mollusques terrestres et fluviatiles des environs de Saint-Martin-de-Lantosque (Alpes-Maritimes). Cannes, impr. H. Vidal, 1880. Br. in-8.

Espèces des hautes Alpes de la vallée de la Vésubie : Helix subaustriaca (spec. nov.), Clairi (spec.

nov.), Millieri (spec. nov.); LIMNÆA nivalis (spec. nov.) et Langsdorffi (spec. nov.).

LXI. — Description de diverses Espèces de Cœlestele et de Paladilhia découvertes en Espagne par le Dr G. Servain. Angers, impr. Lachaise et Dolbeau, 1880. Br. in-8.

Ce mémoire, divisé en deux parties, est consacré aux genres *Cœlestele* et *Paladilhia*.

1° Historique critique, caractères et distribution géographique des Espèces du genre *Cœlestele*, dont on ne connaissait les stations que dans l'Inde, en Arabie et sur différents points des côtes de la mer Rouge.

Découverte par le Dr G. Servain de sept Cœlesteles nouvelles à Séville, dans les alluvions du Guadalquivir. On ne peut expliquer la présence d'Espèces de ce genre asiatique en Espagne, que par le fait d'une acclimatation accidentelle due à des transports de plantes et d'arbustes de l'Inde ou de l'Arabie, à l'époque florissante du règne des rois Maures dans le Sud de la péninsule hispanique.

Douze Espèces, dont sept espagnoles, divisées en trois groupes, en *lævigatæ*, *striatæ* et *lamellosæ*, savoir : CŒLESTELE scalaris, africana (spec. nov.), ægyptiaca (spec. nov.), lævigata (spec. nov.), Castroiana (spec. nov.), hispanica (spec. nov.), arabica (spec. nov.), Isseli (spec. nov.), Servaini (spec. nov.), tumidula (spec. nov.), Letourneuxiana (spec. nov.) et raphidia (spec. nov.). Depuis ce Mémoire, le Dr Jousseaume[1] a fait connaître encore deux Espèces nou-

1. Bull. Soc. malac. Fr. VII, 1890.

velles des environs d'Aden, les *Cœlestele Bourguignati* et *stenostoma*.

2° Description d'une nouvelle Paladilhie, la *Paladilhia Servaini* (spec. nov.), de l'Èbre, près de Saragosse. Avant la découverte de cette forme hispanique les Espèces de ce genre si intéressant, au nombre de sept [PALADILHIA pleurotoma, Moitessieri, Masclaryana, Gervaisiana, Bourguignati, conica et sequanica (spec. nov.),] n'étaient connues que de France.

LXII. — Recensement des Vivipara du système européen. Paris, impr. Tremblay, 1880. 1 vol. in-8.

Quarante Espèces de Vivipares, réparties en sept groupes, composent l'ensemble des formes vivipariennes du Système européen, savoir : VIVIPARA contecta, carniolica (spec. nov.), brachya (spec. nov.), crystallina (spec. nov.), lacustris, communis (spec. nov.), Seghersi, taurica (spec. nov.), paludosa (spec. nov.), zebra, Gallandi (spec. nov.), mamillata, occidentalis (spec. nov.), Penchinati, accrosa, Ianinensis, Isseli (spec. nov.), Letourneuxi (spec. nov.), Taciti (spec. nov.), unicolor, Aristidis (spec. nov.), Tanousi (spec. nov.), pyramidalis, subfasciata, Costæ, fasciata, hellenica, Blanci (spec. nov.), Forbesi, *melius* Nevilli (spec. nov.)[1], atra, Duboisiana, amblya, microlena, fluviorum, danubialis, sphæridia (spec. nov.), Thiesseana (spec. nov.) et strongyla (spec. nov.).

LXIII. — Description du nouveau genre Gallandia. Saint-Germain, impr. Bardin, 1880. Br. in-8.

1. Voir la note rectificative à la fin du volume.

Les Gallandia sont des Espèces *vitrinoïdes* pourvues d'un test pouvant contenir l'animal dans son entier, et caractérisées, en outre, par une coquille perforée, ayant une spire élevée, plus ou moins conique, des tours assez nombreux et un dernier tour subanguleux ou caréné.

Les Espèces de ce nouveau genre *(Gallandia conoidea, subconica* et *Lederi)* paraissent spéciales aux régions asiatiques qui s'étendent de l'Hellespont au Turkestan.

Malgré que cette Monographie ait été publiée au mois d'*août* 1880, date vraie de sa publication, les auteurs allemands, par un esprit étroit de *nationalisme*, ont rejeté ce nom générique *français* pour adopter injustement celui de *Trochovitrina*, fabriqué par Schacko, nom postérieur de deux mois, puisqu'il n'a paru qu'au mois d'*octobre* 1880, dans le quatrième fascicule des *Jahrbücher des Deutsch. malakoz. Gesellsch.* (p. 379), de Francfort.

LXIV. — **Aperçu monographique des Zonites crystalliniens et fulviens d'Europe et descriptions d'Espèces espagnoles**, in : *Études sur les Mollusques recueillis en Espagne et en Portugal*, par le Dr G. Servain. Saint-Germain, impr. Bardin, 1880. 1 vol. in-8.

1° Les *Zonites crystalliniens* sont divisés en Hydatiniens, Pseudohydatiniens et Crystalliniens proprement dits.

A. Les Hydatiniens sont : Zonites hydatinus et eudedalæus.

B. Les Pseudohydatiniens sont : Zonites pseudohydatinus, illautus (spec. nov.), umbraticus (spec nov.), zancleus (spec. nov.), sedentarius (spec. nov.), noctuabundus (spec. nov.), latebricola et Mentonicus.

C. Les Crystalliniens, répartis en trois groupes, sont : Zonites crystallinus, humulicola, subterraneus, secretus (spec. nov.), contractus, Botteri, Dubreuili, subcarinatus, Narbonensis, Jickelii, subrimatus, littoralis, Walderdorffi (spec. nov.), vitreolus (spec. nov.), subvitreolus (spec. nov.), eustilbus, permodontus (spec. nov.), diaugus (spec. nov.), apalistus, diaphanus, tenebrarius, Erjaveci, transylvanicus, parthenicus (spec. nov.), acænus (spec. nov.), achidæus (spec. nov.), tardus (spec. nov.) et crystalliformis (spec. nov.).

2° Les Zonites de la série des fulvus sont les Zonites fulvus, callopisticus (spec. nov.), vesperalis (spec. nov.), Mandralisci, improperus (spec. nov.), cavaticus (spec. nov.) et Mortoni.

3° Les Espèces nouvelles d'Espagne sont : Succinea strepholena (spec. nov.) et Servaini (spec nov.) ; Zonites gyrocurtus (spec. nov.) ; Helix Lucentumensis (spec. nov.), Pelopica (spec. nov.), axia (spec. nov.), Partschi (spec. nov.), Pechaudi (spec. nov.), Augustiniana (spec. nov.), Marsiana (spec. nov.), Valcourtiana (spec. nov.), acentromphala (spec. nov.), Tarifensis (spec. nov.), specialis (spec. nov.), Grannonensis (spec. nov.), mauritanica (spec. nov.) et astata (spec. nov.).

LXV. — Monographie du genre Emmericia. Angers, impr. Lachèse et Dolbeau, 1880. 1 vol. in-8.

Les Emmericia sont de petites Espèces *Bythinoïdes* caractérisées par un sommet s'enroulant sur un plan *planorbique*, et par un dernier tour offrant une gibbosité toute spéciale qui, comme un bourrelet, entoure le bord externe de l'ouverture.

Les Espèces de ce genre se rencontrent depuis la Vénétie, le Frioul et l'Istrie, en suivant les côtes dalmates, jusqu'au lac de Scutari, au nord de l'Albanie. Elles sont réparties en trois grandes séries, en *Brusiniana*, *patuliana* et *Tacitiana*, séries qui se subdivisent elles-mêmes en plusieurs groupes.

Les *Emmericia*, au nombre de soixante et onze, sont toutes *nouvelles*, sauf deux vivantes (*Emmericia patula* et *expansilabris*) et quatre fossiles (*Emmericia candida*, *globulus*, *Jenkiana* et *canaliculata*).

Les formes *inédites* sont les :

Emmericia Bourguignati, Stossichiana, Stefaniana, Brusinæ, Letourneuxi, Mabiliana, Fagotiana, obesa, præclara, soluta, Narentana, Monfalconensis, Brumatiana, catorhyncus, Piniana, obscura, producta, Blanciana, trochilus, communis, ponderosa, perforata, Sandriana, Pauloviciana, lacunosa, secernenda, callostoma, Doriana, crassa, Klecaki, Isseliana, Kusteri, labrosa, ininquinata, albocincta, violacea, Dalmatina, minima, megalostoma, sphæroidæa, bulimiformis, Aristidis, pulchella, cinerea, regularis, viridis, Almissana, Tiberiana, fragilis, acutimargo, stagnalis, Monterosati, Cornaliæ, eximia, enhalia, pseudenhalia, microstoma, Adamii, microcheila, Taciti, Servainiana, Montenegrina, elongata, Tanousi et ovoidæa.

LXVI. — **Matériaux pour servir à l'Histoire des Mollusques acéphales du système européen.** Poissy, impr. Lejay et C⁰, 1880-81. 1 vol. in-8 avec 1 pl. grav.

Ce grand ouvrage, qui doit comprendre quatre volumes avec un atlas, est destiné à faire connaître les Acéphales fluviatiles du Système européen.

Le premier volume, le seul paru jusqu'à présent, est consacré :

1° A une *nouvelle méthode de mensuration des Acéphales*, méthode appelée à rendre les plus grands services, puisqu'elle remplace avantageusement les planches et les figures en donnant la représentation géométriquement exacte d'un Acéphale.

2° A une *monographie du nouveau genre Pseudanodonta*. Les Espèces de ce genre, divisées en quatre séries, sont : les PSEUDANODONTA præclara (spec. nov.), Letourneuxi (spec. nov.), danubialis (spec. nov.), Penchinati, mecyna (spec. nov.), complanata, Grateloupiana (spec. nov.), Normandi, Pancici (spec. nov.), scrupæa, Berlani (spec. nov.), Rossmæssleri (spec. nov.), ellipsiformis (spec. nov.), Nordenskioldi (spec. nov.), Tanousi (spec. nov.), Rayi (spec. nov.), Klettii (spec. nov.), elongata et Ligerica (spec. nov.).

3° A un *aperçu monographique du genre Ætheria*, dont les Espèces, au nombre de onze, sont réparties, d'après une *nouvelle méthode* basée sur la forme des talons, des ligaments et des contours, en quatre séries. Ces Espèces sont : ÆTHERIA Caillaudi, tubifera, nilotica (spec. nov.), elliptica, senegalica (spec. nov.), Chambardi (spec. nov.), Petrettinii (spec. nov.), Letourneuxi (spec. nov.), semilunata, transversa et Carteroni. Six de ces Espèces ont été constatées en Égypte.

4° A la *description du nouveau genre Colletopterum*, genre créé pour des Espèces du bassin danubien, ayant le bord supérieur *soudé d'un bout à l'autre et projetant, en arrière des sommets, un aileron mince très aplati et très saillant,* et caractérisées, en outre, à l'intérieur, par un *rudiment de charnière.* Les formes décrites de ce genre sont les Colletopterum Letourneuxi, præclarum, eximium et Tanousi, toutes les quatre nouvelles.

5° A une *revue critique des Anodontes de l'Asie occidentale,* au nombre de huit sur lesquelles quatre mal dénommées, deux seulement bien déterminées (*Anodonta Vescoiana* et *Schlæflii*), et à la *description* de trois formes inédites, les Anodonta taurica, Apollonica et Gallandi.

Enfin 6°, à la *monographie des Anodontes d'Europe.*

Cette monographie, véritable mémoire ex professo, où toutes les vieilles données et idées de l'*ancienne École* ont été changées, modifiées et mises à néant, appréciations des formes, classification, groupement, description, mensuration, etc..., comprend un nouveau mode de compréhension de l'Espèce et une histoire des Anodontes européennes.

Ces Anodontes, au nombre de plus de deux cents, reparties en vingt-huit groupes, sont les : Anodonta pammegala (spec. nov.), eucypha (spec. nov.), stagnalis, gravida, eumorphia (spec. nov.), Thiessæ (spec. nov.), callidæa (spec. nov.), ventricosa, cordata, Forchammeri, gallica (spec. nov.), Locardi (spec. nov.), Charpyi (spec. nov.), lirata, fragillima, acyrta (spec. nov.), stataria (spec. nov.), regularis, Livronica (spec. nov.), cyrtoptychia (spec. nov.), gastroda (spec. nov.), arenaria, cygnæa, anserirostris, Saint-Simoniana (spec. nov.), Fagoti (spec. nov.), oblonga, Condatina (spec. nov.), cariosa, Nansoutyana (spec. nov.), Moulinsiana, Ranarum, Rhodani (spec. nov.), Arvernica (spec. nov.), ellipsopsis (spec. nov.), Ressmanni (spec. nov.), siliqua, Tritonum (spec. nov.), antorida (spec. nov.), glyca (spec. nov.), Doëi (spec. nov.), lacuum (spec. nov.), Gallandi, mahometana (spec. nov.), Tchernaica (spec. nov.), crimeana (spec. nov.), ectina (spec. nov.), macilenta, submacilenta, Penchinati (spec. nov.), Martorelli (spec. nov.), viriata, melinia, Castroi (spec. nov.), castropsis (spec. nov.), Adamii (spec. nov.), de Bettana, Loppionica (spec. nov.), Mabilli (spec. nov.), ponderosa, Rumanica (spec. nov.), subponderosa, Dupuyi, Gougetana, Gueretini (spec. nov.), Coutagnei (spec. nov.), Rossmæssleriana, luxata, inornata, Sondermanni, Nilssoni, Broti (spec. nov.), tumida, Humberti (spec. nov.), Charpentieri, plattenica, Balatonica, tihanyca, Tissoti, hydatina, aquatica, depressa, Browni (spec. nov.), Sturmi (spec. nov.), Lutetiana (spec. nov.), rostrata, diminuta, capitata, Sedakowi, Sebinensis, limpida, Blanci (spec. nov.), helvetica, lacustrina, Jourdheuili (spec nov.), Scaldiana, Serbica (spec. nov.), Loroisi (spec. nov.), Krapinensis (spec. nov.) œchmopsis (spec. nov.), Pilariana (spec. nov.), Rayi (spec. nov.), danica, anatina, palustris, lusitana, Bourguignati (spec. nov.), ruvida (spec. nov.), glabra, idrina, subluxata, nycterina (spec. nov.), Westerlundi (spec. nov.), Ogerieni (spec. nov.) Ervica (spec. nov.), Carisiana (spec. nov.), Poticzi (spec. nov.), Klecaki, exulcerata, acallia (spec. nov.), illota (spec. nov.), arealis, subarealis (spec. nov.), Kusteri (spec. nov.), Morchiana, maculata, Arelatensis, Benacensis, Clessini (spec. nov.), parvula, pœdica (spec. nov.), codiella (spec. nov.), Racketti (spec. nov.), Carotæ (spec. nov.), eunotaia (spec. nov.), abbreviata, illuviosa (spec. nov.), fallax, psammita, callosa, Briandiana,

Renoufi, truncata, colloba (spec. nov.), incrassata, Avonica, Desori (spec. nov.), Trasymenica, meretrix (spec. nov.), intermedia, sedentaria (spec. nov.), Spengleri (spec. nov.), Pfeifferi (spec. nov.), Servaini (spec. nov.), Hazayana, minima, tricassina (spec. nov.), Picardi (spec. nov.), Journei (spec. nov.), Dubreili, Monterosati (spec. nov.), Maritzana (spec. nov.), piscinalis, opalina, savica, Kickxi, ilysæca (spec. nov.), scaphidella (spec. nov.), resima (spec. nov.), faleata, Aristidis (spec. nov.), Ramburi (spec. nov.), Spiridionis (spec. nov.), Brusinæ (spec. nov.), Pictetiana, exocha (spec. nov.), subcircularis, interogationis, Milleti, episema (spec. nov.), subrhombea, Dantessantyi (spec. nov.), et elachista. — *Anodontes fossiles*) antiqua, aquensis, Bronni, Cordieri, Gardanensis, Heeri, Lavateri, prædemissa, viridis, tener et tenuissima.

Cette longue histoire des Anodontes européennes est complétée par une liste des formes manuscrites inconnues et par quelques réflexions critiques sur l'*Anod. contorta* de Brown et les *Anod. dorsuosa, cymbalica* et *mœsica* du Sʳ Drouet, Espèces bêtement décrites.

LXVII. — Mollusques terrestres et fluviatiles recueillis en Afrique dans le pays des Çomalis Medjourtin. Saint-Germain, impr. Bardin, 1881. Br. in-8.

Les Espèces du pays des Çomalis Medjourtin, les premières connues de cette contrée inexplorée de l'Afrique, ont été recueillies par le célèbre voyageur Georges Revoil. Ces Espèces, au nombre de dix seulement, de sept genres différents, sur lesquels deux nouveaux (Rochebrunia et Revoilia), sont les HELIX pisaniformis (spec. nov.); BULIMUS labiosus; OTOPOMA Perrieri (spec. nov.), Poirieri (spec. nov.); ROCHEBRUNIA obtusa; REVOILIA Milne-Edwardsi (spec. nov.); LIMMŒA Perrieri (spec. nov.), Poirieri (spec. nov.), Revoili (spec. nov.), et MELANIA tuberculata.

LXVIII. — Aperçu monographique des Strigelles d'Europe, in : *Histoire malacologique du lac Balaton, en Hongrie*, par le Dr G. SERVAIN. Poissy, impr. Lejay et Ce, 1881. 1 vol. in-8.

Les différentes Espèces d'Hélices du groupe de la *strigella*, au nombre de seize, réparties en trois séries, d'après la forme de la spire, des tours et de la perforation ombilicale, sont les HELIX strigella, Colliniana, lepidophora, Rusinica, Vellavorum (spec. nov.), Separica, sylvestris, Ceyssoni (spec. nov.), Briandi, Gueretini, Dubreili, Buxetorum, Nemetuna, Cussetiensis, Mehadiæ et agapeta (spec. nov.).

LXIX. — Catalogue des Limnées d'Europe, in : *Histoire malacologique du lac Balaton*. Poissy, impr. Lejay et Ce, 1881. 1 vol. in-8.

Les nombreuses Espèces limnéennes d'Europe appartiennent aux genres *Limnœa* et *Tanousia*.

Les Limnœa, réparties en vingt séries, sont, sans compter plus d'une centaine d'Espèces portées en synonymies, les LIMNŒA Tomasellii, thaumasta (spec. nov.), debilis (spec. nov.), fragilis, bottnica, vulgata, anglica, turgida, clophila, colpodia, borealis, raphidia, stagnalis, slavonica (spec. nov.), lacustris, Karpinskii, Doriana, Bodamica, helvetica, cyphidæa, Baderscensis, mucronata, rubella, fontinalis, acutespira (spec. nov.), biformis, acutalis, Benoiti (spec. nov.),

Aradasi (spec. nov.), Foreli, profunda, attica, Bartholomæa, Vagoritana (spec. nov.), Bulgarica (spec. nov.), Pilariana (spec. nov.), psilia, Moitessieri (spec. nov.), diaphanella, effusa, ampulla, Monnardi, ampla, Hartmanni, tumida, acronica, costellata, auricularia, Trenquelleoni, canalis, multizonata, decussata, danubialis, contracta, albescens, Crimeana (spec. nov.), Heldi, Britannica (spec. nov.), obtusa, Martorelli (spec. nov.), microcephalus, doliolum, hemisphærica, alpestris, crassa (spec. nov.), Andersoni, Sandrii, Sandriformis (spec. nov.), lacustrina, Rochi, rosea, Delaunayi, intermedia, vulgaris, limosa, thermalis, marginata, succinea, baltica, Janoviensis, Bouchardiana (spec. nov.), exigua (spec. nov.), ampullacea, subampullacea (spec. nov.), lineata, Nouletiana, iberica (spec. nov.), mamillata (spec. nov.), glacialis, apalista (spec. nov.), membranacea, oarium (spec. nov.), Thorshavnensis (spec. nov.), nubigena, nivalis, Langsdorffi, pornæ (spec. nov.), virens, virescens (spec. nov.), africana (spec. nov.), plagiostoma (spec. nov.), Cyrniaca, abyssicola, Blauneri, cænisia, hydroriga, crimophila, crymæca, elongatissima, Planinæ (spec. nov.), solida, frigida, Isseli (spec. nov.), attenuata, Maureliana (spec. nov.), peregra, Reynesi, Raiblensis, Putoni (spec. nov.), Gibilmannica, Plaskiensis (spec. nov.), stenostoma (spec. nov.), Alleryi (spec. nov.), sicula, Carotæ (spec. nov.), Ligerica (spec. nov.), Renoufi, Varnensis (spec. nov.), corvus, Gueretiniana, Heldreichii (spec. nov.), Moscovica (spec. nov.), badia, phœacina (spec. nov.), præclara (spec. nov.), Berlani, contorta, palustris, fusca, limbata, opisthostoma (spec. nov.), Vosgesiaca, Mandraliscæ (spec. nov.), muriatrica (spec. nov.), Fenziana (spec. nov.), disjuncta, Postdami, maritima, glabra, Cantalica (spec. nov.),

Lavedanica (spec. nov.), gingivata, Brumatii (spec. nov.), œnostoma (spec. nov.), Nabresina (spec. nov.), subulata et truncatula.

Les Espèces du nouveau genre Tanousia sont les Tanousia Zrmanjæ, Letourneuxi (spec. nov.), Marchesettiana (spec. nov.) et Stossichiana (spec. nov.) de Dalmatie.

LXX. — Notice monographique sur les Espèces du genre Segmentina, in : *Histoire malacologique du lac Balaton.* Poissy, impr. Lejay et Cⁱᵉ, 1881. 1 vol. in-8.

Les Segmentines *vivantes* du Système européen, au nombre de six, sont les Segmentina Servaini (spec. nov.), angusta, nitida, Clessini, microcephala (spec. nov.), et Montgazoniana (spec. nov.).

Le Dʳ Westerlund, dans son grand ouvrage sur les « Binnenconchylien der palæarctischen region... » (fasc. v., 1885), en a mentionné trois de plus : les Segmentina *molytes, œlandica* et *cuprea.*

LXXI. — Monographies des genres Pechaudia et Hagenmulleria, découverts en Algérie par M. J. Pechaud, suivies de la description d'une nouvelle Lhotelleria et d'une notice sur ce genre. Paris, impr. Tremblay, 1881. Br. in-8.

La *Pechaudia Letourneuxiana*, la seule Espèce connue pour laquelle le genre *Pechaudia* a été établi, ressemble à une Physopside *dextre*, caractérisée par une columelle lamellée, tordue, tronquée et pourvue, à la base, d'un sinus mélanopsidien ; enfin, par un bord externe sinué et échancré au sommet.

Les deux *Hagenmülleria* connues, les *Pechaudi* et *Letourneuxi*, pour lesquelles ce genre a été établi, sont de très petites coquilles operculées terrestres vivant sur le bord des ruisseaux, et ayant à peu près le même mode vital que celui des Hydrocena de Dalmatie. Les Espèces de ce genre, qui appartient à la famille des Diplommatidæ, possèdent une ouverture tout à fait sphérique, entourée d'un fort bourrelet péristomal continu.

La nouvelle *Lhotelleria* (la *Pechaudi*), découverte dans les eaux de la Macta, est la plus grande du genre. Les formes de cette coupe générique sont les Lhotelleria Letourneuxi, apocrypha, lævigata, ornata, Pechaudi (spec. nov.), Saint-Simonis (spec. nov.) et ægyptiaca (spec. nov.).

LXXII. — Bythiospeum, ou description d'un nouveau genre de Mollusques aveugles. Poissy, impr. Lejay et Cᵉ, 1882. Br. in-8.

Ce nouveau genre « *Bythiospeum* » est établi pour de petites coquilles *paludestriformes* que l'on ne rencontre que dans les courants des cavernes, ou dans la nappe d'eau souterraine qui alimente les puits de la ville de Munich, en Bavière. D'après les études anatomiques des docteurs Wiedersheim et de Rougemont, il y aurait chez les Bythiospés un manque complet d'organes visuels, et par contre, pour suppléer à la vue, un grand développement des sens de l'ouïe et du toucher. Les Espèces de ce genre sont les Bythiospeum Quenstedti, Purkhaueri, pellucidum, vitreum, turritum, Tschapecki, Letourneuxi (spec. nov.) et africanum (spec. nov.).

Ce Mémoire, traduit en espagnol par M. le Dʳ Bofill y Poch, a paru dans la « Cronica cientifica, revista international de ciencias » (n°ˢ 105 et 106, avril et mai 1882), sous le titre de « *Descripcion de un nuevo genero de Moluscos ciegos* ».

LXXIII. — Paulia, ou description d'un nouveau groupe générique de Mollusques habitant la nappe d'eau des puits de la ville d'Avignon. Poissy, impr. Lejay et Cᵉ, 1882. Br. in-0.

Les Espèces de cette nouvelle coupe générique diffèrent de celle des Bythiospés par un test allongé-cylindriforme, à spire à peine atténuée et à sommet obtus, par un dernier tour à peine plus développé que l'avant-dernier et par un opercule lisse, sans trace de spirales.

Chez les Bythiospés, la spire est acuminée, le dernier tour est relativement énorme et en disproportion de taille et de grosseur avec les autres, enfin, l'opercule est spirescent.

Les Paulies des puits de la ville d'Avignon sont les Paulia Berenguieri (spec. nov.) et Locardiana (spec. nov.). Depuis (1883), le savant malacologiste, M. A. Locard, de Lyon, a fait connaître une nouvelle Paulia (la *Paulia Bourguignati*), découverte dans la nappe d'eau du puits de Courtenot, près Bar-sur-Seine (Aube).

Ce Mémoire sur les Paulies a donné lieu à un plagiat scientifique de la part d'un amateur ignorant d'Avignon, qui a cru faire preuve d'équité et de savoir, en changeant le nom de *Paulia* en celui d'*Avenonia*, et en copiant, sans discernement, les caractères des deux Espèces pour leur attribuer des appellations différentes.

LXXIV. — **Mollusques terrestres et fluviatiles de la mission G. Revoil au pays Çomalis.** Paris, imp. J. Tremblay, 1882. 1 vol. in-8, avec 6 pl. lith., dont 2 d'anatomie.

La mission de l'intrépide voyageur, M. G. Revoil au pays Çomalis a donné pour résultat un ensemble de trente-sept Espèces, sur lesquelles quatre seulement fluviatiles.

Ces Espèces sont les Helix çomaliana (spec. nov.), Tiani (spec. nov.), Tohenica (spec. nov.), pisaniformis, desertella; Bulimus Revoili (spec. nov.), candidus, Maunoirianus (spec. nov.), Duveyrierianus (spec. nov.), labiosus, macropleurus (spec. nov.), Bertrandi (spec. nov.), Tiani (spec. nov.), Georgi (spec. nov.), Pauli (spec. nov.), Delagenieri (spec. nov.); Limicolaria Revoili (spec. nov.), Gilbertæ (spec. nov.), Rochebruni (spec nov.), Armandi (spec. nov.), Perrieriana (spec. nov.), Maunoiriana (spec. nov.), Milne-Edwardsiana (spec. nov.), Leontinæ (spec. nov.), Rabaudi (spec. nov.); Limnœa Perrieri, Poirieri, Revoili; Georgia naticopsis (spec. nov.), Guillaini (spec. nov.), Perrieri, Poirieri, Revoili (spec. nov.); Rochebrunia obtusa, Revoili (spec. nov.); Revoilia Milne-Edwardsi; Melania tuberculata.

Dans le but de rendre plus complète la connaissance des Espèces appartenant aux genres *Bulimus* (groupe des Petreus), *Otopoma*, *Georgia* et *Rochebrunia*, l'auteur a fait précéder les descriptions des formes découvertes par M. G. Revoil, d'une revue critique de toutes les autres des mêmes genres publiées et signalées par les malacologistes. Ainsi, les *Bulimus*, du groupe des *Petreus*, sur lesquels porte l'examen critique, sont les Bulimus fragosus, Forskali, candidus, micraulaxus (spec. nov.), prochilus (spec. nov.), latireflexus, Iemenicus, labiosus, Sabæanus, Hedjazicus (spec. nov.) et Bruguieri (spec. nov.). Les *Otopoma*, *Georgia* et *Rochebrunia* sont les Otopoma foliaceum, Balfouri, complanatum, clathratum et Socotranum ; Georgia naticoides, Austeni (spec. nov.), Guillaini, clausa et yemenica (spec. nov.); Rochebrunia Philippiana, Coquandiana, vitellina, polita, Guillainopsis (spec. nov.), Grandidieri, tricolor, conica et turbinata.

Enfin, cette faune est complétée par l'anatomie des *organes digestifs et génitaux* des Bulimus et Limicolaria Revoili.

Il résulte des caractères des Espèces comaliennes que les *Helix* dérivent du type tauro-européen *Pisana*, les *Bulimus* de la série des Petreus, de Syrie et d'Arabie, les *Cyclostomidés* (Georgia, Rochebrunia et Revoilia) de plusieurs formes similaires du Centre malgache, enfin que seules, les *Limicolaria* et les *Limnæa* sont des Espèces du Centre zoologique africain.

La population malacologique des contrées explorées par M. G. Revoil proviendrait donc de trois Centres : du Centre taurique, du Centre malgache et du Centre africain.

LXXV. — Sphéries européennes du groupe du Sphærium rivicola, in : *Histoire des Mollusques Acéphales des environs de Francfort*. Poissy, impr. Lejay et C⁰, 1882. 1 vol. in-8.

Les Sphéries de ce groupe, au nombre de neuf, sur lesquelles six nouvelles, sont réparties en deux séries : en Espèces à sommet très bombé-ventru et à valves bien convexes, Sphærium Loiræ (spec. nov.),

Letourneuxi (spec. nov.), gallicum (spec. nov.) et Morini ; et en Espèces à sommet émoussé, non saillant, et à valves peu convexes, SPHÆRIUM rivicola, Bourguignati (spec. nov.), Servaini (spec. nov.), Alpecanum (spec. nov.) et Boetgerianum.

LXXVI. — Descriptions d'Espèces nouvelles de France, in : *Prodrome de Malacologie française*, par M. D. LOCARD. Lyon, impr. Pitrat, 1882. 1 vol. in-8.

Les Espèces inédites de France sont les : HYALINIA chersa (spec. nov.), Stœchadica (spec. nov.); HELIX korægælia (spec. nov.), promæca (spec. nov.), pyrgia (spec. nov.), pachypleuros (spec. nov.), Fagoti (spec. nov.), Mosellica (spec. nov.), Aubiniana (spec. nov.), Lemonia (spec. nov.), Dumorum (spec. nov.), Separica (spec. nov.), Vellanorum (spec. nov.), lepidophora (spec. nov.), Buxetorum (spec. nov.), Nemetuna (spec. nov.), Cussetiensis (spec. nov.), Rusinica (spec. nov.), Ceyssoni (spec. nov.), iadola (spec. nov.), Langsdorffi (spec. nov.), cotinophila (spec. nov.), veprium (spec. nov.), Silanica (spec. nov.), odæca (spec. nov.), Hylonomia (spec. nov.), sublimbata (spec. nov.), innoxia (spec. nov.), leptomphala (spec. nov.), Venetorum (spec. nov.), villula (spec. nov.), subbadiella (spec. nov.), Vendoperanensis (spec. nov.), hypsellina (spec. nov.), chonomphala (spec. nov.), microgyra (spec. nov.), Cularensis (spec. nov.), Crombezi (spec. nov.), chiophila (spec. nov.), Lautaretina, Pelvouxiana (spec. nov.), amathia (spec. nov.) virgultorum (spec. nov.), Morbihana (spec. nov.), Tardyi (spec. nov.), talepora (spec. nov.), acosmeta (spec. nov.), Dantei (spec. nov.), Velaviana (spec. nov.), triphera (spec. nov.).

Pisanorum (spec. nov.), Armoricana (spec. nov.), Marioniana (spec. nov.), Bertini (spec. nov.), Honorati (spec. nov.), Cithariensis (spec. nov.), Vicianica (spec. nov.), Hypæana (spec. nov.), Deferiana (spec. nov.), scrupæa (spec. nov.), Groboni (spec. nov.), Contagnei (spec. nov.), nomephila (spec. nov.), Mauriana (spec. nov.), Jeanbernati (spec. nov.), acosmia (spec. nov.), Frayssiana (spec. nov.), Mouqueroni (spec. nov.), erema (spec. nov.), subintersecta (spec. nov.), Pictonum (spec. nov.), Lirouxiana (spec. nov.), limara (spec. nov.), lathræa (spec. nov.), misara (spec. nov.), Sitifiensis (spec. nov.), Naudieri (spec. nov.); Physa Taciti (spec. nov.); acutespira (spec. nov.); Anodonta Sequanica (spec. nov.), Georgei (spec. nov.); Unio rathymus (spec. nov.), septentrionalis (spec. nov.), Alpecanus (spec. nov.), Socardianus (spec. nov.), crassatellus (spec. nov.), Brevierei (spec. nov.), Locardianus (spec nov.), Milne-Edwardsi (spec. nov.), Riciacensis (spec. nov.), Hauterivianus (spec. nov.), Matronicus (spec. nov.), Ligericus (spec. nov.), arenarum (spec. nov.), potamius (spec. nov.), Berthelini (spec. nov.), Bourgeticus (spec. nov.), Lagnisicus (spec. nov.), Rayi (spec. nov.), Piloti (spec. nov.), macrorhynchus (spec. nov.), Berenguieri (spec. nov.), Corbini (spec. nov.), Fagoti (spec. nov.), Pinciacus (spec. nov.), fabæformis (spec. nov.), Jousseaumei (spec. nov.), pornæ (spec. nov.), meretricis (spec. nov.), falsus (spec. nov.), Gobionum (spec. nov.), Cancrorum (spec. nov.), Gestroianus (spec. nov.), gallicus (spec. nov.), rostratellus (spec. nov.), mucidulus (spec. nov.), Dolfusianus (spec. nov.), edyus (spec. nov.), Fourneli (spec. nov.) et Dreissensia Belgrandi (spec. nov.). Total cent vingt Espèces nouvelles pour la faune française.

LXXVII. — **Miscellanées italo-malacologiques**, in : *Naturalista siciliano*, *giornale di cienze naturali.* Palermo, tipogr. Virzi. 1ᵉʳ fasc. 1882 ; 2ᵉ fasc. 1883. Gr. in-8.

Le premier fascicule (1882) est consacré à une étude sur les Anodontes italiennes, au nombre de vingt et un, savoir : les Anodonta fragillima, cygnæa, oblonga, del Pretei (spec. nov.), Adamii, de Bettana, Loppionica, depressa, Sebinensis, Blanci, glabra, Idrina, exulcerata, subarealis, Benacensis, leprosa, Carotæ, meretrix, Trasymenica, Monterosati et Raimondoi (spec. nov.).

Le second fascicule (1883) comprend : 1° un Mémoire sur des Hélices nouvelles du groupe de la *Gobanzi*, les Helix sigela (spec. nov.), composopleura (spec. nov.) et perfecta (spec. nov.) ; 2° un travail critique et descriptif sur les Espèces *italo-pomatiennes* de la série des *ligata* et *lucorum*, les Helix ligata, Gussoneana, straminea, lucorum, yleobia (spec. nov.), virago (spec. nov.), rypara (spec. nov.), nigrozonata (spec. nov.) et atrolabiata (spec. nov.).

LXXVIII. — **Histoire malacologique de l'Abyssinie.** Paris, impr. de la Société anonyme des Imprimeries-Réunies, 1883. 1 vol. in-8 avec 4 pl. lith., 1 carte géog. et planche double chromolithogr.

Cette œuvre est le travail le plus important qui ait jamais été publié sur l'Abyssinie. Il embrasse : 1° une description géographique du pays et celle de tous les Mollusques abyssins recueillis par M. A. Raffray ; 2° une liste complète de toutes les Espèces connues de l'Abyssinie; 3° une étude malaco-stratigraphique abyssine, et 4° un aperçu sur la répartition de ces animaux à la surface du continent africain.

Dans cette œuvre, qui renferme un grand nombre d'Espèces inédites, se trouvent établis les nouveaux genres *Abbadia, Raffraya, Beccaria, Caillaudia* et une nouvelle classification des familles d'après les principes de la subordination des caractères.

Les Espèces abyssines, au nombre de 107, sont. LIMAX Jickelii; HELIXARION lymphæus, pallens, Raffrayi (spec. nov.); THAPSIA Abyssinica, Vesti, oleosa, euryomphala (spec. nov.); SITALA Raffrayi (spec. nov.), Steudneri; TROCHOMORPHA Mozambica; VITRINA hians, Ruppelliana, Jickelii, abyssinica, semirugata, Isseli, Caillaudi, Riepiana, conquisita, mamillata, helicoidea, Milne-Edwardsiana (spec. nov.), Raffrayi (spec. nov.), Herbini (spec. nov.), rugulosa, Poirieriana (spec. nov.), Adowensis, limicola, æthiopica (spec. nov.); HELIX pilifera, Combesiana (spec. nov.), Ferretiana (spec. nov.), Herbini (spec. nov.), Galinieriana (spec. nov.), Beccarii, Abbadiana (spec. nov.), Brucei, cryophila, abyssinica, Raffrayi *melius* peracanthoda[1] (spec. nov.), Isseli, Lejeaniana (spec. nov.), Achilli (spec. nov.), Darnaudi, Heuglini, Hamacenica (spec. nov.), subnivellina (spec. nov.); BULIMUS Raffrayi (spec. nov.), Herbini (spec. nov.), Simonis (spec. nov.), Achilli (spec. nov.), Tamisierianus (spec. nov.), Olivieri, Abbadianus (spec. nov.), Jickelianus, abyssinicus, Galinierianus (spec. nov.) Lejeanianus (spec. nov.), Hemprichi, Sennaaricus, æthiopicus (spec. nov.), subeminulus (spec. nov.),

---

1. Voir la note rectificative publiée en juillet 1883 (Paris, impr. Tremblay, in-8).

macroconus (spec. nov.), insularis; Raffraya Milne-Edwardsi (spec. nov.); Abbadia æthiopica (spec. nov.); Orcula imbricata, Pupilla Bruguierei, Raffrayi (spec. nov.), globulosa; Vertigo Klunzingeri, Pleimesi; Isthmia Haggenmacheri, Reinhardti, Abyssinica, lardea, Schilleri, Blandfordi, similis; Clausilia sennaarica, dystherata; Ennea denticulata, Raffrayi (spec. nov.), Pachnodus Rochebrunianus (spec. nov.); Limicolaria Ruppelliana, sennaarica, Heuglini; Opeas gracilis; Beccaria Isseli (spec. nov.); Glessula montana; Cœlestele Paladilhiana; Subulina cyanostoma, vemicosa, Antinorii, Perrieriana (spec. nov.), variabilis, Lhotellerii (spec. nov.), Jickelii (spec. nov.), suaveolens, angustata, subulata, Munzigeri, Mabilliana (spec. nov.); Cœcilianella Isseli; Auricula subula; Melampus Massauensis, Siamensis, Ehrenbergianus; Lœmodonta granum, Bronii, oblonga, amplicata, affinis; Plecotrema rapax; Cassidula nucleus, labrella; Ancylus Hamacenicus (spec. nov.), abyssinicus; Limnœa Caillaudi (spec. nov.), exserta, acroxa (spec. nov.), alexandrina (spec. nov.), Raffrayi (spec. nov.), æthiopica (spec. nov.), africana (spec. nov.), truncatula; Physa natalica, sericina, Schackoi, contorta. Fischeriana, Forskali (spec. nov.); Physopsis abyssinica, eximia; Planorbis Ruppelli, Herbini (spec. nov.), Adowensis, Abyssinicus, Æthiopicus (spec. nov.); Caillaudia angulata (spec. nov.), Letourneuxi (spec. nov.), angusta; Truncatella teres, semicostulata; Vivipara unicolor, Abyssinica; Cleopatra bulimoides; Digyreidum Sennaaricum; Melania tuberculata; Ampullaria Kordofana; Meladomus Boltenianus; Theodoxia africana; Corbicula consobrina; Sphærium subcapense (spec. nov.); Eupera parasitica, Jickelii (spec. nov.). Letourneuxi (spec. nov.); Unio abyssinicus, æneus, Dembeæ, Jickelii (spec. nov.); MUTELA nilotica, angustata ; SPATHA Caillaudi ; ÆTHERIA Caillaudi, tubifera et nilotica.

La faune malacologique de l'Abyssinie est celle du grand Centre africain, et si, parmi ses Espèces, on en rencontre un certain nombre dont l'aspect, à première vue, semble dénoter une origine étrangère, cette faune n'en reste pas moins essentiellement africaine, parce que ces espèces *pseudo-étrangères* ne sont que le résultat de l'action d'une climatologie qui leur a imprimé le cachet de celles qui vivent dans les *mêmes* conditions en Europe, en Asie et en Amérique.

La partie malaco-stratigraphique de cet ouvrage a été reproduite par le Dr Bofill y Poch, dans la *Cronica cientifica* du Dr Roig y Torres de Barcelone (1883).

LXXIX. — Aperçu sur les Unionidæ de la Péninsule italique. Paris, impr. Tremblay, 1883. 1 vol. in-8.

Cette œuvre est plus qu'un aperçu, c'est une histoire *critique* et *descriptive*, aussi complète que possible, de tous les Acéphales de la péninsule italique des genres *Unio, Leguminaia* et *Anodonta*. Les Unios sont au nombre de 53, répartis en 20 groupes, les Leguminaia au nombre de 9, et les Anodontes au nombre de 40, de 18 groupes différents.

UNIO sinuatus, latinus (spec. nov.) opisadartos, Sebinensis (spec. nov.), Oriliensis, Stephanii, corrosus, campsus (spec. nov.), Verbanicus (spec. nov.), glaucinus (spec. nov.), brachyrhynchus, Gurkensis (spec. nov.), Delpretei (spec. nov.), potamius, Benoiti (spec. nov.), Uziellii (spec. nov.) Vittorioi (spec. nov.), Pisanus (spec. nov.), proechus, Cumanus, Villæ, Veillanicus, Spinellii, arca, Lawleyianus, Gentiluomoi (spec. nov.), Laderelianus, Pecchiolii (spec. nov.), Moltenii, umbricus, Monterosati (spec. nov.), Gargottæ, Aradasi, Bivonianus (spec. nov.), Blanci (spec. nov.), romanus, campanus (spec. nov.), Isseli (spec. nov.), eucallistellus (spec. nov.), callichrous (spec. nov.), Gestroianus, pornæ, meretrix, d'Anconæ (spec. nov.), Blauneri, Caficianus (spec. nov.), vulgaris, Padanus (spec. nov.), falsus, Strobeli (spec. nov.), graniger, Pedemontanus (spec. nov.), rhynchetinus; LEGUMINAIA Bonellii, Servaini (spec. nov.), Moreleti, squamosa, depressa, Doriæ (spec. nov.), crassula, curvata, Gestroi (spec. nov.); ANODONTA Doriana (spec. nov.), atrovirens, attenuata, fragillima, cygnæa, Saint-Simoniana, oblonga, Del Pretei, Isseli (spec. nov.), Antinoriana (spec. nov.), Adamii, de Bettana Loppionica, meretrix, Trasimenica, Monterosati, eporediana (spec. nov.), Gestroi (spec. nov.), depressa, limpida, Sebinensis, Blanci, æchmopsis, anatina, palustris, glabra, idrina, nycterina, exulcerata, arealis, subarealis, Benacensis, Beccariana (spec. nov.), leprosa, Carotæ, Raimondoi, Tricassina, Arturi (spec. nov.), anatinella et Arnouldi (spec. nov.).

Cette œuvre, publiée en juillet 1883, a été livrée au public savant au mois d'août 1883. Ce fait mérite d'être signalé, parce qu'un auteur indélicat a fait paraître, sous le titre d'*Unionidæ d'Italie,* sous la *fausse* date de 1883, un travail, sorte de plagiat, sur le même sujet, où nombre d'Espèces nouvelles des *Unionidæ de la péninsule italique* ont été dénaturées, comme à plaisir, sous des appellations différentes. L'ouvrage de cet auteur indélicat, faussement daté de 1883, n'a paru qu'en janvier 1884, et le *Journal de Conchyliologie* (numéro de juillet), dans lequel se trouve un compte rendu de cet ouvrage, a été publié le 15 février 1884.

L'antériorité des *formes spécifiques* appartient donc incontestablement à l'*Aperçu sur les Unionidæ de la péninsule italique*.

LXXX — **Mollusques fluviatiles du Nyanza-Oukéréwé (Victoria Nyanza), suivis d'une note sur les genres Cameronia et Burtonia du Tanganika.** Paris, impr. Tremblay, 1883. Br. in-8 avec 1 pl. n. lithogr.

Les Espèces décrites et signalées dans ce travail, les premières connues de cette grande mer intérieure, sont les MELANIA tuberculata ; VIVIPARA abyssinica ; MUTELA subdiaphana et les sept Unios suivants, tous nouveaux, les UNIO Hauttecœuri, Grandidieri, Duponti, Ruellani, Edwardsianus, Grantianus et Monceti.

Ces descriptions sont suivies par un exposé des caractères du genre *Cameronia* et de la diagnose du genre *Burtonia*, nouveau genre établi pour la *Spatha Tanganyicensis* de Smith, Espèce qu'il convient de diviser en BURTONIA tanganikana et Livingstoniana (spec. nov.).

LXXXI. — **Nouvelle Espèce de Letourneuxia, notice sur ce genre et classification des Arionidæ,** in : *Excursions malacologiques dans le Nord de l'Afrique, de la Calle à Alger et d'Alger à Tanger*, par M. J. PECHAUD. Paris, impr. Tremblay, 1883. 1 vol. in-8.

Le genre *Letourneuxia* a été établi pour un limacien algérien possédant un manteau très antérieur, échancré sur son bord antéro-dextre par l'orifice pulmonaire ; un orifice génital un tant soit peu en avant du trou pulmonaire ; une glande mucipare à l'extrémité postérieure dorsale très dilatée et se rabattant sur le plan locomoteur, qui est fortement séparé de la partie dorsale ; une mâchoire sans rostre médian et une limacelle forte, épaisse, sans lignes concentriques, ressemblant à une grosse granulation.

La nouvelle *Letourneuxia* décrite, l'*Atlantica*, grande Espèce rougeâtre ornée de deux zones noirâtres biparties de chaque côté des flancs, portent à trois les Espèces de ce genre qui appartient à la famille des Arionidæ.

Cette famille comprend les genres Arion (Ferussac, 1821), Arionculus (Lessona, 1881), Geomalacus (Allman, 1846), Baudonia (Mabille, 1868) et Letourneuxia (Bourguignat, 1866).

LXXXII. — Revue critique des Hyalinies constatées dans le Nord de l'Afrique, in : *Excursions malacologiques dans le Nord de l'Afrique, de la Calle à Alger et d'Alger à Tanger.* Paris, impr. Tremblay, 1883. 1 vol. in-8.

Cette revue, sorte d'étude monographique sur les Hyalinies algériennes, comprend, sans compter les Conulus, 35 Espèces, réparties en 9 séries. HYALINIA Tetuanensis, ignari (spec. nov.), Bouthyana, Pomeliana, eurabdota, Hagenmülleri, Isserica, Djurjurensis, suballiaria (spec. nov.), Navarrica, gyraploa (spec. nov.), raterana, gyrocurta, lenopsilia, Blidahensis, psatura, chelia, cheliella, bradypa (spec. nov.), achlyophila, subplicatula, Durandoiana, hemipsorica, perspectivula, pseudohydatina, eustilba, vitreola, subvitreola, permodesta (spec. nov.), diauga (spec. nov.), parthenica (spec. nov.), achidæa (spec. nov.), acæna (spec. nov.), opalista et diaphana.

LXXXIII. — Recensement critique et descriptif des Helix du groupe de la lactea, in : *Excursions malacologiques dans le Nord de l'Afrique, de la Calle à Alger et d'Alger à Tanger.* Paris, impr. Tremblay, 1883. 1 vol. in-8.

Ce Mémoire, précédé d'une juste critique des Hélices représentées et décrites dans les suites à l'Iconographie de Rossmæssler, est consacré à la connaissance des caractères des Helix lactea, Ezquerriana (spec. nov.), apalolena, Maura (spec. nov.), myristigmæa (spec. nov.), Ibrahimi (spec. nov.), axia, galena, eugastora, Baudotiana, Malacensis (spec. nov.), simocheila, Ahmarina (spec. nov.), Bleicheri, aglena (spec. nov.), sphæromorpha, plesiasteia (spec. nov.) et asteia.

LXXXIV. — Étude sur les Hélices bidentées du Nord de l'Afrique, in : *Excursions malacologiques dans le Nord de l'Afrique.* Paris, impr. Tremblay, 1883. 1 vol. in-8.

Le groupe des *Hélices bidentées* est un des plus intéressants du Nord de l'Afrique. Lorsqu'on examine avec attention les *bidentées*, on reconnaît qu'elles n'appartiennent pas à un seul et même groupe, mais qu'elles constituent un ensemble de formes différentes, toutes distinctes les unes des autres, ayant les plus grandes affinités avec des Espèces des séries des *Zaphariniana, Lucasiana, Jourdaniana* et *Abroleniana.*

Il résulte de ces affinités que les lamelles aperturales des *bidentées* ne doivent être que le résultat d'un cas pathologique, dû à certaines influences climatologiques ou produit par une cause accidentelle jusqu'à présent restée inconnue.

Les Hélices *bidentées*, au nombre de douze, de quatre séries différentes, sont : 1° (groupe des Zaphariniana) les HELIX anoterodon, Burini et surredonta ; 2° (groupe des Lucasiana) l'HELIX Dastuguei ; 3° (groupe des Jourdaniana) l'HELIX alabastra ; enfin 4° (groupe des Abroleniana) les HELIX romalæa, brocha (spec. nov.), tigriana, discallodon, stereodonta, Seignetti et Mattarica.

LXXXV. — **Examen critique des Hélices de la série des Rerayana et de celle des Balearica**, in : *Excursions malacologiques dans le Nord de l'Afrique*. Paris, impr. Tremblay, 1883. 1 vol. in-8.

La série des *Helix Rerayana* s'étend sur toute la chaîne méridionale de l'Atlas, depuis la Tunisie jusqu'au Maroc. Elle comprend les Espèces suivantes : HELIX punica, nitefacta, Massylæa, Rerayana, lamprimathia, Takredica, alcyone, prædisposita, sticta et azorella.

La série des *Helix Balearica* paraît spéciale à l'Espagne, aux îles Baléares et au Maroc. Quelques-unes de ses Espèces se sont propagées dans quelques contrées du Sud de la France. Les Hélices de cette série hispanique sont : HELIX Ramisi (spec. nov.), Balcarica, Valdemusana (spec. nov.), eustrapa, Companyoi, Palmana (spec. nov.), Cantæ (spec. nov.), chorista (spec. nov.), Tiranoi (spec. nov.), Sampoli (spec. nov.), minorica, marmorata, menobana, atlasica, Parschi, Carthaginensis, Alcarazana, splendida et Cossoni.

LXXXVI. — Mollusques de Miranda-de-Ebro, in : *Anales de Historica natur. España*, XIII, 1883. Madrid, 1883.

Les Mollusques de Miranda-de-Ebro, entre Vitoria et Burgos, recueillis dans une exploration exécutée en août 1883, par le savant entomologiste E. Simon, sont des formes françaises (Helix rotundata ; Bulimus obscurus ; Chondrus quatridens, Pupa Braunii, Bigorriensis, umbilicata ; Clausilia Saint-Simonis ; Zua lubrica), qui dénotent que l'influence malacologique des Pyrénées s'étend jusqu'à ce pays.

LXXXVII. — Description du nouveau genre Sesteria, in : *Bulletins Société malacologique de France*. Paris, impr. Tremblay, 1884. Br. in-8 avec fig.

Ce nouveau genre, établi pour une Espèce ressemblant à une Clausilie dextre de la série des *funiculum* de Trébizonde, est caractérisé par un axe columellaire *tubulaire dans toute sa longueur*, prenant, à partir de l'avant-dernier tour, une torsion si forte et si accentuée, qu'il imite un tire-bouchon à circonvolutions très excentriques. Cet axe, en prenant cette torsion, se gonfle de telle sorte qu'il devient semblable à un gros bourrelet et se déroule, en conservant sa tubularité, jusqu'à la moitié de l'ouverture pour venir s'ouvrir en arrière du bord columellaire, dans la cavité ombilicale.

Une seule Espèce connue, la *Sesteria Gallandi* : (spec. nov.), découverte sur la rive droite du Tigre, entre Mardin et Djézireh, le long de la route de Diarbekir à Mossoul (Diarbekir).

LXXXVIII. — **Nouvelle Vivipare française et liste des Espèces constatées en France dans le genre Vivipara**, in : *Bulletins Société malacologique de France*, I. Paris, impr. Tremblay, 1884. Br. in-8 avec fig.

La nouvelle Vivipare, *Vivipara imperialis* (spec. nov.), de la série des Duboisiana, découverte dans la Seine, à Port-Marly, porte à onze, de six séries différentes, les formes viviparienness connues de notre pays, savoir : les Vivipara contecta, brachya, lacustris, communis, paludosa, occidentalis, Bourguignati, subfasciata, fasciata, penthica et imperialis.

LXXXIX. — **Hélice nouvelle des montagnes de l'Ariège**, in : *Bulletins Société malacologique de France*, I. Paris, impr. Tremblay, 1884. Br. in-8.

Cette Espèce, *Helix Tassyi* (spec. nov.), découverte sur le pic de Montcalm, dans la vallée de Vicdessos, appartient à la série des Helix limbata. Cette nouvelle Espèce est remarquable par son test fragile, délicat, transparent comme celui d'une Vitrine.

XC. — **Histoire des Mélaniens du système européen.** Paris, impr. Tremblay, 1884. 1 vol. in-8.

Les Mélaniens du système européen appartiennent aux genres Melania, Melanella, Bugesia, Fagotia (nov. gen.), Microcolpia (nov. gen.) et Melanopsis.

Les Melania, au nombre de deux, sont les Melania judaica et tuberculata, sous le nom de laquelle il convient de rapporter les variétés : *maxima, costata, fas-*

ciolata, rubro-punctata, pyramis, sulcata, thermalis et *Rothiana*.

Les Melanella, divisées en Espèces cerclées *zonatæ*, de deux séries différentes, et en Espèces lisses, *lævigatæ*, de quatre séries distinctes, sont au nombre de vingt-sept, savoir : MELANELLA divina (spec. nov.), coronata (spec. nov.), Holandri, eximia (spec. nov.), agnata, agnatella (spec. nov.), elegans, Pilariana (spec. nov.), crassilabris (spec. nov.), parvula, Fagotiana (spec. nov.), Krapinensis (spec. nov.), gigantea (spec. nov.), raphidia, lævigata, afra, Berlani (spec. nov.), ovoidea (spec. nov.), crassa, ponderosa, amblya (spec. nov.), Letourneuxi (spec. nov.), Bourguignati (spec. nov.), castanea (spec. nov.), codiella (spec. nov.), glabrata et speciosa (spec. nov.).

La seule Bugésie connue est la BUGESIA Bourguignati.

Les Fagotia (nov. gen.), caractérisées par une columelle *sans troncature à la base*, présentant néanmoins, lorsqu'on *regarde obliquement dans l'ouverture, un axe subtordu* venant s'évanouir à la base *sous l'apparence d'une fausse troncature*, et par un test *toujours maculé de plusieurs séries de taches vineuses ou marron*, sont au nombre de vingt-deux, de quatre groupes différents : FAGOTIA Esperi, decussata, Rossmæssleri (spec. nov.), Berlani (spec. nov.), danubialis (spec. nov.), Pfeifferi (spec. nov.), Anceyana (spec. nov.), pusilla (spec. nov.), Audebardi, Locardiana (spec. nov.), Ascanica (spec. nov.), gravida (spec. nov.), Gallandi (spec. nov.), stenostoma (spec. nov.), anatolica (spec. nov.), Servainiana (spec. nov.), nocturna (spec. nov.), Letourneuxi (spec. nov.), Pilariana (spec. nov.), Saint-Simoniana (spec. nov.), acroxia (spec. nov.), et Bourguignati (spec. nov.).

Les Microcolpia (nov. gen. olim Hemisinus de Brot, non Swainson), au nombre de dix-neuf, appartiennent à six séries distinctes : MICROCOLPIA acicularis, aciculella, Glinaica, præclara (spec. nov.), Servaini (spec. nov.), Coutagniana (spec. nov.), Hagenmulleriana (spec. nov.), Rochebruniana (spec. nov.), Villeserriana (spec. nov.), Mabilliana (spec. nov.), Gallandi (spec. nov.), pyramidalis (spec. nov.), canaliculata (spec. nov.), cornea, peracuta (spec. nov.), Stossichiana (spec. nov.), Letourneuxi (spec. nov.), potamactebia et pachystoma (spec. nov.).

Les Melanopsis, réparties en vingt-quatre séries, sont les quatre-vingt-quinze Espèces suivantes : MELANOPSIS saharica, sphæroidæa (spec. nov.), præmorsa, Wagneri, microcolpia (spec. nov.), prophetarum (spec. nov.), lævigata, buccinoidæa, episema (spec. nov.), Mzabica (spec. nov.), cremita, variabilis, callichroa (spec. nov.), minutula (spec. nov.), myosotidæa (spec. nov.), coupha (spec. nov.), Salomonis (spec. nov.), Mingrelica, Ascania (spec. nov.), Doriæ, ammonis, Olivieri (spec. nov.), Ferussaci, maroccana, brevis, obesa (spec. nov.), Bofilliana (spec. nov.), mauritanica (spec. nov.), Seignetti (spec. nov.), etrusca, pleurotomoidæa (spec. nov.), Lorcana, Penchinati, Bleicheri, scalaris, subscalaris (spec. nov.), Guiraoi (spec. nov.), Hammamensis, Mohammedi (spec. nov.), belonidæa (spec. nov.), Cossoni (spec. nov.), Dufouri, subgraellsiana (spec. nov.), acutespira (spec. nov.), Isseli (spec. nov.), Graellsi, Letourneuxi, callista (spec. nov.), Sesteri (spec. nov.), Alepi (spec. nov.), stephanota (spec. nov.), hiera (spec. nov.), Chantrei, insignis, vespertina (spec. nov.), Kotschyi, Charpentieri, jebusitica (spec. nov.), Saulcyi, aterrima (spec. nov.), fasciolaria, sancta (spec. nov.), cerithiopsis (spec.

nov.), hebraica (spec. nov.), lampra (spec. nov.), phœniciaca (spec. nov.), Belusi (spec. nov.), desertorum (spec. nov.), Lortetiana, turcica, subcostata, Tanousi (spec. nov.), obliqua (spec. nov.), costata, jordanica, infracincta, ovum (spec. nov.), nodosa, Feliciani (spec. nov.), eumorphia (spec. nov.), egregia (spec. nov.), Parreyssi, cariosa, magnifica (spec. nov.), Sevillensis, costellata, pleuroplagia (spec. nov.), macrostoma (spec. nov.), Rossmæssleri (spec. nov.), microstoma (spec. nov.), Pechaudi (spec. nov.), heliophila (spec. nov.), ovula (spec. nov.), turrita et Maresi.

XCI. — Hélixarionidées des régions orientales (Abyssinie, Gallas, Çomalis, Zanguebar et Mozambique) **de l'Afrique.** Paris, impr. Tremblay, 1885. Br. in-8.

La famille des Hélixarionidées africaines, dont l'extrémité du pied, nettement tronquée, est pourvue d'un large pore muqueux, comprend sept genres, dont les Espèces sont : THAPSIA abyssinica, Vesti, oleosa, euryomphala, Buchholzi (spec. nov.), calamechroa ; SITALA Raffrayi, submembranacea; TROCHONANINA Mozambicensis, Ibuensis, tumidula, percarinata, plicatula, Jenynsi, Anceyi (spec. nov.); ZINGIS radiolata; HAMYA (nov. gen.) Revoili (spec. nov.); LEDOULXIA (nov. gen.) albopicta, pyramidæa, Alfieriana (spec. nov.), formosa (spec. nov.), megastoma (spec. nov.), insignis (spec. nov.), unizonata (spec. nov.); GUILLAINIA (nov. gen. [nom changé depuis en celui de Bloyetia]) Revoili (spec. nov.), magnifica (spec. nov.), cærulans (spec. nov.), compressa (spec. nov.), Georgi (spec. nov.), Rochebruniana (spec. nov.) et Mabilliana (spec. nov.).

XCII. — **Monographie d'un nouveau genre d'Acéphales du lac Tanganika**, in : *Bulletins Société malacologique de France*, II. 1885. Paris, impr. Tremblay. Br. in-8 avec 1 pl. n. lith.

Ce nouveau genre, auquel a été attribué le nom de *Grandidieria*, a été établi pour distinguer de petites bivalves que les auteurs avaient prises pour des Unios, tandis qu'au lieu d'appartenir à la famille des Unionidæ, ces Acéphales, d'après les caractères de leur charnière, sont des Sphæridæ.

Les Grandidieries décrites et connues à cette époque sont les Grandidieria Servainiana (spec. nov.), Horei, Burtoni, Smithi (spec. nov.), Tanganikana, Thomsoni, ujijentis (spec. nov.), gravida (spec. nov.), cyrenopsis (spec. nov.) et rostrata (spec. nov.).

XCIII. — **Notice prodromique sur les Mollusques terrestres et fluviatiles recueillis par M. Victor Giraud, dans la région méridionale du lac Tanganika.** Paris, impr. Tremblay, 1885. 1 vol. in-8.

Les Mollusques recueillis par l'intrépide voyageur M. V. Giraud, sont au nombre de 93 Espèces : 12 terrestres et 81 fluviatiles. Ces 93 Espèces, dont 75 nouvelles, appartiennent à 22 genres, sur lesquels 9 nouveaux.

Bulimus Giraudi (spec. nov.), Reymondi (spec. nov.); Anceya (nov. gen.) Giraudi (spec. nov.); Syrnolopsis lacustris, Hamyana (spec. nov.), Grandidieriana (spec. nov.), Anceyana (spec. nov.), Giraudi (spec. nov.), minuta (spec. nov.); Clausilia Giraudi (spec. nov.); Limicolaria rectistrigata, Giraudi (spec.

nov.), Spekiana ; Neothauma Tanganikanum, Bridouxianum, Servainianum, Giraudi (spec. nov.), bicarinatum ; Bridouxia (nov. gen.) Giraudi (spec. nov.), Villeserriana (spec. nov.), costata (spec. nov.), Reymondi (spec. nov.); Baizea (nov. gen.) Giraudi (spec. nov.); Spekia Giraudi (spec. nov.), zonata, Duveyrieriana (spec. nov.), Hamyana (spec. nov.), Reymondi (spec. nov.), Grandidierana (spec. nov.); Tanganikia Fagotiana (spec. nov.), Girandi (spec. nov.), Maunoiriana (spec. nov.), ovoidea (spec. nov.), globosa (spec. nov.); Hauttecœuria (nov. gen.) Hamyana (spec. nov.), Giraudi (spec. nov.), Milne-Edwardsiana (spec. nov.), soluta (spec. nov.), singularis (spec. nov.), Duveyrieriana (spec. nov.), Reymondi (spec. nov.), Maunoiriana (spec. nov.), eximia (spec. nov.), Cambieri (spec. nov.), minuta (spec. nov.); Limnotrochus Thomsoni, Giraudi (spec. nov.), cyclostoma (spec. nov.); Giraudia (nov. gen.) præclara (spec. nov.), Grandidieriana (spec. nov.); Reymondia (nov. gen.) Horci (spec. nov.), Giraudi (spec. nov.); Bourguignatia imperialis ; Paramelania grandis, paucicostata, callopleuros (spec. nov.), Grandidieriana (spec. nov.), Hamyana (spec. nov.), Reymondi (spec. nov.), Bourguignati (spec. nov.), Baizeana (spec. nov.), Stanleyana (spec. nov.), spinulosa (spec. nov.), nassa, Milne-Edwardsiana (spec. nov.), Lessepsiana (spec. nov.), Duveyrieriana (spec. nov.), Cameroniana (spec. nov.), Ledoulxiana (spec. nov.), egregia (spec. nov.), Giraudi (spec. nov.), Locardiana (spec. nov.), Servainiana (spec. nov.), crassilabris (spec. nov.), Livingstoniana (spec. nov.), pulchella (spec. nov.); Stanleya (nov. gen.) Giraudi (spec. nov.), Smithiana (spec. nov.); Rumella (nov. gen.) Giraudi (spec. nov.), Milne-Edwardsiana (spec. nov.); Grandidieria elongata (spec.

nov.), Giraudi (spec. nov.), mira (spec. nov.), rotundata (spec. nov.), Burtoni, Thomsoni, corbicula (spec. nov.), incarnata (spec. nov.), tanganikana, granulosa (spec. nov.), rostrata ; Corbicula tanganikana (spec. nov.); Pisidium Giraudi (spec. nov.); Cameronia Giraudi (spec. nov.), Revoiliana (spec. nov.).

Cet ouvrage, consacré aux découvertes du voyageur V. Giraud, a été reproduit d'une façon succincte dans les Bulletins de la *Cronica cientifica* de Barcelone (n° 104, 1886), sous le titre : « *Moluscos terrestres y fluviatiles recogidos por M. Victor Giraud en la region meridional del lago Tanganika, por M. J.-R. Bourguignat.* »

XCIV. — **Espèces nouvelles et genres nouveaux, découverts par les Rév. Pères missionnaires dans les grands lacs africains Oukéréwé et Tanganika**. Paris, impr. Tremblay, 1885. Br. in-8.

Les Espèces *nouvelles* du Nyanza-Oukéréwé sont les Cleopatra Guillemei, la Mutela Bourguignati et la Spatha Bourguignati, dont les genres doivent être dorénavant, d'après leurs caractères, divisés, savoir : les *Mutela*, en Mutela, Mutelina et Calliscapha ; les *Spatha*, en Spatha, Spathella et Aspatharia. Le genre *Iridina*, de Lamarck, doit être respecté, parce qu'il est distinct du genre Mutela, avec lequel les auteurs contemporains le confondent.

Les Espèces *inédites* du lac Tanganika sont : 1° les Grandidieria Anceyi, insignis, Hauttecœuri et Locardiana, Espèces qui portent à vingt et une les formes connues de ce genre ; 2° l'Unio calathus ; 3° la Mutela soleniformis ; 4° les Cameronia Bourguignati, Marioniana et Anceyi ; enfin, 5° les Brazzæa et Moncetia Anceyi,

Espèces servant de types à deux nouveaux genres tanganikiens des mieux caractérisés. En somme, la famille des Iridinidées est représentée dans le lac Tanganika par les genres Mutela, Burtonia, Brazzæa, Moncetia et Cameronia.

XCV. — **Mollusques terrestres et fluviatiles recueillis par M. Paul Soleillet dans son voyage au Choa (Éthiopie méridionale).** Paris, imp. Tremblay, 1885. 1 vol. in-8, avec 1 pl. n. lith.

Les Espèces recueillies par le voyageur Paul Soleillet, depuis la baie de Tadjourah, sur la mer Rouge, jusqu'au Choa, sont au nombre de 44, dont 22 terrestres et 22 fluviatiles.

Ledoulxia pyramidæa, Alfieriana; Succinea Meneliki (spec. nov.), Chefneuxi (spec. nov.), Soleilleti (spec. nov.); Helix d'Hericourtiana (spec. nov.); Bulimus Ilqi (spec. nov.), Chefneuxi (spec. nov.), Lycanianus, Soleilleti (spec. nov.), Maharasicus; Limicolaria d'Hericourtiana (spec. nov.), Heuglini, choana (spec. nov.), pyramidalis (spec. nov.), Chefneuxi (spec. nov.), glandinopsis (spec. nov.), Caillaudi, flammata, Soleilleti (spec. nov.); Rumina insularis; Cœcilianella Soleilleti (spec. nov.); Limnæa Gravieri (spec. nov.), Soleilleti (spec. nov.); Physopsis Soleilleti (spec. nov.), Meneliki (spec. nov.), abyssinica; Cleopatra Pauli (spec. nov.), Soleilleti (spec. nov.), percarinata (spec. nov.); Bythinia subbadiella (spec. nov.); Digyreidum sennaaricum; Melania tuberculata; Soleilletia (nov. gen.) Abbadiana (spec. nov.), Hamyana (spec. nov.); Corbicula Soleilleti (spec. nov.), callipyga (spec. nov.), Gravieriana (spec. nov.); Unio Dembea, Soleilleti (spec. nov.), Ilqi (spec. nov.),

Mencliki (spec. nov.), Hamyanus (spec. nov.), Alfierianus (spec. nov.).

D'après l'ensemble des caractères de ces Mollusques, on reconnaît que presque tous possèdent les signes distinctifs des formes abyssiniennes.

XCVI. — **Melanopsis de España y las Baleares**, in : Cronica cientifica, Revista international de ciencias. Barcelona, impr. José Miret. Gr. in-8, n°s 201 à 205, 1886.

Les Mélanidées espagnoles et baléariennes sont les vingt-cinq Espèces suivantes : Melanopsis præmorsa, myosotidæa (spec. nov.), maroccana, obesa, Bofilliana (spec. nov.), etrusca, pleurotomoidæa (spec. nov.), Lorcana, Penchinati, Bleicheri, Guiraoi (spec. nov.), Cossoni (spec. nov.), Dufouri, subgraellsiana (spec. nov.), acutespira (spec. nov.), Graellsi, vespertina (spec. nov.), cariosa, Sevillensis, costellata, pleuroplagia (spec. nov.), macrostoma (spec. nov.), Rossmassleri (spec. nov.), ovula (spec. nov.), et turrita.

XCVII. — **Des Tiphobies du lac Tanganika**, in : Bulletins de la Société malacologique de France, III, 1886. Paris, impr. Tremblay. Br. in-8, av. 1 pl. n. lith.

Ces singuliers Mollusques ont un aspect tout à fait thalassoïde. Par leur carène armée d'épines tubuliformes et par le prolongement du rostre aperturocolumellaire, ils rappellent le *Murex brandaris* de la Méditerranée ou certaines formes des genres Pyrula ou Ficula. Ces Espèces sont les Tiphobia Horei, longirostris (spec. nov.), Jouberti (spec. nov.) et Bourguignati (spec. nov.).

XCVIII. — **Prodrome de la malacologie terrestre et fluviatile de la Tunisie.** Paris, Impr. nationale, 1887. 1 vol. in-8.

Cet ouvrage, bien qu'il porte sur le titre, conjointement avec celui de l'auteur, le nom du conseiller Letourneux, n'est pas l'œuvre de ce dernier. Le nom du conseiller a été placé en tête de ce Prodrome, parce que c'est à M. Letourneux que l'on doit la récolte de la plupart des Espèces mentionnées et décrites dans ce travail.

Les Espèces de la Tunisie sont au nombre de 473, sur lesquelles 256 sont présentées comme nouvelles.

MILAX gagates; HYALINIA Pomeliana, psatura, cheliella, subplicatula, Cossoni (spec. nov.), perspectiva, eustilba, subvitreola, diauga; LEUCOCHROA Otthiana, candidissima, bœtica; HELIX aperta, Kalaritana, aspersa, pachya, melanostoma, melanonixia, Uticensis, nucula, vermiculata, æcouria (spec. nov.), Constantinæ, Fleurati, Bonduelliana, Toukriana, punica, nitefacta, Rusicadensis, Cheffiana (spec. nov.), acorta (spec. nov.), roseotincta, lanuginosa, mendicaria, sordulenta, glischra (spec. nov.), chnoodia, persordida (spec. nov.), rypa (spec. nov.), Zaritosi (spec. nov.), lasia, rupestris, lenticula, pulchella, Tauchoniana (spec. nov.), cespitum, arenarum, cœlestis (spec. nov.), meteora (spec. nov.), Barattei (spec. nov.), Slouguina (spec. nov.), artara (spec. nov.), burella (spec. nov.), Khanguetina (spec. nov.), Boudriesina (spec. nov.), Zitanica (spec. nov.), lotophagorum (spec. nov.), Meninxiea (spec. nov.), Mesembrica (spec. nov.), ammaderana (spec. nov.), haïdrana (spec. nov.), birta (spec. nov.), Fratisiana (spec. nov.), Tafermica (spec. nov.), mezanarica (spec. nov.), Bardoensis, axiotheata (spec. nov.), eucalia (spec. nov.), Geryvillensis, saharica, ischurostoma, brædybœna (spec. nov.), terricola (spec. nov.), galeomma (spec. nov.), œglia (spec. nov.), argoderma (spec. nov.), briaræa (spec. nov.), aggarica (spec. nov.), eucoræa (spec. nov.), amicula (spec. nov.), amphibola (spec. nov.), ambloxa (spec. nov.), anasia (spec. nov.), goniogyra (spec. nov.), concholeuca (spec. nov.), vivida (spec. nov.), dexia (spec. nov.), Neftana (spec. nov.), candiota, psammathæa (spec. nov.), Durieui, psammoica, psammæcella (spec. nov.), conspurcata, Malaspinæ, Honorati, Duveyrieriana, agrioica, crisia (spec. nov.), subapicina, istera (spec. nov.), Requieni, apicina, Mahdiana (spec. nov.), Marsiana, incolumis (spec. nov.), Lecouffei (spec. nov.), specialis, Warnieriana, irrita (spec. nov.), Rozetopsis (spec. nov.), hola (spec. nov.), micromphalus, misara, diloricata (spec. nov.), vafella (spec. nov.), halia (spec. nov.), salivosa (spec. nov.), Lallemantiana, Cretica, astata, Menzelensis (spec. nov.), talepora, Membronica (spec. nov.), artonilla (spec. nov.), astonara (spec. nov), noctuella (spec. nov.), pleurabdota (spec. nov.), cacista (spec. nov.), Vaganensis (spec. nov.), syntela (spec. nov.), perlutosa (spec. nov.), parthenia (spec. nov.), submeridionalis, isæa (spec. nov.), irana (spec. nov.), mauritanica, taria (spec. nov.), variabilis, privata (spec. nov.), salentina, Zerguana (spec. nov.), messapia (spec. nov.), herbatica, Kerizensis (spec. nov.), Mendranoi, Canovasiana, Solanoi, alluvionum, tremata (spec. nov.), Tritonidis (spec. nov.), fera (spec. nov.), Casertana (spec. nov.), Mendozæ, Ogiaca, Tacapica (spec. nov.), Tabarkana (spec. nov.), una (spec. nov.), Tebourbana (spec. nov.), therella (spec. nov.), Grannonensis, thera (spec. nov.), fœdata, agna, Ferianica (spec. nov.), Sitifiensis, oreta (spec. nov.). anephela (spec. nov.), pediana (spec. nov.), pedianopsis (spec. nov.), carta (spec. nov.), caudefacta (spec. nov.), leucophora (spec. nov.), ingenua (spec. nov.), acela (spec. nov.), monerea (spec. nov.), chioidea (spec. nov.), plæbcia (spec. nov.), Spilmenti (spec. nov.), catarota (spec. nov.), catarotella (spec. nov.), cana (spec. nov.), leucestha (spec. nov.), Latastei (spec. nov.), latasteopsis (spec. nov.), madarina (spec. nov.), nya (spec. nov.), œstuosa (spec. nov.), acompsia, etæma (spec. nov.), amoma (spec. nov.), panurga (spec. nov.), euphorca, euphorcella (spec. nov.), esnorca (spec. nov.), meticulosa (spec. nov.), euphorcopsis, hadrumetorum (spec. nov.), urbanara (spec. nov.), eucana (spec. nov.), microspila (spec. nov.), maxulana (spec. nov.), Mayeti (spec. nov.), Valeryana (spec. nov.), eumona (spec. nov.), pachestha (spec. nov.), Charmesiana (spec. nov.), Billotiana (spec. nov.), entara (spec. nov.), eucestella (spec. nov.), occonella (spec. nov.), stereolena (spec. nov.), adisana (spec. nov.), blossura (spec. nov.), elithia (spec. nov.), arbana (spec. nov.), ionstoma (spec. nov.), ianthinostoma (spec. nov.), amethysta (spec. nov.), pisana, Byrsæ (spec. nov.), Chambardi (spec. nov.), Donatii (spec. nov.), pisanella (spec. nov.), Levesquei (spec. nov.), Salemensis (spec. nov.), Gergisensis (spec. nov.), subpisana (spec. nov.), Dermoi (spec. nov.), Radesiana (spec. nov.), Carpiensis (spec. nov.), hamadanica (spec. nov.), djerbanica (spec. nov.), Zitanensis (spec. nov.), Doumeti, enica (spec. nov.), idia (spec. nov.), Sageti (spec. nov.), chola (spec. nov.), tinciformis (spec. nov.), Tristami, Tissotiana (spec. nov.), Zengitana (spec. nov.), Arianensis (spec. nov.), callistoderma (spec. nov.), Enfidana (spec. nov.), Morini (spec. nov.), chthamatolena, amanda, tunetana, hyperplatæa, conicula (spec. nov.), newskopsis (spec. nov.), eupyramis (spec. nov.), Tisemsinica (spec. nov.), Zitoumica (spec. nov.), Madana (spec. nov.), Capuana (spec. nov.), tarentina, galactina (spec. nov.), Dyrrachiensis (spec. nov.), Veneriana (spec. nov.), numidica, anombra (spec. nov. pyramidata, spaella (spec. nov.), spaellina spec. nov.), Mactanica (spec. nov.), Kolibiana (spec. nov.), scitula, terrestris, trochlea, trochoides, conoidæa, Bellucciana (spec. nov.), barbara, acuta; BULIMUS pupa, Poupillierianus, Micelli, Letourneuxi, punicus (spec. nov.), Milevianus, Berthieri (spec. nov.), Jeannoti, cirtanus, charieius; PUPA punica (spec. nov.), Barattei (spec. nov.), granum ; PUPILLA bigranata; VERTIGO discheilia, Latasteana (spec. nov.); ISTHMIA muscorum, Doumeti (spec. nov.); CLAUSILIA Bonneti (spec. nov.), Tristami, philora (spec. nov.), Perinnei, Zaghouanica (spec. nov.), Cossoni (spec. nov.), punica, virgata, bidens; FERRUSSACIA folliculus, regularis, Vescoi, Forbesi, proechia, abromia, splendens (spec. nov.), obesa (spec. nov.), lamellata (spec. nov), procerula, littoralis (spec. nov.), eulissa, nympharum (spec. nov.), Hagenmulleri (spec. nov,), eremiophila, montana (spec. nov.), carnea, stenostoma (spec. nov.), gibbosa (spec. nov.), punica (spec. nov.), polyodon (spec. nov.), Maresi (spec. nov.), Doumeti (spec. nov.), dactylophila, charopia, Barattei (spec. nov.), Lallemanti (spec. nov.), abia, Berthieri (spec. nov.), celosia, ennychia, Cossoni (spec. nov.); HOHENWARTHIA tunetana (spec. nov.), Pechaudi (spec. nov.), Hagenmulleri (spec. nov.); RUMINA decollata; CŒCILIANELLA raphidia, nanodea, Letourneuxi; GLANDINA dilatata, algira ; Carychium minimum ; Laimodonta Firmini ; Alexia enhalia (spec. nov.), Micheli, myosotis, algerica, balearica, Cossoni (spec. nov.), dubia, terrestris (spec. nov.), globulus (spec. nov.), Bivonæ, Letourneuxi (spec. nov.), Pechaudi (spec. nov.); Ancylus strigatus, Peraudieri; Limnæa Vatonni, truncatula; Physa Brondeli, truncata, Brocchii, Raymondiana, contorta ; Planorbis marmoratus, submarginatus, subangulatus, agraulus, numidicus ; Cyclostoma sulcatum ; Pomatias Belloiri (spec. nov.), Latasteanus (spec. nov.), Letourneuxi, tunetanus (spec. nov.), Henoni (spec. nov.), euristoma (spec. nov.), cyclonixius (spec. nov.), Rogeri (spec. nov.), euneus (spec. nov.), monticola (spec. nov.), Doumeti (spec. nov.), punicus (spec. nov.); Acme Letourneuxi, Benoiti ; Assiminia littorina; Bythinia Hagenmulleri (spec. nov.), punica (spec. nov.); Amnicola singularis (spec. nov.), Oudrefica (spec. nov.), paradoxa (spec. nov.), Latasteana (spec. nov.), subscalaris (spec. nov.), bythinopsis (spec. nov.), cyrniaca, saharica, luteola, Maceana, similis, pycnocheilia, Pomariensis, Dupotetiana, sterea (spec. nov.), globulina (spec. nov.), Doumeti (spec. nov.), pycnolena, Letourneuxiana, Barattei (spec. nov.), perforata, ragia (spec. nov.); Bythinella limnopsis (spec. nov.), mauritanica (spec. nov.), microcochlia (spec. nov.), punica (spec. nov.), nana; Paludestrina Peraudieri, arenaria, Lhospitali, eucyphogyra, acerosa, meca (spec. nov.), Cossoni (spec. nov.), mecyna (spec. nov.), oxitata (spec. nov.), procerula, acuta, Duveyrieri, Coutagnei, gracillima, vitracea (spec. nov.), pachygaster, viridescens, arenarum, minoriciensis, leucumicra ; Peringia punica (spec. nov.), paradoxa (spec. nov.), tumida, solitaria (spec. nov.), admirabilis (spec. nov.); Melania tuberculata ;

Melanopsis olivula (spec. nov.), Doumeti (spec. nov.), saharica, præmorsa, lævigata, episema, Latastei (spec. nov.), Mzabica, minutula, coupha, maroccana, Seignettei, belonidea, Cossoni, Dufouri, tunetana, vespertina, Duveyrieri (spec. nov.), Sevillensis, pleuroplagia, Maresi ; Theodoxia numidica, fluviatilis, bœtica ; Smaragdia viridis ; Pisidium pusillum ; Unio Delevieleusæ (spec. nov.), Doumeti (spec. nov.), Zenaticus (spec. nov.), Durieui et Rouirei (spec. nov.).

C'est dans cet ouvrage que les sous-genres *Hypnophila*, *Calaxis* et *Hohenwarthia* ont été considérés comme genres *nouveaux* de la famille des Ferussacidæ.

XCIX. — **Étude sur les noms génériques des petites Paludinidées à opercule spirescent, suivie de la description du nouveau genre Horatia.** Paris, impr. Tremblay, 1887. 1 vol. in-8, av. 1 pl. n. lith.

Cet ouvrage renferme un historique critique complet de tous les genres de petites Paludinidées européennes publiées de 1821 à 1887.

D'après cet historique critique ; quatre genres (*Hydrobia*, de Hartmann, 1821 ; *Leachia*, de Risso, 1826 ; *Paludinella*, de Rossmæssler, 1850 ; *Vitrella*, de Clessin, 1877) doivent être supprimés pour cause de double emploi ;

Huit autres doivent passer en synonymie pour cause de défaut d'antériorité (*Paludinella*, de Pfeiffer, 1841 ; *Littorinella*, de Braun, 1842 ; *Littoridina*, d'Eydoux et Souleyet, 1852 ; *Microna*, de Ziégler, 1852 ; *Thermydrobia*, 1778 ; *Pseudamnicola*, 1878 ; *Frauenfeldia*, de Clessin, 1878 ; *Avenionia*, de Nicolas, 1882.

Enfin, les genres qui doivent être adoptés sont les dix suivants :

1° PALUDESTRINA, d'*Alcide d'Orbigny*, 1839, pour les petites Paludinidées marines, saumâtres ou fluviales, à *spire allongée et aiguë*, classées par les auteurs sous les noms d'Hydrobia, Littorinella, Littoridina et Thermhydrobia [pars];

2° AMNICOLA, d'*Haldemann*, 1840 (Pseudamnicola de quelques auteurs), pour les petites formes d'eau douce, *globuleuses, à spire courte et obtuse;*

3° BYTHINELLA de *Moquin-Tandon*, 1851 (Microna, Frauenfeldia), pour toutes les petites Espèces fluviatiles, ovalaires ou oblongues, à sommet plus ou moins obtus ;

4° BELGRANDIA, *Bourguignat*, 1869 (Thermhydrobia [altera pars]), pour de très petites coquilles *pourvues de gibbosités ;*

5° PERINGIA, de *Paladilhe*, 1874, pour des séries d'Espèces *paludestrinoïdes à coquille conoïde, subanguleuse, à test relativement assez épais*, caractérisées, en outre, par des *tours plans*, à *suture linéaire*, et une ouverture *légèrement auriculée à la base columellaire ;*

6° MARESIA, *Bourguignat*, 1877, pour des Paludinidées *excessivement fluettes*, dont l'*axe est courbe, par suite de la projection en avant* de la base du dernier tour ;

7° TRACHYSMA, de Sars, 1878, pour des Espèces *amnicoliformes d'une extrême ténuité*, répandues dans les eaux saumâtres des estuaires du nord de l'Allemagne ;

8° BYTHIOSPEUM, *Bourguignat*, 1882 (Vitrella de

Clessin), pour la série des Espèces *aveugles à test conique et vitracé;*

9° Paulia, *Bourguignat,* mai 1882 (Avenonia [pars], Nicolas, juillet 1882), pour de petites coquilles *Bythinelloïdes,* à *opercule lisse, non spirescent;*

Enfin, 10° Horatia, *Bourguignat,* 1887, pour des Paludinidées presque microscopiques, *amnicoliformes,* à test *lythoghyphoïde,* dont l'opercule est caractérisé *par trois ou quatre spirales à croissance régulière.*

Les Espèces de ce nouveau genre paraissent spéciales à la Dalmatie, à l'Albanie septentrionale et à une partie de la Bosnie. Elles sont au nombre de dix : Horatia (nov. gen.) Klecakiana (spec. nov.), obtusa (spec. nov.), fontinalis (spec. nov.), albanica (spec. nov.), Servaini (spec. nov.), palustris (spec. nov.), Verlikana (spec. nov.), obliqua (spec. nov.), præclara (spec. nov.) et Letourneuxi (spec. nov.).

Ce travail sur les petites Paludinidées a paru en espagnol dans les fascicules 233, 234 et 235 (1887) de la *Chronique scientifique* de Barcelone, sous le titre de : Estudio sobre los nombres genéricos de los pequeños Paludinidos de opérculo espirescente, seguido de la descripción del nuevo genere Horatia, por M. J.-R. Bourguignat, etc...

C. — **Mollusques nouveaux de la région du Nyanza-Oukéréwé (Victoria Nyanza)**, in : Bulletins Société malacologique de France, IV, 1887. Paris, impr. Dumoulin. In-8.

Description de quatre Espèces inédites les : Limnæa Debaizei; Rochebrunia Delmaresi; Letourneuxi, et Unio Lourdeli.

CI. — Histoire des Hélices campyléennes du groupe des Dinariques (olim Helix Pouzolzi), in : Bulletins Société malacologique de France, V, 1888. Paris, impr. Dumoulin. Br. in-8, avec 3 pl. n. lith.

Les Campylées *dinariques* sont des formes spéciales à la Dalmatie, à la Bosnie, au Monténégro et même à l'Albanie et aux îles Ioniennes. Autrefois ces Espèces, confondues les unes dans les autres, n'étaient connues que sous quelques noms erronés ; actuellement elles composent un groupe de dix-huit Hélices distinctes, réparti en trois séries : Helix dinarica (spec. nov.), Kuzmici (spec. nov.), Pancici, Pellanica (spec. nov.), montenegrina (spec. nov.), serbica, adriatica (spec. nov.), Bosnica, Varronis, Tchernagorica (spec. nov.), Diocletiana (spec. nov.), Soccaliana (spec. nov.), Sabljari (spec. nov.), Horatii (spec. nov.), Biagioi (spec. nov.), Brenoica (spec. nov.), Daniloi (spec. nov.) et Cantrainei (spec. nov.).

CII. — Iconographie malacologique des animaux mollusques fluviatiles du lac Tanganika. Corbeil, impr. Crété, 1888. 1 vol. in-8, avec 35 pl. n. lith.

Cet ouvrage iconographique, destiné à répondre aux désirs souvent exprimés par les missionnaires et les voyageurs africains, qui, pour la plupart étrangers aux études zoologiques, éprouvaient le besoin de posséder, en un livre de peu d'épaisseur, un ensemble malacologique qui, en frappant les yeux, pût les aider dans les recherches et la connaissance des Espèces, renferme sur 35 planches la représentation de 212 Mollusques en 481 figures.

Une courte notice descriptive est consacrée à chacun des genres, notamment aux genres nouveaux.

CIII. — Mélanidées du lac Nyassa suivies d'un aperçu comparatif sur la faune malacologique de ce lac avec celle du grand lac Tanganika. Paris, impr. Dumoulin, 1889. In-8, avec 2 pl.

La première partie de cet ouvrage, dans lequel se trouvent réunies les connaissances que l'on possède sur la faune malacologique de ce lac, est consacrée aux Mélanidées ; la seconde à l'ensemble des Espèces connues.

Les Mélanidées sont les : MELANIA tuberculata ; NYASSIA (nov. gen.) nodocincta, Simonsi, polymorpha, hermosa (spec. nov.), rivularis (spec. nov.), lacunosa (spec. nov.), nodulosa (spec. nov.), acutalis (spec. nov.), lacustris (spec. nov.), thaumasta (spec. nov.), pupæformis, callista (spec. nov.), Nyassana, Edgari (spec. nov.), paradoxa (spec. nov.), elegans (spec. nov.), Giraudi (spec. nov.), idia (spec. nov.), magnifica (spec. nov.) ; NYASELLA (nov. gen.) Smithi (spec. nov.), pulchra (spec. nov.), arenaria (spec. nov.), formosa (spec. nov.), episema (spec. nov.), acuminata (spec. nov.), Tayloriana (spec. nov.) ; MICRONYASSIA (nov. gen.) turritospira, Smithi (spec. nov.), egregia, eximia (spec. nov.), Giraudi (spec. nov.), singularis (spec. nov.) ; NYASSOMELANIA (nov. gen.) leia (spec. nov.), truncatelliformis (spec. nov.) et lævigata (spec. nov.).

Les Espèces connues du Nyassa atteignent le chiffre de 64, en y comprenant les 36 Mélanidées qui viennent d'être énumérées. Ces Espèces sont : LIMNÆA natalensis; Physa nyassana, succinoides; Physopsis africana ; Vivipara polita, Jeffreysi, capillata, Robertsoni, Simonsi (spec. nov.), Smithi (spec. nov.); Amnicola Stanleyi (spec. nov.), nyassana (spec. nov.); Ampullaria gradata ; Meladomus affinis, ovum, purpureus, solidus, nyassanus ; Corbicula nyassana (spec. nov.), astartina, astartinella (spec. nov.), Giraudi (spec. nov.) ; Unio nyassanus (spec. nov.), Kirki, aferulus, hermosus (spec. nov.); Spathella nyassana (spec. nov.); Burtonia alata.

CIV. — Descriptions de Margaritana et d'Unio de France, in : Revision des Espèces françaises appartenant aux genres Margaritana et Unio, par M. Arnould Locard. Lyon, impr. Pitrat, 1889. 1 vol. in-8.

Les Espèces *nouvelles,* au nombre de trente et une, sont les : Margaritana pyrenaica ; Unio Pacomei, catalaunicus, Andeliacus, Valliericus, diptychus, Ingrandiensis, Surraulti, Besnardianus, Caumonti, Seneauxi, Lemotheuxi, adonus, Hattemani, ignari, ignariformis, Albanorum, Frayssianus, Meyranicus, Ararisianus, Salmarensis, Mariæ, Caroliensis, Passavanti, mucidellus, talus, campylus, arcuatulus, Lugdunicus, Oberthurianus et Triffoiricus.

CV. — Mollusques de l'Afrique équatoriale de Moguedouchou à Bagamoyo et de Bagamoyo au Tanganika. Paris, impr. Dumoulin, 1889. 1 vol. in-8, avec 8 pl. n. lith.

Cet ouvrage, qui peut être considéré comme le travail le plus complet qui ait été jusqu'à présent publié sur la faune malacologique de l'Afrique équatoriale, est divisé en vingt-sept chapitres, ou plutôt en vingt-sept parties, qui méritent toutes, à cause des genres nouveaux, des Espèces nouvelles ou des nombreuses rectifications qu'elles contiennent, une analyse particulière.

I. Helixarionidæ. — Les Hélixarionidées de ces contrées africaines sont les : Thapsia Leroyi; Moaria Chaperiana (spec. nov.); Trochonanina Nyassana, Smithi (spec. nov.), Mozambicensis, Ibuensis, Leroyi (spec. nov.), Jenynsi, percarinata, Anceyi (spec. nov.), Bloyeti (spec. nov.); Zingis radiolata; Hamya Revoili; Ledoulxia albopicta, pyramidæa, formosa, megastoma, insignis, unizonata; Bloyetia (nov. gen.) Revoili, magnifica, cœrulans, compressa, Georgi, Rochebruniana, Mabilliana et Leroyi (spec. nov.).

II. Artemonidæ. — Les Artémonidées comprennent les Espèces *non turbiniformes, à axe non dévié*, jadis regardées à tort comme des Streptaxidæ, et appartiennent à dix coupes génériques, sur lesquelles trois seulement (Gibbonsia, Tayloria et Colpanostoma) sont africaines, et sept (en y comprenant le nouveau genre Ernstia, dernièrement publié par le Dr Jousseaume) sont américaines.

Gibbonsia (nov. gen.) gigas; Tayloria (nov. gen.) ventrosa, Jouberti (spec. nov.); Happia (nov. gen.) vitrina, Cuzcana, flora, Moyobambensis, omalomorpha, orbicula, trochilioides; Scolodonta Semperi, ammonoceras, Argentina, Thomasi, spirorbis, chalicophila, skiophila, mutata, Bounobæna, hylephila, achtephila; Drepanostomella (nov. gen.) ammonitiformis; Colpanostoma (nov. gen.) Leroyi (spec. nov.); Artemon candidus, intermedius, uberiformis, Wagneri, costulosus; Discartemon discus, crythodon,

Crassei ; ALCIDIA (nov. gen.) cypsele, aperta, alveus, Paivana.

III. BULIMES DU GROUPE DE L'ABYSSINICUS. — Les Bulimes abyssiniques, au nombre de onze, de trois séries distinctes, sont les BULIMUS abyssinicus, Galinierianus, Lejeanianus, Ilqi, Chefneuxi, Hemprichi, Lourdeli (spec. nov.), Kirki, Boivini, Bridouxi (spec. nov.) et Gibbonsi.

IV. RACHIS. — Les Rachis sont des Espèces spéciales à l'Afrique, de forme conoïde à spire acuminée, dont le dernier tour subanguleux n'égale pas la moitié de la hauteur. RACHIS pallens, Cameroni, Rochebrunianus, Vescoi, Spekei, subconicus, Braunsi, Hildebrandti, rhodotænia, picturatus, stictus, catenatus, Bloyeti (spec. nov.), Jouberti (spec. nov.), pachystoma (spec. nov.) et elongatulus (spec. nov.).

V. PACHNODUS. — Les Pachnodus sont des Espèces également africaines, ressemblant à des Rachis, tout en s'en distinguant par une spire courte, conique, un dernier tour ventru, plus grand, égalant ou dépassant la longueur de la spire. PACHNODUS spadiceus, Natalensis, Leroyi (spec. nov.) et Sesamorum (spec. nov.).

VI. RACHISELLUS (nov. gen.). — Les Rachiselles, au lieu d'être inférieurement ventrues avec une spire allongée-conoïde plus longue que le dernier tour (Rachis), ou, au lieu d'offrir une spire conoïde plus courte (Pachnodus), sont caractérisées par un test oblong-allongé, pourvu d'un dernier tour, ni gros ni ventru, mais atténué à la base, ce qui lui donne un aspect fusiforme. RACHISELLUS punctatus, Burtoi (spec. nov.), variolosus, Ferrussaci et Ledoulxi (spec. nov.).

VI. ACHATINA. — Ce genre essentiellement africain, sans compter les nombreux démembrements (Pseudachatina, Perideris, etc.) qu'il a déjà subis, doit encore subir ceux des TRIPACHATINA (nov. gen.), type *Achatina Vignoniana;* PARACHATINA (nov. gen.), types *Achatina Thomsoni, Dorniana* et *Welwitschi;* SERPÆA (nov. gen.), type *Achatina Hortensiæ.* Ainsi démembré, ce genre ne renferme plus que des formes possédant les caractères de l'Espèce type, la *variegata,* pour laquelle Lamarck a établi cette coupe générique.

Les véritables Achatines sont :

A. *Série de la variegata.* — ACHATINA variegata, Marioni, immaculata, Layardi, monetaria, Schweinfurthi, panthera, zanzibarica, Lhotellerii, Hamillei, Craveni, fulica, zebra, varicosa, Rodatzi, purpurea, porphyrostoma, iostoma, glutinosa, Bandeirana, Paivæana, perfecta, suturalis, Petersi, balteata, fulva, sinistrorsa, etc.

B. *Série de la Letourneuxi.* — ACHATINA Letourneuxi, Milne-Edwardsi, reticulata, Planti, Bloyeti (spec. nov.);

C. *Série de l'arctespirata.* — ACHATINA arctespirata (spec. nov.), specularis;

D. *Série de la Randabeli.* — ACHATINA Randabeli (spec. nov.), semisculpta, ustulata;

E. *Série de la Pfeifferi* (an potius novum genus « PINTOA »? les achatines de cette série ressemblent à des Limicolaires). — ACHATINA Pfeifferi, semidecussata, Capelloi, zebriola, polychroa, colubrina.

VIII. SERPÆA (nov. gen.). — Les Serpæa, caractérisées par une forme écourtée, ovoïde-ventrue ou presque sphérique, à test mince et transparent, sont les Serpæa Hortensiæ, Dammarensis, Knori, varicosa, obesa et Pintoi (spec. nov.)

IX. Burtoa (nov. gen.). — Cette nouvelle coupe générique, composée d'Espèces classées jusqu'à présent parmi les Bulimes et les Limicolaires, comprend des formes *Limicolairoïdes* ventrues, ovoïdes à spire courte, ordinairement obtuse, pourvues d'un test assez mince, décussé, sur la partie supérieure des derniers tours, par des sillons transversaux et spiraux, et recouvert par un tissu épidermique fugace, d'un ton marron accentué; enfin, offrant un axe columellaire fortement dilaté sous la forme d'une réflexion triangulaire très allongée, recouvrant plus ou moins la perforation et descendant tantôt rectilignement jusqu'à la base de l'axe, tantôt s'arrêtant un peu au-dessus en donnant lieu alors à un retrait achatiniforme.

Les huit Burtoies connues, de deux séries distinctes, sont les Burtoa nilotica, Bourguignati, Reymondi, Bridouxiana (spec. nov.), sebasmia (spec. nov.), Kraussi, Pethericki (spec. nov.) et Lavigeriana (spec. nov.).

X. Burtopsis (nov. gen.). — Les Burtopsides, bien que proches voisines des Burtoies, sont des Espèces ayant l'apparence de Bulimes, grâce à leur test épais, opaque, et surtout à leur bord péristomal obtus, épaissi et patulescent, mais, par contre, en différant par leur axe columellaire présentant en avant, à leur partie supérieure, *une large concavité subcanaliforme*, et offrant, *vers leur base interne, un léger soupçon de retrait subachatiniforme*. Deux Espèces connues, les Burtopsis Giraudi, et Jouberti (spec. nov.).

XI. Limicolaria. — Les Espèces de ce genre,

constatées dans les contrées centrales de l'Afrique, sont les Limicolaria Charbonnieri (spec. nov.), Spekiana, megalæa (spec. nov.), Coulboisi (spec. nov.), Dromauxi (spec. nov.), sepulcralis (spec. nov.), rectistrigata, Burtoniana, Bridouxi, Martensiana, Giraudi et lamellosa (spec. nov.).

XII. Stenogyra. — Description de deux Sténogyres ousaghariennes, les Stenogyra Leroyi (spec. nov.) et Grandidieriana (spec. nov.).

XIII. Subulina. — Les Subulines des contrées équatoriales sont les Subulina Mabilliana, lenta, intermedia, cylindracea (spec. nov.) et Jouberti (spec. nov.).

XIV. Clausilia. — Note au sujet de la Clausilia Giraudi du centre de l'Afrique.

XV. Anceya. — Description des deux superbes Espèces, les Anceya Giraudi et admirabilis (spec. nov.).

XVI. Enneidæ. — Les Espèces de cette famille, dont il faut distraire les genres *Edentulina, Elma, Passamaella* et *Adjua*, appartiennent aux trois genres : Ennea, Ptycotrema et Enneastrum.

Les Ennea, dont on ne connaît que trois formes, les *bicolor, Pirriei* et *ceylanica*, sont étrangers à l'Afrique.

Les Ptycotrema, qui jusqu'à présent n'ont été trouvés que sur les côtes du Gabon et de Guinée, sont les Ptycotrema Guinaicus, cyanostoma, ringens, mucronatum, Elimense, Assinicum et Treichi.

Les Enneastrum, dans lesquels il faut confondre les *Uniplicaria, Gulella* et *Huttonella* de Pfeiffer, sont répandus, en grand nombre, dans toutes les régions du Centre africain et du Centre natalique.

XVII. Streptaxidæ. — Les nombreuses formes de cette famille appartiennent aux quatre genres :

Streptaxis, Gonaxis; Marconia (nov. gen.) et *Edentulina*.

Les vrais *Streptaxis* sont spéciaux à l'Amérique du Sud. Ce n'est qu'avec doute que l'on peut rapporter à ce genre les Streptaxis nobilis, Blandingiana, rimata et Monrovia des côtes de Guinée.

C'est dans le genre *Gonaxis*, établi par Taylor (1877), que l'on doit ranger toutes les formes streptaxoïdes de l'Afrique et notamment les deux de l'Ousaghara, les Gonaxis Craveni et Bloyeti (spec. nov.).

Le nouveau genre *Marconia* comprend les Espèces *de forme orculoïde*, à ouverture *bulimoïde* ou plutôt *édentuloïde* sans denticulations, et caractérisées par un dernier tour offrant, au-dessus de l'ouverture, un *aplatissement* similaire à celui des *Hypocystis*, s'obliquant de droite à gauche et précédé d'une *gibbosité*, ou gonflement anfractural, souvent très accentué. Marconia lata, vitrea, enneoides, gibbosa (spec. nov.) et recta (spec. nov.).

Les *Edentulina* sont des Espèces *ovoïdes* plus ou moins oblongues, ayant un aspect *pupoïde*, tout en possédant une apparence *bulimoïde*. Edentulina ovoidea, insignis, tumida, intermedia, obesa, bulimiformis, minor, anodon, Liberiana, arenicola et Grandidieri (spec. nov.).

XVIII. Cyclostomidæ. — Les Cyclostomidés des régions équatoriales sont : Georgia naticopsis, Guillaini, Perrieri, Poirieri et Revoili; Rochebrunia Guillainopsis, Delmaresi, insularis, Zanguebarica et obtusa; Maizania (nov. gen.) olivacea (spec. nov.), Cyclostoma Cambieri (spec. nov.) anceps, lineatum, Letourneuxi et Leroyi (spec. nov.)

XIX. Limnæidæ. — Les Espèces de cette famille

appartiennent aux genres *Limnæa* et *Physopsis*. Les Limnées, constatées dans les régions équatoriales, sont : Limnæa africana, Desbaizei (spec. nov.), truncatula, Cameroni (spec. nov.), Kynganica (spec. nov.), et Zanzibarica (spec. nov.). Les Physopsis de ces mêmes régions sont : Physopsis Stanleyana, præclara, ovoidæa, Soleilleti, Leroyi et Bloyeti (spec. nov.).

XX. Paludinidæ. — Les Paludinidées sont : Vivipara capillata, Robertsoni et Jeffreysi ; Cleopatra Letourneuxi, Cameroni, Kynganica, africana, exarata, Zanguebarica, Pauli, Ajanensis et Guillemeti.

XXI. Ampullaridæ. — Sur les vingt-deux Espèces d'Ampullaria connues en Afrique, les six suivantes ont été constatées dans les régions équatoriales. Ampullaria Dumesniliana, gradata, Letourneuxi, Revoili, Ruchetiana et speciosa.

Les Meladomus, au nombre de trente, sont répartis en cinq groupes. Sur ces trente, seize ont été rencontrés dans ces mêmes régions : Meladomus purpureus, Bloyeti (spec. nov.), pyramidalis, nitidissimus (spec. nov.), procerus, elatior, ovum, Jouberti (spec. nov.), sinistrorsus, affinis, solidus. Deguerryanus (spec. nov.), ciliatus, Alexandri (spec. nov.), Boltenianus et Duveyrierianus ; enfin les Leroyes sont représentés par les Leroya Bourguignati et Charmetanti.

XXII. Melanidæ. — Melania tuberculata ; Tiara crenularis, var. B. Tiara Vouanica (spec. nov.) ; Plotia Leroyi (spec. nov.) et Bloyeti (spec. nov.).

XXIII. Valvatidæ. — Les Valvées africaines sont au nombre de dix-huit en y comprenant la nouvelle Espèce, la Valvata Revoili.

XXIV. Sphæridæ. — Les Sphéridés ne sont représentés que par trois Espèces de Corbicules, les Corbicula ægyptiaca (spec. nov.), Degousei (spec. nov.) et subtruncatula (spec. nov.).

XXV. Unionidæ. — Le genre Pharaonia (nov. gen.) existe dans l'Ousaghara. Les Mulettes sont les Unio ratidotus, Dumesnilianus, Billotianus, euphymus et Ledoulxianus.

XXVI. Iridinidæ. — Les Espèces de cette famille sont seulement représentées par les Spathella Petersi, Bourguignati, Bloyeti (spec. nov.) et spathuliformis (spec. nov.).

XXVII. Résumé méthodique des Espèces signalées de Moguedouchou à Bagamoyo et de Bagamoyo au Tanganika. 185 Espèces de 47 genres différents.

CVI. — **Historia de las Helices campileas del grupo de las Dinaricas**, in : Cronica cientifica, Revista internacional de ciencias, XIII, n° 297, marzo 1890. Barcelona, imprenta de Redondo y Xumetra. Gr. in-8.

Mémoire spécialement consacré à l'examen critique des différentes formes hélicéennes publiées par les auteurs sous le nom erroné de *Pouzolzi*, à la rectification de ces formes et à leur classification méthodique.

CVII. — **Chambardia, nouveau genre égyptien de la famille des Iridinées**, in : Bulletins Société malacologique de France, VII, 1890. Paris, impr. Dumoulin. Br. in-8, avec 1 pl. n. lith.

Les Chambardies, bivalves ressemblant extérieurement à de petites Margaritanes, sont des Iridinidées à valves épaisses, à charnière édentule, caractérisées par une valve droite sensiblement moins forte, moins volumineuse et notablement moins bombée que la valve gauche, notamment au niveau des sommets. Ces bivalves trouvées à l'état subfossile dans le lit d'une antique branche nilotique, immédiatement en dessous et presque en contact avec de nombreux sarcophages en pierre renfermant les momies des anciens habitants de Ramsès, sont, malgré tout, des formes contemporaines, bien qu'elles n'aient pas été retrouvées dans les cours d'eau actuels de la Basse-Égypte. Cinq Espèces : les CHAMBARDIA Letourneuxi (spec. nov.), rhynchoidea (spec. nov.), Locardiana (spec. nov.), pharaonum (spec. nov.) et Bourguignati (spec. nov.).

CVIII. — **Des formes européennes trochohyalinoïdes classées jusqu'à présent sous le nom générique de Conulus**, in : Bulletins Société malacologique de France, VII, 1890. Paris, impr. Dumoulin. Br. in-8, avec 1 pl. n. lith.

Il existe sur tous les continents des formes *trochohyalinoïdes* ressemblant à nos *Conulus* de France. Celles d'Asie et d'Afrique doivent être classées dans la famille des Helixarionidæ, dans les genres *Kaliella, Sitala Moaria*; celles de l'Amérique du Sud, dans la famille des Artemonidæ, sous le nom générique d'*Ernstia*; enfin, celles d'Europe, dans la famille des Zonitidæ, sous le nouveau nom d'ARNOULDIA, en l'honneur du malacologiste *Arnould* Locard, parce que l'ancien nom de *Conulus*, sous lequel elles étaient jadis classées, ne peut plus être employé par suite de double emploi. Huit Espèces décrites et figurées, les ARNOULDIA fulva (an melius *gallica* (spec. nov.), callopislica, vesperalis, impropera, Mandralisci, cavatica, Mortoni et Bourguignati.

CIX. — **Descriptions de Pseudanodontes françaises**, in : Revision des Espèces françaises appartenant aux genres Pseudanodonta et Anodonta, par M. Arnould Locard. Lyon, impr. Pitrat, 1890. 1 vol. in-8.

Treize Espèces nouvelles, les Pseudanodonta Nantelica (spec. nov.), Pechaudi (spec. nov.), Arnouldi (spec. nov.), imperialis (spec. nov.), Isariana (spec. nov.), Mongazonæ (spec. nov.), lacustris (spec. nov.), rivalis (spec. nov.), aploa (spec. nov.), Cazioti (spec. nov.), Pacomei (spec. nov.), Euthymei (spec. nov.), et Trivurtina (spec. nov.).

CX. — **Histoire malacologique du lac Tanganika** (Afrique équatoriale). Corbeil, impr. Crété, 2 vol. in-8, avec 37 pl. n. lith. Tome Ier (1890), 1 vol. in-8, avec 17 planch. Tome IIe (en cours de publication), 1 vol. in-8, avec 20 pl.

Le lac Tanganika, dont la superficie totale est évaluée à 39 000 kilomètres carrés, occupe à une altitude de 830 mètres, entre les 27° et 29° de longitude est et les 3° et 9° de latitude sud, une immense dépression s'étendant sur une longueur de plus de 600 kilomètres. Situé, à vol d'oiseau, à 1 000 kilomètres des côtes de l'Océan Indien, ce lac appartient au bassin du Congo, par le Loukouga, vaste cours d'eau intermittent, qui le met en communication avec le Loualaba, ou Congo supérieur.

Ce lac, aux merveilles malacologiques, possède la faune suivante : Limnæa Jouberti (spec. nov.), Laurenti (spec. nov.), Alexandrina, Lavigeriana (spec. nov.), africana, Debaizei; PHYSA Randabeli (spec. nov.), Coulboisi (spec. nov.); PLANORBIS sudanicus, Tanganikanus (spec. nov.), Adowensis, Monceti (spec. nov.), Lavigerianus (spec. nov.), Bridouxianus (spec. nov.); PLANORBULA Tanganikana; NEOTHAUMA Tanganikanum, Bridouxianum, Giraudi, Servainianum, bicarinatum, Pelseneeri (spec. nov.), Jouberti (spec. nov.), euryomphalus (spec. nov.), Vysseri (spec. nov.); VIVIPARA Brincatiana (spec. nov.), Bridouxiana (spec. nov.); CLEOPATRA Guillemeti, Jouberti (spec. nov.); BYTHINIA multisulcata (spec. nov.); BRIDOUXIA Giraudi, Villeserriana, costata, Reymondi; BAIZEA Giraudi; SPEKIA zonata, Duveyrieriana, Grandidieriana, Cameroni (spec. nov.), Giraudi, Hamyana, Reymondi; AMPULLARIA Bridouxi (spec. nov.), ovata; MELADOMUS Jouberti (spec. nov.), sinistrorsus; LEROYA Bourguignati; TANGANIKIA Fagotiana, opalina (spec. nov.), Giraudi; CAMBIERIA (nov. gen.) rufofilosa, Maunoiriana, ovoidea, Jouberti (spec. nov.); HAUTTECŒURIA Hamyana, Burtoni (spec. nov.), Moineti (spec. nov.), macrostoma (spec. nov.), Giraudi, Milne-Edwardsiana, Charmetanti (spec. nov.), soluta, Brincatiana (spec. nov.), singularis, Jouberti (spec. nov.), Duveyrieriana, Reymondi, Maunoiriana, Levesquiana (spec. nov.), Locardiana (spec. nov.), Lavigeriana (spec. nov.), Servainiana (spec. nov.), Cameroni (spec. nov.), pusilla (spec. nov.), eximia, Cambieri, Bridouxiana (spec. nov.), minuta; HYLACANTHA Horei, longirostris, Jouberti, Bourguignati; LIMNOTROCHUS Kirki, Thomsoni, Giraudi, cyclostoma; SYRNOLOPSIS lacustris, Hamyana, Grandidieriana, Anceyana, Giraudi, minuta; GIRAUDIA præclara, Grandidieriana, Lavigeriana; REYMONDIA Horei, Giraudi, Jouberti (spec. nov.), Monceti (spec.

nov.), Bridouxiana (spec. nov.), pyramidalis (spec. nov.); Horea (nov. gen.), tanganikana (spec. nov.); Melania tuberculata, admirabilis; Bourguignatia Bridouxi (spec. nov.), Jouberti (spec. nov.), imperialis; Randabelia catoxia (spec. nov.), Hamyana; Joubertia (nov. gen.) Baizeana, spinulosa, Stanleyana; Lavigeria (nov. gen.) diademata (spec. nov.), coronata (spec. nov.), grandis, callista (spec. nov.), Jouberti (spec. nov.), pereximia (spec. nov.), combsa (spec. nov.), Ruellaniana (spec. nov.); Edgaria (nov. gen.) paucicostata, callopleuros, Monceti (spec. nov.), littoralis (spec. nov.); Paramelania Damoni, crassigranulata, infralirata (spec. nov.), egregia, obtusa (spec. nov.), Duveyrieriana, Ledoulxiana, formosa (spec. nov.), Cameroniana, singularis (spec. nov.), Bourguignati, Reymondi, timida (spec. nov.), Milne-Edwardsiana, Lessepsiana, palustris (spec. nov.), Grandidieriana, nassatella (spec. nov.), lacunosa (spec. nov.), Randabeli (spec. nov.), nassa, Smithi (spec. nov.), venusta (spec. nov.), Mabilliana (spec. nov.), Livingstoniana, nassatiformis (spec. nov.), limnæa (spec. nov.), pulchella, elongata (spec. nov.), Giraudi, Locardiana, crassilabris, bythiniformis (spec. nov.), Servainiana, arenarum (spec. nov.); Stanleya neritoides; Coulboisia (nov. gen.) Giraudi, Smithiana; Rumella globosa (spec. nov.), callifera (spec. nov.), Milne-Edwardsiana, Giraudi, Jouberti (spec. nov.), Lavigeriana (spec. nov.).

Grandidieria elongata, Giraudi, mira, callista (spec. nov.), rhynchonella (spec. nov.), Servainiana, Horei, insignis, rotundata, Burtoni, Smithi, Anceyi, cyrenopsis, Hauttecœuri, singularis (spec. nov.), Thomsoni, Ujijensis, corbicula, incarnata, granulosa, Bourguignati (spec. nov.), tanganikana, Locardiana, gravidæ, rostrata; Corbicula tanganikana; Pisidium Giraudi, hermosum (spec. nov.); Unio calathus, Jouberti, Charbonnieri, Moineti, Coulboisi, Bridouxi, Lavigerianus, Guillemeti, Dromauxi, Vynckei, Josseti, Menardi, Vysseri, Randabeli; Mutela Bridouxi, Lavigeriana, soleniformis, Moineti, Jouberti, Moncetí, Vysseri; Burtonia Tanganikana, Livingstoniana, Moineti, elongata, subtriangularis, Lavigeriana, Bridouxi, Bourguignati, contorta, Jouberti, magnifica, Grandidieriana; Brazzæa ventrosa, Anceyi, Randabeli, Moineti, Jouberti, Coulboisi, elongata, Charbonnieri, Lavigeriana, Bridouxi, Newcombiana, eximia, Bourguignati; Moncetia Anceyi, Lavigeriana, Moineti, Rochebruniana, Jouberti, Bridouxi; Cameronia gigantea, admirabilis, Bridouxi, Guillemeti, pulchella, Landeaui, obtusa, complanata, Bourguignati, Coulboisi, Locardiana, Revoiliana, Vynchei, Josseti, Charbonnieri, Spekei, Giraudi, Dromauxi, Lavigeriana, Mabilliana, Jouberti, Marioniana, Moineti, Anceyi, Randabeli et paradoxa; Ætheria tanganikana (spec. nov.).

Espèces supplémentaires. — Hylacantha Anceyi [1] (spec. nov.); Reymondia minor, tanganikana; Ponsonbya leucoraphe [2]; Coodea (nov. gen.) Ponsonbyi [3], et Stormsia (nov. gen.) carinifera [4].

Cette faune de 280 Espèces, sur lesquelles 173 univalves et 107 bivalves, est celle du grand Centre africain. Si, parmi ces Espèces, on en remarque un grand nombre qui portent le cachet *thalassoïque*, elles doivent

1. Tiphobia Horei de Sowerby (non Smith) list shells tang., fig. 1.
2. Ancey, in Bull. Soc. mal. Fr., VII, 1890.
3. Rissoa (Horea) Ponsonbyi de Smith, 1889; non Horea, Bourg¹., 1888.
4. Syrnolopsis carinifera de Smith, 1889.

ce cachet aux influences des eaux du lac, qui, bien que considérées pures et potables, ne sont pas moins souvent troublées et dénaturées, de temps à autre, par de forts dégagements gazeux chargés de matière minérale, dégagements provenant du fond de l'immense faille à laquelle est due cette mer intérieure. Ces influences sont encore dues aux eaux de son affluent le plus considérable, le Malagarazi, dont le cours traverse de vastes territoires salifères, où le sel est presque à l'état de pureté.

MALACO-STRATIGRAPHIE

CXI. — **Recherches sur la distribution géographique des Mollusques terrestres et fluviatiles en Europe, en Algérie et dans les régions circonvoisines** (Annales des Sciences naturelles, V, 1866). Paris, 1866. 1 vol. in-8, avec 2 cartes.

Travail d'une grande importance en raison des théories *nouvelles* qui y sont émises et des questions qui y sont traitées, questions relatives à la répartition des Espèces européennes.

Entre le 35e et le 46e degré de latitude nord, constatation d'une zone de création ou plutôt de *types spécifiques*, et coïncidence de cette zone avec une série de chaînes de montagnes s'étendant de l'océan Atlantique à la mer Caspienne, en Asie; de plus, preuves que toutes les Espèces répandues *au nord* de cette zone *proviennent d'elle*, et preuves également que les Espèces, *au midi* de cette zone, se trouvent localisées et demeurent invariables dans leur habitat et leur mode d'existence.

Division de cette longue zone de types spécifiques en trois Centres :

Un *Hispanique*, s'étendant des Pyrénées au sud du Maroc, de l'Algérie et de la Tunisie ;

Un autre *Alpique*, partant des Alpes françaises, se prolongeant, en suivant les chaînes de montagnes, à l'est jusqu'au Bosphore et à la mer Noire, au sud jusqu'aux extrémités des péninsules italique et hellénique ;

Enfin, un dernier *Taurique*, se poursuivant des côtes occidentales de l'Anatolie jusqu'à la mer Caspienne et la Perse, se projetant, au nord, jusqu'au Caucase et en Crimée; au sud, jusqu'aux îles de Crète et de Chypre et aux derniers contreforts du Liban, en Palestine.

Constatation, en outre, d'un fait singulier : *absence de faune spéciale au midi* de ces trois Centres européens, dans les vastes régions du Sahara, de l'Égypte, de l'Arabie Pétrée et de la Mésopotamie, qui s'étendent, *vides d'Espèces à type particulier*, comme une immense ligne de démarcation entre les Centres européens et le grand Centre africain.

Ainsi : trois grands Centres se succédant depuis l'océan Atlantique jusqu'à la mer Caspienne; au sud, sur une ligne presque également parallèle, une série de contrées sans faune propre, s'étendant de l'Atlantique au plateau central de l'Asie; enfin, au nord, une suite de vastes régions plates ou montueuses, de l'Océan à l'ouest, à l'Oural à l'est, et, au nord, jusqu'à l'extrême pointe de la Norvège, où tous les Mollusques sont des Espèces acclimatées descendues des hautes chaînes de la zone de création.

Il résulte de ces faits que toute l'Europe, de l'ouest à l'est, des Pyrénées à l'Oural, du midi à partir de la zone de création jusqu'aux mers boréales, *ne possède pas de faune propre*, mais *une faune accidentelle, faune d'acclimatation* provenant des hautes chaînes de montagnes qui, sauf quelques interruptions et quelques sinuosités, partagent notre continent de l'Atlantique à la Caspienne.

En un mot, pour caractériser le mode Malaco-stratigraphique du Système européen : au nord de la zone, *rayonnement du midi au nord;* au midi de la même zone, *faune spéciale, Espèces en place, rayonnement nul,* ou s'il arrive que quelques êtres, par des causes accidentelles, viennent à être déplacés, *acclimatation en sens inverse,* c'est-à-dire *du nord au midi.*

Après cette exposition de la distribution des Êtres, l'on peut formuler ainsi les principes Malaco-stratigraphiques :

1° Le Centre de création de chaque Espèce est simple et non multiple.

2° Les Espèces du Système européen ont leur Centre de création dans les pays montueux et non dans les plaines ou les régions basses.

3° Il existe en Europe, sans compter quelques petits Centres, trois Centres de création : les Centres Hispanique, Alpique et Taurique.

4° Les Espèces répandues dans tout le Système européen proviennent de ces trois Centres.

5° Chaque Centre possède une faune particulière tout à fait spéciale, et offre des séries de types qui lui sont propres.

6° Au nord de ces Centres, l'aréa des Espèces est immense ; au midi, il est excessivement restreint. Le rapport différentiel des aréas du midi et du nord est dans les proportions de 1 à 200.

7° Au nord des Centres, l'acclimatation ou plutôt le rayonnement *s'est effectué du midi au nord.*

8° Le rayonnement du Centre Alpique a embrassé presque toute l'Europe ; celui du Centre Hispanique a été très faible ; celui du Centre Taurique a été nul.

9° Au midi des Centres, au contraire, l'Espèce se trouve toujours localisée ; de plus, elle est spéciale.

10° L'Espèce est tellement spéciale à un Centre

qu'elle ne peut se rencontrer dans un autre, à moins qu'elle n'ait été soumise à l'influence marine ou à une acclimatation accidentelle.

11° L'influence marine est nulle dans les régions au nord des Centres[1].

12° Au midi des Centres, au contraire, l'influence marine se fait sentir avec une telle énergie sur certaines Espèces, qu'elles sont devenues des témoins irrécusables d'un littoral au sud des Centres.

13° Les Espèces transportées accidentellement, à l'exeption toutefois des Espèces soumises à l'influence marine, ne peuvent être acclimatées : 1° que *du nord au midi;* 2° que *d'orient en occident, en raison inverse de la rotation de la terre.*

14° La population conchyliologique des grands Centres est toujours relativement moins nombreuse que celle des Centres insulaires.

15° Toute île, quelque peu considérable qu'elle soit, séparée, dès l'origine, d'un continent, possède des Espèces qui lui sont propres.

16° Toute île unie anciennement à un continent et séparée à une époque plus récente, garde naturellement la même faune qu'elle possédait à l'origine.

17° Dans une même île, l'on trouve quelques types de forme, et une foule de modifications de ces types.

18° L'aréa des Espèces insulaires est encore infiniment plus restreint que celui des *Espèces placées au midi des grands Centres* de création.

D'après ces principes, en les appliquant aux régions

---

[1]. A l'exception des côtes françaises de Biarritz aux Iles Britanniques, par suite de l'influence du gulf-stream.

du nord de l'Afrique, notamment à l'Algérie, on reconnaît :

1° Que le nord de l'Afrique, ne possédant pas de types particuliers de forme, mais seulement des Espèces ou des modifications de types de Mollusques espagnols, dépend par conséquent du Centre Hispanique.

2° Que le nord de l'Afrique n'a jamais formé une île à l'origine, puisque sa population conchyliologique est bien inférieure à celle des Centres insulaires, mais qu'elle est au contraire dans les proportions réelles d'une faune continentale.

3° Que les Espèces soumises à l'influence marine, en se retrouvant sur tout le littoral méditerranéen et à la limite septentrionale du Sahara, au sud de la chaîne du grand massif de l'Atlas, sont des témoins irrécusables d'un littoral et démontrent, d'une manière irréfragable, que le nord de l'Afrique formait une presqu'île de l'Espagne.

Enfin, 4° que le grand désert du Sahara, ne possédant pas de faune spéciale, mais seulement des Espèces acclimatées accidentellement, est une preuve qu'à l'origine de la période actuelle ces vastes régions étaient recouvertes par les eaux.

Il résulte de ces données qu'au commencement de la période actuelle, le nord de l'Afrique (Tunisie, Algérie, Maroc) était une presqu'île de l'Espagne, qu'à cette époque le détroit de Gibraltar n'existait pas et que la Méditerranée communiquait à l'Océan par le grand désert du Sahara, qui était alors une vaste mer.

CXII. — **Stratigraphie malacologique des Espèces du département de l'Hérault**, in : Histoire malacologique du département de l'Hérault, par M. P. A. Moitessier. Paris, impr. Bouchard-Huzard, 1868. 1 vol. in-8, avec pl. n. lith.

A l'origine de l'époque quaternaire, aucune des Espèces qui vivent *actuellement* en Europe n'existait alors. L'Europe, à cette époque, n'avait pas la configuration de nos jours. La presque totalité du continent, surtout sa partie septentrionale, était sous les eaux ou commençait à s'émerger ; mais, en revanche, une longue série de montagnes s'étendant de l'Asie à l'Atlantique formait une puissante arête, presque continue. Or, il arriva que *cette puissante arête devint le chemin des Espèces, la ligne d'acclimatation que suivirent peu à peu les Êtres à la suite des siècles.*

Parties des montagnes ouest du grand plateau central de l'Asie, les Espèces s'avancèrent et *se propagèrent petit à petit, d'Orient en Occident, en suivant la grande ligne montueuse.*

Au fur et à mesure que les Espèces avançaient, laissant sur leur passage des témoins de leur acclimatation, elles finirent par se modifier peu à peu, suivant la climatologie du pays, suivant l'influence des milieux nouveaux dans lesquels elles étaient forcées de vivre.

Ce fut ainsi que, de modifications en modifications, l'Espèce finit par présenter une quantité d'autres formes, possédant, il est vrai, toujours leurs caractères ataviques, mais offrant des signes distinctifs différents ; de telle sorte que, depuis l'extrémité des Pyrénées jusqu'aux hautes montagnes de l'Asie, on peut suivre la dégradation d'un type, et reconstituer la filière de ses acclimatations successives.

Mais lorsque, à la suite des siècles, des ruptures, comme par exemple, celle des Dardanelles, eurent lieu, amenant des solutions de continuité dans cette puissante arête montueuse, il advint que les Espèces, arrêtées dans leur marche incessante d'Orient en Occident, demeurèrent, par ces causes majeures, localisées, ou si on aime mieux, internées, dans certaines parties de cette chaîne de montagnes. Les Espèces forcément localisées prirent donc, à la suite des siècles, les caractères nécessaires à leur genre de vie, et finirent par acquérir des signes distinctifs tout spéciaux à leur nouvelle patrie.

De là, *trois grands Centres* de création, correspondant à la Chaîne anatolique du Taurus, à la Chaîne alpique, enfin à la Chaîne hispanique ; *Centres formés d'une portion de la grande ligne de l'acclimatation primitive.*

En dehors de ces Centres, quelques autres petits existaient encore, témoin le *Centre gallique* pour le massif de l'Auvergne et des Cévennes ; mais, comme les Espèces de ce Centre, ou celles des autres, ont été détruites ou presque entièrement anéanties, ces petits Centres restent tout à fait secondaires.

Chez chacun de ces grands Centres, les Espèces se propagèrent de tous côtés, se modifiant suivant les milieux, se sélectant les caractères les plus appropriés à leur existence ; au nord, elles s'étendirent jusqu'aux parties les plus septentrionales de l'Europe ; au sud, jusqu'aux dernières ramifications montueuses de la Chaîne d'acclimatation.

Mais il advint que les Espèces qui s'étaient propagées au nord de ces Centres ne purent s'y perpétuer indéfiniment. Plusieurs fois obligées de reculer devant l'envahissement des glaces aux phases glaciaires, maintes fois encore elles furent détruites par de grands courants, alors que, par suite du défaut d'équilibre entre les glacières boréale et australe, une partie de la masse liquide, sollicitée par les lois de l'attraction, se projeta d'un hémisphère à l'autre.

Ces grands courants, résultats d'une débâcle boréale, balayèrent toutes les contrées basses, surmontèrent tous les petits obstacles, anéantissant tous les êtres, et ne s'arrêtèrent que contre la grande Chaîne de montagnes, dont ils ne purent surmonter les puissantes sommités.

Toutes les Espèces acclimatées *au nord* de cette grande ligne montueuse furent détruites, tandis que les autres, *au sud*, protégées par les montagnes, furent préservées. *De là, l'uniformité de la faune septentrionale; de là, la cause de la constante variation des Espèces méridionales.* Au nord, en effet, les Espèces, périodiquement détruites par les grandes débâcles, et se réacclimatant toujours, lorsque le calme renaissait, n'avaient pas un assez long laps de temps, entre chaque extinction, pour se modifier de localité en localité. Au sud, au contraire, les Espèces, à l'abri des débâcles boréales, acclimatées dès l'origine, eurent le temps de se modifier et de prendre des caractères plus nets et plus tranchés.

Ainsi, au nord, les *Helix incarnata, fruticum*, par exemple, existent avec les mêmes signes distinctifs des Alpes jusqu'en Laponie ; elles occupent un aréa immense. Au sud, au contraire, chaque Hélice est localisée dans une vallée, dans un canton ou une province. Les caractères de chacune des Hélices se sont tellement appropriés, à la suite des temps, aux milieux, que ces coquilles semblent être des formes spéciales au pays, bien qu'elles ne soient qu'acclimatées.

Tel est le mode général de la répartition des Mollusques européens, mode qui est également celui des Espèces françaises et notamment celui des formes du département de l'Hérault.

En France, les Espèces qui s'étaient propagées peu à peu du grand Centre asiatique jusqu'à notre pays, s'étaient également répandues dans nos vallées, sur nos collines et sur nos montagnes. Mais lorsqu'arriva un de ces déluges d'équilibre (on en compte quatre depuis le commencement de la période quaternaire) entre les glacières des deux pôles, les eaux balayèrent toute la surface de la France. Les hauteurs, comme celles des Alpes et des Pyrénées, furent seules épargnées, le niveau des eaux n'ayant pu atteindre leurs sommités. Ce fut donc seulement sur ces deux chaînes de montagnes que restèrent les Espèces, tandis que partout ailleurs elles furent anéanties.

Or, il advint que chaque fois que la cause perturbatrice était passée, les Espèces de ces deux chaînes descendaient peu à peu, se propageaient insensiblement de localité en localité, puis, à la longue, finissaient par repeupler toutes les contrées.

La *Chaîne alpique a fait sentir son influence sur la plus grande partie de la France. La Chaîne hispano-pyrénéenne n'a rayonné que sur les départements du Midi, à peu près jusqu'à la Garonne*, mais dans l'Ouest, sous l'influence maritime, les Espèces hispaniques ont remonté jusqu'en Bretagne.

Ainsi, en France, à l'exception de quelques Espèces de l'ancien Centre gallique, il n'y a pas d'Espèces spéciales au sol, il n'y en a pas de propres au pays, il n'y a qu'une faune d'emprunt, qu'une faune d'acclimatation.

Cette faune d'emprunt, cette faune d'acclimatation provient des deux grands Centres alpique et hispanique.

C'est ce qu'on reconnaît lorsqu'on examine l'ensemble de la faune malacologique du département de l'Hérault. On reconnaît, en effet, qu'à l'exception de douze Espèces de l'ancien petit Centre gallique, toutes les autres sont étrangères au sol du département, que le Centre de création qui a fourni le plus de formes (110 sur 196) est le Centre alpique, ensuite, après celui-ci, le Centre hispanique (41).

CXIII. — Reparticion de los moluscos en el continente africano, in : Cronica cientifica, Revista internacional de Ciencias, n° 141, oct. 1883. Barcelona, impr. Tapias. Gr. in-8.

Le continent africain, au point de vue de la distribution des formes spécifiques, se divise en quatre régions.

1° Celle du nord, ou méditerranéenne, qui s'étend du Maroc à la presqu'île du Sinaï ;

2° Celle des déserts du Sahara, qui, de l'Atlantique jusqu'au Nil, se développe sur une étendue de près de 800 lieues sur une profondeur moyenne de 400 du nord au midi ;

3° Celle du centre, qui comprend toute la surface médiane du continent, du Sahara aux contrées australes du Cap ;

4° Enfin, celle du Cap ou de Natal, qui occupe l'extrémité du continent.

Ces régions, en exceptant celle du Sahara, qui ne possède pas de faune, correspondent aux grandes divisions zoologiques de l'Afrique.

Or, toute la partie nord du continent africain n'est peuplée que d'Espèces du Système européen, appartenant en grande partie aux *Centres hispanique et taurique* et aux Espèces *littorales* méditerranéennes.

Dans le Maroc, l'Algérie et la Tunisie dominent les *séries de type hispanique*. Quelques *formes alpiques* apparaissent néanmoins dans la province de Constantine et dans la Régence.

A partir de la Tunisie, règnent les *formes littorales*, sur toute la côte, jusqu'au delta du Nil.

En Égypte se montrent les *formes tauriques*. Toute la faune *terrestre* de ce pays provient, en effet, des contrées syriennes.

Cette *influence taurique* se fait sentir, à l'intérieur, à peu près jusqu'en Nubie, où elle disparaît, tandis que sur le bord des côtes elle descend le long du littoral de la Mer Rouge et du golfe d'Aden jusqu'à l'extrémité du cap Gardafui.

Les grands déserts du Sahara ne possèdent pas de faune propre. Ses oasis sont peuplées de quelques Espèces accidentellement importées qui proviennent, pour celles du nord, du Maroc, de l'Algérie ou de la Tunisie, et, pour celles du sud, du grand Centre zoologique africain. Le point de jonction des deux faunes a lieu *au niveau de l'oasis d'Insalah*, vers la partie médiane du Sahara.

C'est au sud de cette immense région désertique que commence vraiment l'*Afrique zoologique* et que se montre le *grand Centre* de création de ce continent.

Ce Centre, caractérisé par tous ces genres et par

ces Espèces que les malacologistes connaissent, se développe, de l'Atlantique à l'Océan Indien, sur toute la surface du continent jusqu'aux terres australes de Natal et du Cap, englobant dans son étendue la région des grands lacs et projetant ses Espèces, *par le cours du Nil,* jusqu'à la Méditerranée.

L'Égypte a donc une faune *fluviale* essentiellement africaine.

Vers l'extrémité sud de l'Afrique, apparaît un autre Centre zoologique, le *Centre natalique,* peu accusé, il est vrai, malgré tout suffisamment caractérisé pour qu'on ne puisse pas le confondre avec le Centre africain.

Enfin, le long des côtes orientales du continent, on constate la présence de nombreuses formes d'une faune étrangère, celles du *Centre malgache,* qui, depuis la latitude de Madagascar, se sont propagées par voie d'acclimatation jusque dans le pays des Comalis.

TÉRATOLOGIE

CXIV. — **De la sinistrorsité chez l'Espèce malacologique,** in : Histoire malacologique du département de l'Hérault. Paris, impr. Bouchard-Huzard, 1868. 1 vol. in-8, avec pl.

On croyait autrefois que la sinistrorsité était le résultat d'un coup, d'une blessure ou d'un accident ; la cause de la sinistrorsité est tout autre.

Pour qu'une Espèce sénestre puisse se produire, il faut une réunion instantanée de circonstances ; il faut : 1° un sol bon conducteur de l'électricité, ou facilement décomposable par induction, comme, par exemple, une localité possédant des couches de minerais ou des filons métalliques ; 2° un temps assez orageux pour agir par influence sur l'électricité latente des couches de cette localité ; 3° une réunion subite des électricités du nuage et du sol, pour produire dans les filons métallifères de la localité, dont l'électricité latente a été décomposée par induction, une réunion électro-magnétique instantanée ; 4° cette réunion électro-magnétique doit coïncider (c'est là le point important) avec le moment où, chez le germe, commencent les doubles mouvements de rotation et de giration, avec le moment, en un mot, où se manifestent les premiers indices de la vitalité ; 5° enfin, cette réunion doit avoir lieu *en sens inverse* du mouvement de rotation.

Toutes ces circonstances sont nécessaires pour arriver à la création d'une Espèce sénestre. C'est sans doute à cause de la difficulté de réunir toutes ces conditions, que la sinistrorsité chez les Mollusques est si peu commune.

DIDAXOLOGIE

CXV. — **Filum ariadneum, methodus conchyliologica denominationis, sine quo chaos.** Paris, impr. Bouchard-Huzard, 1860. 1 vol. in-8.

La science malacologique repose sur une double base : la *disposition* et la *dénomination*.

La *dénomination* a pour objet les appellations scientifiques.

Les règles de la dénomination qui servent de thème à cet ouvrage didactique ont toutes été réunies, exposées et commentées dans les chapitres suivants : 1° sur les noms de Classe et d'Ordre; 2° sur les noms de Famille; 3° sur les noms génériques; 4° sur les noms spécifiques; 5° sur les noms de fausses localités; 6° sur les noms mal latinisés; 7° sur les désinences *ella*, *ina*, *ilia*, *ana*, etc..., terminant un nom générique ou spécifique; 8° sur les mots *pseudo* ou *sub* précédant un nom spécifique; 9° sur la désinence *oides*; 10° sur les noms de variété; 11° sur les noms de section et de groupe; 12° sur les doubles emplois de noms.

Enfin, comme corollaire, l'ouvrage est complété par deux chapitres relatifs aux règles de l'*antériorité* et de la *synonymie*.

INDEX

DES GENRES NOUVEAUX

Pages.

ABBADIA. Genre abyssin, de la famille des Buliminidæ, voisin des Balia d'Europe, créé en 1883, en l'honneur d'Antoine Abbadie, célèbre explorateur de l'Abyssinie. 124

AGRAULINA (ἄγραυλος, rustique, qui vit dans les champs), établi primitivement, en 1858, comme coupe sous-générique pour des Azecas des îles Madère, ce nom a été depuis regardé comme celui d'un genre madérien de la famille des Ferussacidæ. (Lowea de Watson, 1875). 50

ALCIDIA (prénom du célèbre savant *Alcide* d'Orbigny), genre de la famille des Artemonidæ, établi en 1889 pour des Espèces de l'Amérique du Sud 124

ALLERYA (en l'honneur du malacologiste Allery, marquis de Monterosato). Créé en 1876 pour des Espèces siciliennes classées primitivement parmi les Helicidæ, ce genre doit plutôt appartenir à la famille des Helixarionidæ. 98

ALSOBIA (ἄλσος, forêt, βιος, vie, qui vit dans les lieux boisés). D'abord établie en 1858, en qualité de coupe sous-générique pour des Azecas des îles Canaries, cette coupe a été depuis élevée au rang de genre. 50

ANCEYA (en l'honneur du malacologiste C.-Félix Ancey). Genre créé en 1885 pour des Espèces de l'Afrique équatoriale, vraisemblablement de la famille des Streptostelidæ. 137

ARTHURIA (prénom du savant zoologiste *Arthur* Issel, de Gênes). Primitivement établi, en 1874, puis en 1877, pour une petite Espèce de l'île de Sardaigne, sous l'appellation d'*Isselia*, de la famille des Helixarionidæ, ce genre a pris depuis, en 1880, le nouveau nom d'Arthuria (Bourg.), pour éviter le double emploi de ce nom Isselia, que le zoologiste Semper avait créé, quelque temps antérieurement, pour des Espèces marines de la famille des Planaxidæ. (Voir le nom Isselia.). 101

ARNOULDIA (prénom du savant malacologiste français Arnould Locard). Genre établi, en 1890, pour des Espèces européennes, de la famille des Zonitidæ, connues jadis sous le nom de Conulus. 161

ASPATHARIA (ά privatif, Spatha, nom de genre. Nom servant à désigner des Espèces qui ne sont pas des Spatha). Genre établi, en 1885, pour des Espèces du Centre africain de la famille des Iridinidæ, et regardées à tort comme de vraies Spatha 139

BAIZEA (en l'honneur de l'explorateur l'abbé de Baize, décédé en vue du lac Tanganika). Genre de la famille des Paludinidæ, établi pour des Espèces du lac Tanganika 138

BECCARIA (en l'honneur du voyageur italien Beccari). Genre abyssin (1883) de la famille des Achatinidæ. . 124

BELGRANDIA (en l'honneur du célèbre ingénieur E. Belgrand, inspecteur des Ponts et Chaussées, directeur des Eaux et des Égouts de la ville de Paris). Genre de la famille des Bythinellidæ, établi en 1869, pour de petites Espèces quaternaires de France. 28

BLANCIA (en l'honneur de l'épigraphiste Edmond Blanc, de Vence [Alpes-Maritimes]). Genre de la famille des Acteonidæ, créé en 1876, pour une Espèce fossile des Alpes-Maritimes. 32

BLOYETIA (en l'honneur du capitaine Bloyet, fondateur de la station de Kondoa, dans l'Ousaghara). Genre de la famille des Helixarionidæ, établi primitivement, en 1885, sous l'appellation de Guillainia (voir ce nom), puis sous le nom de Bloyetia, en 1889, pour des Espèces de l'Afrique équatoriale. 153

BRAZZÆA (en l'honneur du célèbre voyageur Savorgnan de Brazza, gouverneur du Congo français). Genre de la famille des Iridinidæ, créé, en 1885, pour des bivalves du lac Tanganika 139

BRIDOUXIA (en l'honneur du Révérend Père Bridoux, supérieur général des Missionnaires d'Afrique, vicaire apostolique des missions du Tanganika). Genre de la famille des Paludinidæ, établi en 1885 pour des Espèces du Tanganika 138

Brondelia (en l'honneur d'Auguste Brondel, officier d'administration de l'Intendance militaire à Alger). Genre de la famille des Ancylidæ, établi en 1862, pour des Espèces ancyloïdes de l'Algérie 55

Burgersteinia (en l'honneur du paléontologiste Burgerstein). Genre de la famille des Néritidæ, établi en 1880, pour une Espèce fossile de Macédoine 33

Burtoa (en l'honneur d'Eugène Burto, explorateur du Centre de l'Afrique). Genre de la famille des Achatinidæ, établi en 1889 pour des Espèces de l'Afrique équatoriale 136

Burtopsis (Burto, nom propre, ὄψις, apparence, aspect, c'est-à-dire genre dont les Espèces ont une ressemblance avec celles des Burtoa). Genre de la famille des Achatinidæ, établi en 1889 pour des Espèces de l'Afrique équatoriale 136

Burtonia (en l'honneur du célèbre voyageur anglais le capitaine Burton). Genre de la famille des Iridinidæ, créé en 1883, pour des bivalves du lac Tanganika . . . 128

Bythiospeum (Βύθιος, α, ον, qui vit au fond de l'eau, et de σπέος caverne, c'est-à-dire (sous-entendu ζωον), animal qui vit au fond des eaux souterraines). Genre de la famille des Bythinellidæ, établi en 1882, pour des Espèces aveugles des nappes d'eau souterraines de la Bavière, du Wurtemberg et de la Carniole 117

Cæcilianella (diminutif de cæcilia, aveugle,). Genre de la famille des Cæcilianellidæ, établi en 1856 pour de petites Espèces aveugles du Système européen . . . 47

Caillaudia (en l'honneur du célèbre voyageur en Égypte et en Nubie, Frédéric Caillaud, de Nantes). Genre de la famille des Planorbidæ, créé en 1883 pour des Espèces du Nil 124

Calaxis (καλός, η, ον, beau, ἄξων, axe, columelle). Genre de la famille des Ferussacidæ, établi en 1882, puis en 1887, pour des Espèces syriennes. 147

Pages.

CALVERTIA (en l'honneur de Henry Calvert, ancien consul anglais à Alexandrie [Egypte]). Nouveau genre de la famille des Neritidæ, établi en 1880 pour des Espèces fossiles de la Dalmatie 34

CAMBIERIA (en l'honneur du capitaine Cambier, de Zanzibar). Genre de la famille des Hauttecœuridæ, établi en 1885, puis en 1880, pour des Espèces du lac Tanganika. 163

CAMERONIA (en l'honneur de l'intrépide voyageur Verney-Hovett Cameron, qui, le premier, a traversé le continent africain, de Bagamoyo, sur l'Océan Indien, à Benguela, sur l'Atlantique). Genre de la famille des Iridinidæ, établi en 1879, pour des bivalves du lac Tanganika 104-128

CHAMBARDIA (en l'honneur du Dr Chambard, attaché aux travaux de l'isthme de Suez). Genre de la famille des Iridinidæ, établi en 1880, puis en 1890, pour des Acéphales subfossiles du delta du Nil. 160

COLLETOPTERUM (χόλλετον, soudé, πτερον, aile). Genre de la famille des Unionidæ, établi en 1880 pour des bivalves européens. 111

COLPANOSTOMA (κόλπος, enfoncement, sinuosité, ἄνω, en haut, στόμα, bouche, ouverture, c'est-à-dire sinuosité à la partie supérieure de l'ouverture). Genre de la famille des Artemonidæ, établi en 1889 pour une Espèce de l'Afrique équatoriale. 153

COODEA (en l'honneur de E. Coode Hore, missionnaire anglais au Tanganika). Genre de la famille des Littorinidæ, établi en 1890 pour une Espèce du lac Tanganika. 165

COULBOISIA (en l'honneur du Révérend Père missionnaire Coulbois). Genre de la famille des Neritidæ, établi en 1890 pour des Espèces du lac Tanganika. 165

CYRENASTRUM (de Cyrena, nom générique créé par Lamarck). Établi d'abord, en 1854, comme appellation sous-générique pour les Sphærium ayant l'apparence de Corbicula (olim Cyrena), ce nom doit être maintenu comme nom générique de la famille des Sphæridæ pour toutes les Espèces vivantes et quaternaires d'Europe ayant une ressemblance avec les Corbicules du Nil et de l'Asie. . 41-78

	Pages.
DREPANOSTOMELLA (diminutif du genre italien Drepanostoma de Carlo Porro. De δρέπανον, faux, faucille, στόμα, bouche, ouverture ressemblant à la courbe d'une faucille). Genre de la famille des Artemonidæ, établi en 1889 pour une Espèce de l'Amérique du Sud. . . .	153
EDGARIA (en l'honneur du malacologiste anglais Edgar Smith). Genre de la famille des Melanidæ, établi en 1890 pour des Mélaniens du lac Tanganika.	164
EUPERA (de εὖ, bien, et du radical Pera, nom de genre créé par Leach). Établi d'abord en 1854 pour désigner une coupe sous-générique des Pisidium, ce nom a été adopté, en 1877, en qualité de nom générique pour distinguer des petites bivalves américaines et africaines de la famille des Sphæridæ.	40
FAGOTIA (en l'honneur du malacologiste français Paul Fagot, de Villefranche-Lauraguais). Genre de la famille des Melanidæ, établi en 1884 pour des Mélaniens d'Europe	134
FILHOLIA (en l'honneur du savant paléontologiste français Henri Filhol). Genre d'une famille spéciale, celle des Filholidæ, établi en 1881 pour des Espèces fossiles éocènes de France	34
GAILLARDOTIA (en l'honneur du Dr Gaillardot, chirurgien en chef à l'hôpital d'Alexandrie [Égypte]). Genre de la famille des Neritidæ, établi en 1877 pour de petites Espèces néritiformes du Système européen, et qui doit être supprimé, parce qu'il fait double emploi avec le genre Smaragdia d'Issel, créé en 1869.	102
GALLANDIA (en l'honneur du zoologiste Jules Galland, ingénieur en chef des Ponts et Chaussées de l'Empire ottoman). Genre de la famille des Vitrinidæ, établi en 1879 pour de petites Espèces vitrinoïdes de l'Asie occidentale	107
GARNIERIA (en l'honneur du voyageur Garnier, explorateur de la Cochinchine). Genre de la famille des Clausilidæ, établi en 1876 pour des Espèces clausilioïdes du Cambodge.	98

Pages.

GEORGIA (en l'honneur de l'intrépide explorateur du pays
Çomalis, Georges Revoil). Genre de la famille des
Cyclostomidæ, établi en 1882 pour des Espèces çoma-
liennes 119

GIBBONSIA (en l'honneur du voyageur anglais J. S. Gib-
bons, de Southampton). Genre de la famille des Artemonidæ, établi en 1889 pour des Espèces de l'Afrique
équatoriale 153

GIRAUDIA (en l'honneur du célèbre et intrépide voyageur
en Afrique, le lieutenant de marine Victor Giraud).
Genre de la famille des Giraudidæ, établi en 1885 pour
de petites Espèces du lac Tanganika 138

GRANDIDIERIA (en l'honneur du savant explorateur de
Madagascar, Alfred Grandidier, membre de l'Institut).
Genre de la famille des Sphæridæ, établi en 1885 pour
des bivalves du lac Tanganika 137

GUILLAINIA (en l'honneur du commandant Guillain, un
des premiers explorateurs des côtes orientales de
l'Afrique). Nom créé en 1885 pour des Hélixarionidées
africaines. Ce nom de genre a été changé en celui de
Bloyetia. (Voir ce nom et les *Mollusques de l'Afrique
équatoriale* [1889], p. 28, pour connaître les motifs de ce
changement.) 136

HAGENMULLERIA (en l'honneur du Dr Paul Hagenmüller,
de Bône). Genre de la famille des Diplommatidæ, établi en 1881 pour de petites Espèces algériennes. . . . 117

HAMYA (en l'honneur du savant anthropologiste le Dr
E. Hamy). Genre de la famille des Helixarionidæ, établi
en 1885 pour une Espèce fossile de l'Afrique équatoriale. 136

HAPPIA (en l'honneur d'Édouard Happe, voyageur français
dans l'Amérique méridionale). Genre de la famille des
Artemonidæ, établi en 1889 pour des Espèces de l'Amérique du Sud 153

HAUTTECŒURIA (en l'honneur du Révérend Père missionnaire Hauttecœur, décédé à Tabora). Genre de la fa-
mile des Hauttecœuridæ, établi en 1885 pour les Espèces du lac Tanganika 138

Pages.

Hohenwarthia (en l'honneur du zoologiste allemand Hohenwarth). Genre de la famille des Ferussacidæ, établi d'abord comme coupe sous-générique en 1864, puis comme genre en 1887, pour des Espèces du Système européen 147

Horatia (en l'honneur du conseiller Horace-Aristide Letourneux). Genre de la famille des Paludinidæ, établi en 1887 pour de petites Espèces de Dalmatie et de Bosnie 149

Horea (en l'honneur du missionnaire anglais Coode Hore). Genre de la famille des Melanidæ, établi en 1888 et 1890 pour un Mélanien du lac Tanganika 164

Hypnophila (de ὕπνον, mousse φίλος, ami, qui aime à vivre dans les mousses). Genre établi d'abord en 1858 comme coupe sous-générique des Azecas, puis comme genre spécial de la famille des Ferussacidæ, en 1887, pour des Espèces des régions méditerranéennes. (G. Cryptazeca de Folin, 1877) 50-147

Ielskia (en l'honneur du Dr Ielski, conservateur du musée d'Histoire naturelle de Kieff, en Russie). Genre de la famille des Valvatidæ, établi en 1877 pour une Espèce fluviatile de Russie 102

Ischurostoma (ἰσχυρὸς, fort, robuste, στόμα bouche ; ouverture à péristome robuste et épais). Genre de la famille des Cyclostomidæ, établi en 1874 pour des Espèces fossiles de France 31

sselia (en l'honneur du zoologiste Arthur Issel, de Gênes). Nom de genre qui a été changé en celui d'Arthuria (voir ce nom) 101

Jolya (en l'honneur de Joly, amateur de malacologie à Alger). Genre d'une famille spéciale, celle des Jolydæ, établi en 1877 pour une bivalve algérienne 101

Joubertia (en l'honneur du capitaine Léopold Joubert, commandant des Forces tanganikiennes). Genre de la famille des Melanidæ, établi en 1890 pour des Espèces du lac Tanganika 164

Klecakia (en l'honneur du zoologiste dalmate Biagio Klécak). Genre de la famille des Bythinellidæ, établi en 1880 pour une Espèce fossile de Dalmatie 33

Pages.

LARTETIA (en l'honneur du savant paléontologiste Édouard Lartet, de Sansan). Genre de la famille des Paludestrinidæ, établi en 1869 pour des Espèces quaternaires de France.. 28

LAVIGERIA (en l'honneur de Son Éminence le cardinal Lavigerie). Genre de la famille des Melanidæ, établi en 1890 pour des Espèces du lac Tanganika. 164

LEDOULXIA (en l'honneur du consul français de Zanzibar, M. Ledoulx). Genre de la famille des Helixarionidæ, établi en 1885 pour des Espèces de l'Afrique equatoriale. 136

LETOURNEUXIA (en l'honneur du conseiller H.-A. Letourneux, d'Alger). Genre de la famille des Arionidæ, établi en 1866 pour des Limaciens algériens 63-128

LHOTELLERIA (en l'honneur de M. Juba de Lhotellerie ; amateur de conchyliologie). Genre de la famille des Paludestrinidæ, établi en 1877 pour des Espèces fluviales des régions méditerranéennes. 101

LIBANIA (Liban, chaîne de montagnes. — Espèces de la chaîne du Liban). Genre de la famille des Testacellidæ, établi en 1867, puis en 1870, pour des Espèces syriennes. (Olim Moussonia), Bourg., mss. 1866, non Moussonia Semper 1865.). 101

LYCORUS (λύκος, Loup, ορος, montagne, Loup de montagne). Genre de Mammifères fossiles quaternaires de la famille des Canidæ, établi en 1875 pour une Espèce des Alpes-Maritimes. 18-19

MABILLIA (en l'honneur du malacologiste Jules Mabille). Genre de la famille des Limacidæ, établi en 1872 et 1877 pour des limaciens de Syrie.(Olim Mesaspis, Bourg., mss.). 101

MAIZANIA (en l'honneur de l'enseigne de vaisseau Maizan, assassiné en 1845 dans l'Ousaghara). Genre de la famille des Cyclostomidæ, établi en 1889 pour une Espèce de l'Afrique équatoriale. 158

MARCONIA (en l'honneur du voyageur français Ernest Marcon). Genre de la famille des Streptaxidæ établi en 1889 pour des Espèces de l'Afrique équatoriale 158

Pages.

Maresia (en l'honneur du Dr Paul Marès d'Alger). Genre de la famille des Bythinellidæ, établi en 1872 et 1877 pour de petites Espèces Algériennes. 102

Microcolpia (μιχρος, petit, κόλπος, pli, creux. Espèces offrant un petit pli creux à la base de la columelle). Genre de la famille des Melanidæ, établi en 1884 pour des Méladiens européens 135

Micronyassia (μιχρος, petit, nyassia, de Nyassa, nom d'un lac africain). Genre de la famille des Melanidæ, établi en 1889 pour de petites formes mélaniennes du lac Nyassa. 151

Milne-Edwardsia (en l'honneur du professeur Alphonse Milne-Edwards, membre de l'Institut). Genre de la famille des Clausilidæ, établi en 1877 pour des Espèces fossiles de France des périodes miocène et pliocène. . 100

Moitessieria (en l'honneur du malacologiste Prosper Antoine Moitessier, de Montpellier). Genre d'une famille spéciale, celle des Moitessieridæ, établi en 1863 pour de petites Espèces du Midi de la France 85

Moncetia (en l'honneur du Révérend Père missionnaire Moncet). Genre de la famille des Iridinidæ, établi en 1885 pour des bivalves du lac Tanganika. 139

Mutelina (diminutif du nom de genre Mutela). Genre de la famille des Iridinidæ, établi en 1885 pour des bivalves africains 139

Neniatlanta (de Nenia, nom générique, et de Atlantis, Atlantique, nom géographique). Coupe sous-générique établie en 1876 pour les Nénias des Basses-Pyrénées, qui forment un groupe différent des vraies Nénias américaines, Espèces de la famille des Clausilidæ. 98

Nyassella (diminutif du nom de genre Nyassia). Genre de la famille des Melanidæ, établi en 1889 pour des Mélaniens du lac Nyassa. 151

Nyassia (Nyassa, nom géographique. Grand lac africain de plus de 500 kilom. de long dans la région du Mozambique). Genre de la famille des Melanidæ, établi en 1889 pour des Espèces du lac Nyassa. 151

NYASSOMELANIA (Nyassa, nom géographique, Melania, nom générique). Genre de la famille des Melanidæ, établi en 1889 pour des Espèces du lac Nyassa 151

PALADILHIA (en l'honneur du Dr Paladilhe, malacologiste de Montpellier). Genre de la famille des Paludestrinidæ, établi en 1865 pour des Espèces françaises. 94

PALLIZZOLIA (en l'honneur de Palizzolo Gravina, baron de Ramione, de Palerme). Genre de la famille des Limacidæ, établi en 1877 pour une Espèce sicilienne. . . . 101

PARACHATINA (παρὰ, près, voisin, Achatina, nom générique). Genre de la famille des Achatinidæ, établi en 1889 pour des Espèces du Centre africain. 155

PAULIA (en l'honneur du malacologiste nîmois Paul Bérenguier). Genre de la famille des Bythinellidæ, établi en 1882 pour de petites Espèces aveugles de la nappe d'eau souterraine des puits d'Avignon. 118

PECHAUDIA (en l'honneur du malacologiste Jean Pechaud). Genre de la famille des Limnæidæ, établi en 1881 pour une Espèce algérienne. 116

PETRETTINIA (en l'honneur de l'ingénieur Petrettini, d'Alexandrie). Genre de la famille des Neritidæ, établi en 1880 pour une Espèce fossile pliocène de la Dalmatie 34

PHARAONIA (nom des anciens monarques de l'Égypte). Genre de la famille des Unionidæ, établi en 1880, puis en 1888 et 1889, pour des bivalves de l'Egypte et du Centre africain 160

PINTOA (en l'honneur du célèbre voyageur portugais Serpa Pinto). Genre de la famille des Achatinidæ, établi en 1889 pour des Espèces de l'Afrique équatoriale. . . 155

POEYIA (en l'honneur du savant zoologiste Poey, de la Havane). Genre de la famille des Ancylidæ, établi en 1862 pour une petite Espèce ancyloïde de l'île de Cuba, dans les Antilles. 55

RACHISELLUS (diminutif de Rachis, nom générique). Genre de la famille des Achatinidæ, établi en 1889 pour des Espèces de l'Afrique équatoriale. 154

Pages.

RAFFRAYA (en l'honneur du naturaliste A. Raffray, ancien consul à Massaouah, sur la Mer Rouge). Ce genre, classé d'abord dans la famille des Helicidæ, doit plutôt être rangé dans celle des Streptostelidæ ; il a été établi en 1883 pour une Espèce de l'Abyssinie. 124

RANDABELIA (en l'honneur du Révérend Père missionnaire Randabel). Genre de la famille des Melanidæ, établi en 1890 pour des Espèces du lac Tanganika. 164

REVOILIA (en l'honneur de l'intrépide explorateur des régions çomaliennes, Georges Revoil). Genre de la famille des Cyclostomidæ, établi en 1881 pour une Espèce du cap Gardafui (Afrique orientale). 113

REYMONDIA (en l'honneur de Ferdinand Reymond, savant géologue du département de l'Isère). Genre de la famille des Giraudidæ, établi en 1885 pour des Espèces du lac Tanganika. 138

ROCHEBRUNIA (en l'honneur du malacologiste Tremeau de Rochebrune). Genre de la famille des Cyclostomidæ, établi en 1881 pour des Espèces du pays Çomalis et du sud de l'Arabie. 113

RUMELLA (diminutif du mot Ruma, nom générique). Genre de la famille des Naticidæ, établi en 1885 pour des Espèces du lac Tanganika. 138

SAINT-SIMONIA (en l'honneur du malacologiste français Alfred de Saint-Simon). Genre de la famille des Neritidæ, établi en 1880 pour des Espèces fossiles pliocènes de Dalmatie 34

SANSANIA (nom géographique, Sansan, dans le département du Gers). Genre de la famille des Limacidæ, établi en 1881 pour une Limacelle fossile miocène de France 35

SERPÆA (en l'honneur du voyageur portugais Serpa Pinto). Genre de la famille des Achatinidæ, établi en 1889 pour des Espèces de l'Afrique équatoriale. 155

SESTERIA (en l'honneur de l'ingénieur du vilayet de Diarbekir, Sester). Genre de la famille des Bulimidæ, établi en 1884 pour une Espèce de la Turquie d'Asie. 132

Pages.

SOLEILLETIA (en l'honneur de l'intrépide voyageur africain, Paul Soleillet). Genre de la famille des Galatidæ, établi en 1885 pour de petites bivalves du Choa. . . . 140

SPATHELLA (diminutif de Spatha, nom générique). Genre de la famille des Iridinidæ établi en 1885 pour des bivalves de l'Afrique équatoriale 139

SPEKIA (en l'honneur du célèbre voyageur africain Speke). Genre de la famille des Paludinidæ, établi en 1879 pour des Espèces du lac Tanganika. 104

STANLEYA (en l'honneur de l'intrépide voyageur Stanley). Genre de la famille des Neritidæ, établi en 1885, pour des Espèces du lac Tanganika. 138

STORMSIA (en l'honneur du capitaine belge Storms, le fondateur de la station de Karéma, sur le Tanganika). Genre de la famille des Paludestrinidæ, établi en 1890 pour une Espèce tanganikienne 165

TANOUSIA (en l'honneur de Tanous Farez, le compagnon du conseiller Letourneux dans ses explorations). Genre de la famille des Limneidæ établi en 1881 pour des Espèces de Dalmatie 116

TAYLORIA (en l'honneur du malacologiste anglais John W. Taylor, de Leeds). Genre de la famille des Artemonidæ, établi en 1889 pour des Espèces de l'Afrique équatoriale 153

TRIPACHATINA (τρύπα, trou, Achatina, nom générique; Achatine perforée). Genre de la famille des Achatinidæ, établi en 1889 pour des Espèces de l'Afrique équatoriale 155

TRIPALOIA (en l'honneur du podestat de Sinj, en Dalmatie, le Dr Tripalo). Genre de la famille des Neritidæ, établi en 1880 pour des fossiles pliocènes de Dalmatie. . . . 34

ZOSPEUM (de ζῶον, animal, σπέος, caverne; animal de caverne). Genre de la famille des Pupidæ établi en 1856 pour de petites Espèces aveugles qui vivent dans les cavernes de la Carniole. 48

INDEX

DES ESPÈCES NOUVELLES

	Pages.
Abbadia æthiopica, Abyssinie	125
Achatina acutespirata, Afriq. équat	155
— Bloyeti, id.	155
— Lhotellerii, Zanzibar	103
— Letourneuxi, id.,	103
— Randabeli, Afriq. équat	155
— Zanzibarica, Zanzibar	103
Acme Adamii, Italie	69
— Lallemanti, Algérie	93
— Letourneuxi id.	93
Ætheria Chambardi, Egypte	110
— Letourneuxi, id.	110
— nilotica, id.	110
— Petrettini, id.	110
— senegalica, Sénégal	110
— tanganikana, Tanganika	165
Alasmodonta Berlani, Valachie	97
— Penchinati, id.	97
Alexia algerica, Algérie	93
— Cossoni, Tunisie	146
— enhalia, id.	146
— globulus, id.	146
— Letourneuxi, id.	146
— Pechaudi, id.	146
— terrestris, id.	146
Allerya Brocchii, Sicile	98
— 'Cupanii, id.	98
— Monterosati, id.	98
Amnicola Barattei, Tunisie	146
— bythinopsis, id.	146
— Doumeti, id.	146
— globulina, id.	146
— Latasteana, id.	146

13

                                                                Pages.
Ammicola nyassana, Nyassa (Afriq.) 152
    —   Oudrefica, Tunisie. 146
    —   paradoxa   id.   146
    —   Penchinati, Valachie.   97
    —   primæva, foss. quat. France   28
    —   Radigueli,   id.   28
    —   ragia,   Tunisie. 146
    —   singularis, id.   146
    —   Stanleya, Nyassa (Afriq.) 152
    —   sterea,   Tunisie 146
    —   subscalaris, id. 146
Ampullaria Bridouxi, Tanganika (Afriq.). 163
    —   Letourneuxi, Afriq. équat 104
    —   Raymondi, Égypte   60
    —   Welwitschi, Afriq. occid. 104
Anceya admirabilis, Afriq. équat. 157
    —   Giraudi,   id.   137
Ancylus adelinus, Cuba.   57
    —   antediluvianus, foss. quat. France. 28
    —   aorus, Amériq. mérid.   57
    —   Baconi, Indoustan   76
    —   Beaui, Guadeloupe.   76
    —   Benoitianus, Sicile. 57
    —   Brondeli, Algérie   57
    —   caliculatus,   id. 57
    —   Charpentierianus, Chili. 76
    —   complanatus, Cuba   57
    —   Cumingianus, Nouvelle-Hollande 42, 76
    —   Cyclostoma, France   76
    —   Deshayesianus, Europe.   76
    —   Desnoyersi, foss. quat. France.   28
    —   Drouetianus, Algérie.   76
    —   epipedus,   id 57
    —   gibbosus, France. 57,   76
    —   Hamacenicus, Abyssinie   125
    —   Iani, Italie, France 75
    —   Isseli, Égypte 63
    —   Moquinianus, France.   76
    —   Moreleti, Portugal 76
    —   Orbignyanus, foss. plioc., Allemagne. 76

		Pages.
Ancylus	Peraudieri, Algérie	57
—	Petitianus, Jamaïque	76
—	Pfeifferi, Cuba	57
—	plagioxus Brésil	57
—	platylenus, Algérie	57
—	plœarius, Brésil	57
—	Raymondi, Algérie	76
—	Sallei, Mexique	49
—	Saulcyanus, Venezuela	76
—	strigatus, Sicile	76
—	Tiberianus, *id.*	57
—	Verreauxianus, Afrique mérid.	39
Anodonta	acallia, France	112
—	acyrta, France, Italie	111
—	Adamii, Italie	112
—	æchmopsis, France, Croatie	112
—	Antinorii, Italie	127
—	antorida, France	112
—	Apollonica, Anatolie	111
—	Aristidis, Valachie, Croatie	113
—	Arnouldi, Italie, France, Suisse	127
—	Arturi, Italie	127
—	Arvernica, France	111
—	Beccariana, Italie	127
—	Blanci, Savoie	112
—	Broti, Suisse	112
—	Browni, Angleterre	112
—	Brusinæ, Croatie	113
—	callidæa, *id.*	111
—	carisiana, France	112
—	Carotæ, Italie	112
—	Castroi, Portugal	112
—	castropsis, France	112
—	Charpyi, France	111
—	Clessini, Mecklembourg, Suisse	112
—	codiella, France	112
—	colloba, *id.*	113
—	Condatina, France	111
—	Coutagnei, *id.*	112
—	Crimeana, Russie	112

	Pages.
Anodonta cyrtoptychia, Allemagne, France.	111
— Dantessantyi, France.	113
— Delpretei, Italie.	123
— Desori, Suisse.	113
— Doëi, France.	112
— Doriana, Italie.	127
— ectina, Turquie.	112
— elachista, France.	63
— ellipsopsis, Suisse, France.	112
— embia, Algérie.	94
— episema, France.	113
— eporediana, Italie.	127
— ervica, France.	112
— eucypha, Allemagne, France.	111
— eumorphia, Slavonie.	111
— eunotaia, France, Suisse.	112
— exocha, France.	113
— Fagoti, France.	111
— Gallandi, Turquie.	111
— Gallica, France.	111
— gastroda, *id.*	111
— Georgei, *id.*	122
— Gestroi, Italie.	127
— glyca, France.	112
— Gueretini, *id.*	112
— helvetica, Suisse.	84
— Humberti, *id.*	112
— illota, France.	112
— illuviosa, Suisse, France.	112
— ilyseca, Valachie.	113
— Isseli, Italie.	127
— Jourdheuili, France.	112
— Journéi, *id.*	113
— Krapinensis, Croatie.	112
— Kusteri, Wurtemberg.	112
— lacuum, Suisse.	112
— Letourneuxi, Algérie.	94
— Livronica, France.	111
— Locardi, *id.*	111
— Loppionica, Italie.	112

				Pages.
Anodonta	Loroisi,	France..		112
—	lutetiana,	id.		112
—	Mabillei,	id.		112
—	mahometana, Turquie..			112
—	Maritzana,	id.	, Rumélie..	113
—	Martorelli, Espagne.			112
—	melinia, Espagne.			62
—	meretrix,	Italie..		113
—	Monterosati,	id.		113
—	Nansoutyana, France.			111
—	numidica, Algérie..			94
—	nycterina,	France.		112
—	Ogerieni,	id.		112
—	pœdica,	id.		112
—	pammegala,	id.		111
—	Pfeifferi, Allemagne.			113
—	Penchinati, France.			112
—	Picardi, France.			113
—	Pilariana, Croatie.			112
—	Potiezi, France.			112
—	psammita, Suisse.			84
—	Racketti, Angleterre, France..			112
—	Raimondoi, Italie.			123
—	Ramburi, France.			113
—	resima, Valachie.			113
—	Ressmanni, Carynthie.			112
—	Rhodani, France.			111
—	Rumanica, Valachie..			112
—	ruvida, Suisse.			112
—	Saint-Simoniana, France..			111
—	scaphidella, Croatie.			113
—	sedentaria, France, Danemark.			113
—	sequanica, France.			122
—	serbica, Serbie, Croatie.			112
—	Servaini, Allemagne..			113
—	Spengleri, Allemagne, France..			113
—	Spiridionis, Croatie.			113
—	stataria, France..			114
—	Sturmi, Bavière, France, Danemark..			112
—	subarealis, France.			112

	Pages.
Anodonta taurica, Anatolie	111
— Tchernaica, Russie	112
— Thiessæ, Grèce	111
— Tricassina, France	113
— Tritonum, id.	112
— Vescoiana, Mésopotamie	49
— Westerlundi, France, Suède	112
Antilope Faidherbi, Mamm. foss. quat. Algérie	17
— Rouvieri id.	17
Arion anthracius, France	62
— Dupuyanus, id.	67
— Mabillianus, id.	62
Arnouldia gallica, id.	161
Azeca Emiliana, Sicile	50
— incerta id.	50
— psathyrolena, Algérie	50
Baizea Giraudi, Afriq. équat.	138
Balia Deshayesiana, France, Italie	50
— Fischeriana, France, Piémont	50
— lucifuga, Angleterre	50
— pyrenaica, France	50
— Rayana, id.	50
Belgrandia archæa, foss. quat. France	28
— Dehayesiana, id.	28
— Desnoyersi, id.	28
— Dumesniliana, id.	28
— Edwardsiana, id.	28
— Joinvillensis, id.	28
— Lartetiana, id.	28
Blancia Maceana, foss. cénoman, France	32
Bloyetia Leroyi, Afriq. équat.	153
Bourguignatia Bridouxi, Tanganika (Afrique équat.)	164
— Jouberti, id.	164
Brazzæa Anceyi, id.	139
— Bridouxi, id.	71
— Charbonnieri, id.	71
— Coulboisi, id.	71
— elongata, id.	71
— eximia, id.	71

			Pages.
Brazzæa	Jouberti,	Tanganika	71
—	Lavigeriana,	id.	71
—	Moineti,	id.	71
—	Newcombiana,	id.	71
—	Randabeli,	id.	71
—	ventrosa,	id.	71
Bridouxia	costata,	id.	138
—	Giraudi,	id.	138
—	Reymondi,	id.	138
—	Villeserriana,	id.	138
Brondelia	Drouetiana, Algérie		56
—	gibbosa,	id.	56
Bulimus	Abbadianus, Abyssinie		124
—	Achillei,	id.	124
—	æthiopicus,	id.	124
—	Berthieri, Tunisie		145
—	Bertrandi, Çomalis (Afrique)		119
—	Bœoticus, Grèce		67
—	Bridouxi, Afrique équat.		154
—	Brondelianus, Algérie		92
—	Bruguierianus, Arabie		120
—	bulgaricus, Bulgarie		67
—	Cadmeanus, Grèce		67
—	callomphalus, Algérie		67
—	Calverti, Rhodes		66
—	Cameroni, Afriq. équat.		103
—	chareius, Algérie		67
—	Chefneuxi, Choa (Afriq.)		140
—	Chotauxi [1]	id.	140
—	Courtieri, Syrie		66
—	Cruzyi, Russie		67
—	Delagenieri, Çomalis (Afriq.)		119
—	Delesserti, Syra (Archipel)		74
—	dispistus, Syrie		66
—	Ducoureti, Arabie		67

1. Nouveau nom pour remplacer celui de Soleilleti (p. 140), formant double emploi ; nom donné à tort à un Bulimus du Choa (non Bul. Soleilleti, Espèce différente du Sahara, publiée en 1876).

		Pages.
Bulimus	Duveyrierianus, Çomalis (Afriq.)	119
—	episomus, Syrie	49
—	euphraticus, Mésopotamie	67
—	euryomphalus, Algérie	67
—	exacostoma, Syrie	66
—	exochus, id.	66
—	Fourousi, id.	66
—	Galinierianus, Abyssinie	124
—	Georgi, Çomalis (Afriq.)	119
—	Giraudi, Afriq. équat	137
—	Hedjazicus, Arabie	120
—	Heliconus, Grèce	67
—	Herbini, Abyssinie	124
—	Humberti, Russie	49
—	Ilgi, Choa (Afriq.)	140
—	Kursiensis, Arabie	67
—	Lamprostatus, Syrie	66
—	Lejeanianus, Abyssinie	124
—	lenomphalus, Russie	67
—	leptolenus, id.	67
—	Letourneuxi, Algérie	92
—	Levaillantianus, Bosphore	44
—	Lhotellerii, Algérie	67
—	Lourdeli, Afrique équat	154
—	macroconus, Abyssinie	125
—	macropleurus, Çomalis (Afriq.)	119
—	Maharasicus, Arabie	67
—	Marebiensis, id.	67
—	Maunoirianus, Çomalis (Afrique.)	119
—	micraulaxus, Arabie	120
—	numidicus, Algérie	92
—	Pauli, Çomalis (Afriq.)	119
—	petrophius, Russie	67
—	phorcus, id.	50
—	prochilus, Arabie	120
—	psarolenus, France	51
—	pseudoepisomus, Syrie	49
—	punicus, Tunisie	145
—	Raffrayi, Abyssinie	124
—	Rayanus, foss. quat. France	40

		Pages.
Bulimus	Raymondi, Bosphore	44
—	Raynevalianus, *id.*	44
—	Reboudi, Algérie.	67
—	rembus, Russie	67
—	Revoili, Çomalis (Afriq.)	119
—	Reymondi, Afriq. équat.	137
—	Sabæanus, Arabie.	67
—	Saulcyi, Syrie.	74
—	Simonis, Abyssinie	124
—	Solleilleti, Sahara.	67
—	Spekei, Afriq. équat	103
—	spirectinus, Syrie	66
—	subcarneolus, Bosphore	67
—	subdetritus, Turquie.	43
—	subeminulus, Abyssinie	124
—	Tamisierianus, *id.*	124
—	tetragonostoma, Bulgarie	67
—	thaumastus, Syrie.	66
—	Theodosianus, Russie.	67
—	therinus, Syrie	66
—	Tiani, Çomalis (Afriq.)	119
Burtoa	Bridouxiana, Afriq. équat.	156
—	Lavigeriana, *id.*	156
—	Pethericki, *id.*	156
—	sebasmia, *id.*	156
Burtonia	Bridouxi, Tanganika (Afriq. équat.).	71
—	contorta, *id.*	71
—	elongata, *id.*	71
—	Grandidieriana, *id.*	71
—	Jouberti, *id.*	71
—	Lavigeriana, *id.*	71
—	Livingstoniana, *id.*	128
—	magnifica, *id.*	71
—	Moineti, *id.*	71
—	subtriangularis, *id.*	71
—	tanganikana, *id.*	128
Burtopsis	Jouberti, Afriq. équat.	156
Bythinella	limnopsis, Tunisie.	146
—	mauritanica, *id,*	146
—	microcochlia, *id.*	146

	Pages.
Bythinella punica, Tunisie	146
Bythinia aploa, Sibérie	54
— archœa, foss. quat. France	28
— codia, Italie	56
— desertorum, Algérie	56
— Farezi, foss. plioc. Dalmatie,	33
— Gaillardoti, Syrie	45
— Hagenmulleri, Tunisie	146
— Hawadieriana, Syrie	77
— hebraica, id.	46
— Jobæ, foss. mioc. Algérie	26
— leptostoma, foss. plioc. Dalmatie	33
— Letourneuxi, Algérie	56
— longiscata, Syrie	45
— Manchourica, Manchourie	54
— Moquiniana, Syrie	45
— multisulcata, Tanganika (Afriq. équat.)	163
— numidica, Algérie	93
— perforata, id.	56
— punica, Tunisie	146
— Putoniana, Syrie	45
— pycnocheilia, Algérie	56
— pycnolena, id.	56
— raphidia, Sibérie	54
— Saulcyi, Syrie	77
— Tripaloi, foss. plioc. Dalmatie	33
— Verreauxiana, Egypte	46
Bythiospeum africanum, Algérie	117
— Letourneuxi, Carniole	117
Cæcilianella aciculoides, Italie	49
— aglena, France	49
— anglica, Angleterre	48
— enhalia, France	82
— Grateloupi, foss. plioc. France	48
— Letourneuxi, Algérie	93
— Liesvillei, France	48
— Mauriana, id.	96
— Merimeana, id.	96
— nanodea, Algérie	48

	Pages.
Cœcilianella nyctelia, Madère.	48
— raphidia, Algérie.	48
— Soleilleti, Choa (Afriq.).	140
— subsaxana, Grèce.	48
— syriaca, Syrie.	48
— tumulorum, Grèce.	48
Caillaudia angulata, Abyssinie.	125
— Letourneuxi, id.	125
Calvertia, Brusiniana, foss. plioc. Dalmatie.	34
— Klecakiana, id.	34
— Letourneuxi, id.	34
Cambieria Jouberti, Tanganika (Afr. équat.).	163
Cameronia admirabilis, id.	71
— Anceyi, id.	139
— Bridouxi, id.	71
— Charbonieri. id.	71
— complanata. id.	71
— Coulboisi, id.	71
— Dromauxi, id.	71
— gigantea, id.	71
— Giraudi, id.	139
— Guillemeti, id.	71
— Josseti, id.	71
— Jouberti, id.	71
— Landeaui, id.	71
— Lavigeriana. id.	71
— Locardiana, id.	71
— Mabilliana, id.	71
— Marioniana, id.	139
— Moineti, id.	71
— obtusa, id.	71
— paradoxa, id.	71
— pulchella, id.	71
— Randabeli, id.	71
— Revoiliana, id.	71
— Vynckei, id.	71
Canis ferus, Mamm. foss. quat. France.	18
Carychium coloratum, foss. mioc. France.	36
— Deshayesianum, foss. quat. Angleterre.	51
— episomum, foss. quat. Wurtemberg.	49

	Pages.

Carychium eumicrum, foss. quat. Allemagne. 49
— euphæum, Amériq. sept. 49
— existelium, id. 49
— Larteti, foss. mioc. France. 36
— melanostoma, Algérie. 67
— Milne-Edwardsi, foss. mioc. France. 36
— nanodeum, foss. quat. Allemagne. 49
— Nouleti, foss. mioc. France. 49
— d'Orbignyanum, foss. quat. Angleterre. . . . 51
— Rayanum, France. 45
— striolatum, France. 49
Chambardia Letourneuxi, Égypte 161
— Locardiana, id. 161
— Pharaonum, id. 161
— rhynchoidea, id. 161
Choanomphalus amauronius, Sibérie. 53
— aorus, id. 54
Chondrus acheilus, Syrie. 70
— adrus, id. 70
— anisodus, id. 70
— Bargesi, id. 70
— chrestus, id. 70
— compsus, id. 70
— crithus, id. 70
— Gauthieri, id. 70
— Innesianus, Égypte. 69
— lenichnus, Syrie. 70
— Letourneuxi, Égypte. 69
— Lhotellerii, id. 69
— mauritanicus, Algérie. 69
— mesus, Syrie. 70
— Olympicus, Anatolie. 70
— oresigenus, Syrie. 70
— prionotus, Anatolie. 70
— prostoma, Syrie. 70
— Prusaensis, Anatolie. 70
— psammæcius, Syrie. 70
— sphæroideus, Syrie. 70
— subtricuspis, Égypte. 70
Clausilia alasthena, France. 99

		Pages.
Clausilia Albersi, Syrie.		74
— Arcxensis,	France.	99
— armoricana,	id.	81
— arrosta,	id.	99
— atrosuturalis,	id.	99
— Aubiniana,	id.	96
— Bargesi, Syrie.		64
— belopidæa,	France.	99
— Bertronica,	id.	99
— Bizarellina, foss. quat. France.		100
— Bonneti, Tunisie.		145
— Buxorum,	France.	99
— Capellarum,	id.	99
— carthusiana,	id.	99
— Companyoi,	id.	99
— Cossoni, Tunisie.		145
— Courquiniana, Espagne.		67
— cylindrelliformis, Syrie.		43
— Davidiana,	id.	64
— Delesserti,	id.	77
— digonostoma, France.		99
— dilophia,	id.	99
— druiditica,	id.	81
— Dupuyana,	id.	99
— Dutaillyana, Syrie.		64
— earina,	France.	99
— emeria,	id.	99
— enhalia,	id.	99
— ennychia,	id.	99
— eumicra,	id.	99
— Euzierriana, France.		96
— Fagotiana,	id.	99
— Farinesiana,	id.	99
— Fuxumica,	id.	99
— Gadueliana, foss. quat. France.		100
— Gallandi, Rhodes.		67
— gallica, France.		99
— Gaudryi,	Syrie.	64
— Genezarethana.	id.	59
— gibbosa,	France.	99

		Pages.
Clausilia	girathroa, France.	99
—	Giraudi, Afriq. équat.	137
—	helvetica, Suisse.	84
—	Herculæa, France.	98
—	Hierosolymitana, Syrie.	64
—	hispanica, Espagne.	67
—	Joinvillensis, foss. quat. France.	28
—	judaica, Syrie.	64
—	leia, France.	99
—	Letourneuxi, Algérie.	93
—	lusitanica, Portugal.	67
—	Maceana, France.	96
—	mammillata, id.	99
—	Marioniana, id.	99
—	Matronica, id.	99
—	micratracta, id.	99
—	microlena, id.	99
—	micropleuros, id.	99
—	Milne-Edwardsi, id.	99
—	Moitessieri, id.	99
—	Mongermonti, id.	98
—	Nansoutyana, id.	99
—	Nantuacina, id.	99
—	onixiomicra, France.	99
—	Penchinati, Espagne, France.	67, 99
—	perexilis, France.	99
—	Perinni, Algérie.	67
—	phœniciaca, Syrie.	64
—	philora, Tunisie.	147
—	plagia, France.	99
—	plagiostoma, id.	99
—	pleurasthena, id.	99
—	Prophetarum, Syrie.	64
—	punica, Tunisie.	96
—	Raymondi, Syrie.	59
—	Sabaudina, France.	99
—	Saint-Simonis, id.	99
—	sancta, Syrie.	64
—	Sancti-Honorati, France.	99
—	Saulcyi, Syrie.	77

                                                                Pages.
Clausilia sequanica,   France   99
    — Silanica,   id.   99
    — Velaviana,   id.   99
    — Veranyi,   id.   99
    — viriata,   id.   99
    — ylora,   id.   99
    — Zaghouanica, Tunisie.   145
Cleodora Maresi, foss. plioc. Algérie.   27
Cleopatra Cameroni, Afriq. équat.   104
    — Guillemeti,   id.   139
    — Jouberti, Tanganika.   163
    — Kynganica, Afriq. équat.   104
    — Laurenti, Egypte   104
    — Letourneuxi, Afriq. équat   104
    — Lhotellerii, Egypte.   104
    — mareotica,   id.   104
    — Pauli,   Choa.   140
    — percarinata, id.   140
    — Raymondi, Egypte   104
    — Soleilleti, Choa   140
Cœlestele africana, Afriq. (Côtes abyssin.). 105
    — ægyptiaca, Egypte   105
    — arabica, Arabie.   105
    — Castroiana, Espagne.   105
    — Isseli, Arabie   105
    — hispanica   Espagne   105
    — lævigata,   id.   105
    — Letourneuxiana,   id.   105
    — raphidia   id.   105
    — Servaini,   id.   105
    — tumidula,   id.   105
Colletopterum eximium, Serbie (Danube).   111
    — Letourneuxi,   id.   111
    — præclarum,   id.   111
    — Tanousi,   id.   111
Colpanostoma Leroyi, Afriq. équat..   153
Coodea Ponsombyi, Tanganika.   165
Corbicula ægyptiaca, Egypte, Afriq. équat.   160
    — astartinella, Nyassa (Afriq.).   152
    — callipyga, Choa.   140

	Pages.
Corbicula Degousei, Egypte, Afriq. équat	160
— Giraudi, Nyassa, Afrique	152
— Gravieriana, Choa	140
— Nyassana, Nyassa (Afriq.)	152
— Soleilleti, Choa	140
— subtruncatula, Afriq. équat	160
— tanganikana, Tanganika	139
Creseis Dussertiana, foss. plioc. Algérie	27
— Letourneuxi, id.	27
Cuon Edwardsianus, Mamm. foss. quat. France	19
— europæus, id.	12, 19
Cyclostoma Cambieri, Afriq. équat	158
— Campanum, foss. mioc. France	36
— Leroyi, Afriq. équat	158
— Lutetianum, foss. quat. France	28
— subelegans, id.	28
Cyrena Saulcyi, Syrie	65
Daudebardia atlantica, Algérie	65
— Gaillardoti, Syrie	43
— Letourneuxi, Algérie	63
— nubigena, id.	65
Dressensia Belgrandi, France	122
Edentulina Grandidieriana, Afriq. équat	158
Edgaria littoralis, Tanganika	164
— Monceti id.	164
Emmericia acutimargo, Dalmatie	109
— Adamii, Frioul	109
— albocincta, Dalmatie	109
— Almissana, Albanie, Dalmatie	109
— Aristidis, Dalmatie	109
— Blanciana. id.	109
— Brumatiana, Frioul, Dalmatie	109
— Brusinæ, Dalmatie	109
— bulimiformis, id.	109
— callostoma, Frioul, Dalmatie	109
— catorhynchus, Dalmatie	109
— cinerea, Frioul, Dalmatie	109
— communis, id.	109

— 209 —

		Pages.
Emmericia	Cornaliæ, Frioul	109
—	crassa, Frioul, Dalmatie	109
—	dalmatina, Dalmatie, Albanie	100
—	Doriana, Frioul	109
—	elongata, Dalmatie	109
—	enhalia, Frioul, Dalmatie	109
—	eximia, Frioul	109
—	Fagotiana, Dalmatie	109
—	fragilis, id.	109
—	ininquinata, id.	109
—	Isseliana, Frioul	109
—	Klecaki, Dalmatie, Frioul	109
—	Kusteri, id.	109
—	labrosa, id.	109
—	lacunosa, Dalmatie	109
—	Letourneuxi, id.	109
—	Mabiliana, id.	109
—	megalostoma, id.	109
—	minima, id.	109
—	microcheila, Frioul, Dalmatie	109
—	microstoma, Frioul	109
—	Monfalconensis, Dalmatie, Frioul	109
—	montenegrina, Monténégro	109
—	Monterosati, Frioul	109
—	Narentana, Dalmatie, Herzégovine	109
—	obesa, Dalmatie	109
—	obscura, Frioul, Dalmatie	109
—	ovoidæa, Dalmatie	109
—	Pauloviciana, id.	109
—	perforata, id.	109
—	Piniana, Albanie, Monténégro	109
—	ponderosa, Dalmatie	109
—	prœclara, Frioul	109
—	producta, Dalmatie	109
—	pseudenhalia, Frioul, Dalmatie, etc.	109
—	pulchella, id.	109
—	regularis, Dalmatie	109
—	Sandriana, id.	109
—	secernenda, Dalmatie, Frioul	109
—	Servainiana, Dalmatie	109

	Pages.
Emmericia soluta, Frioul.	109
— sphæroidæa, Dalmatie	109
— stagnalis id.	109
— Stefaniana, id.	109
— Stossichiana, id.	109
— Taciti, id.	109
— Tanousi, id.	109
— Tiberiana, id.	109
— trochilus, id.	109
— violacea, Frioul, Dalmatie	109
— viridis, id.	109
Ennea Raffrayi, Abyssinie	125
Eupera Jickelii, Egypte, Abyssinie	125
— Letourneuxi, id	125
Fagotia acroxia, Croatie.	134
— anatolica, Anatolie.	134
— Anceyana, Croatie, Anatolie	134
— Ascanica, Anatolie.	134
— Berlani, Valachie, Croatie	134
— Danubialis, id.	134
— Gallandi, Anatolie.	134
— gravida, id.	134
— Letourneuxi, Croatie.	134
— Locardiana, Anatolie.	134
— nocturna, Croatie, Valachie	134
— Pfeifferi, Carniole, Croatie.	134
— Pilariana, Croatie, Slavonie.	134
— pusilla, Slavonie	134
— Rossmæssleriana, Croatie.	134
— Saint-Simoniana, Croatie.	134
— Servainiana id.	134
— stenostoma, Croatie	134
Felis Edwardsiana, Mamm. foss. quat. France . . . 12,	24
Ferussacia abia, Algérie.	92
— abromia, Sicile, Algérie. 61,	92
— agræcia, Algérie.	92
— amblya, Algérie, Espagne.	79
— amauronia, Algérie.	79
— aphelina, id.	61

		Pages.
Ferussacia	Barattei, Tunisie	145
—	Berthieri, *id.*	145
—	Berytensis, Syrie	62
—	Bugesi, France	63
—	celosia, Algérie	92
—	charopia, *id.*	92
—	cirtana, *id.*	64
—	Cossoni, Tunisie	145
—	diodonta, Algérie	64
—	Doumeti, Tunisie	145
—	ennychia, Algérie	47
—	eremiophila, *id.*	47
—	eucharista, *id.*	92
—	eulissa, *id.*	67
—	folliculus, France, Espagne, Italie	79
—	Forbesi, Algérie	47, 79
—	gibbosa, Tunisie	145
—	Hagenmulleri, Tunisie	145
—	Lallemanti, *id.*	145
—	lamellata, *id.*	145
—	Letourneuxi, Algérie	67
—	littoralis, Tunisie	145
—	Macei, France	96
—	Maresi, Tunisie	145
—	Michoniana, Syrie	61
—	microxia, Algérie	65
—	Moitessieri, France	63
—	montana, Tunisie	145
—	Moussoniana, Syrie	61
—	Nympharum, Tunisie	145
—	obesa, *id.*	145
—	oranensis, Algérie	64
—	Paladilhiana, France	63
—	polyodon, Tunisie	145
—	proechia, Algérie	92
—	punica, Tunisie	145
—	regularis, Malte, Sicile	79
—	Rothi, Syrie	61
—	Saulcyi, *id.*	61
—	scaptobia, Algérie	47

— 212 —

		Pages.
Ferussacia	sciaphila, Algérie.	47
—	splendens, Tunisie.	145
—	stenostoma, id.	145
—	subgracilenta, Algérie	67
—	Terveri, id.	47
—	thamnophila, id.	93
—	Vescoi, France, Espagne, Algérie.	79
Fossarulus	Brusinæ, foss. plioc. Dalmatie	33
—	diadematus, id.	33
—	globulus, id.	33
—	Letourneuxi id.	33
—	præclarus, id.	33
—	Tripaloi, id.	33

Gaillardotia	Calvertiana, foss. plioc. Dalmatie		33
—	Paulovici,	id.	33
—	perobtusa,	id.	34
—	Tripaloi,	id.	33
Gallandia conoidea, Anatolie			107
Gazella atlantica, Mamm. foss. quat. Algérie.			17
Georgia Austeni, Socotora			120
—	Guillaini, Afriq. (Çomalis)		119
—	naticopsis, id.		119
—	Revoili, id.		119
—	Yemenica, Arabie.		120
Giraudia Grandidieriana, Tanganika.			138
—	præclara, id.		138
Glandina Brondeli, Algérie.			44
—	Delesserti, Corfou.		74
—	Jobæ, foss. mioc. Algérie.		26
—	Vescoi, France, Espagne, Algérie		45
Gonaxis Bloyeti, Afriq. équat.			158
Grandidieria Anceyi, Tanganika.			139
—	callista, id.		164
—	corbicula, id.		139
—	cyrenopsis, id.		137
—	elongata, id.		138
—	Giraudi, id.		139
—	granulosa, id.		139
—	gravida, id.		137

		Pages.
Grandidieria Hauttecœuri, Tanganika		139
— incarnata,	id.	139
— insignis,	id.	139
— Locardiana,	id.	139
— mira,	id.	139
— rhynchonella,	id.	164
— rostrata,	id.	137
— rotundata,	id.	139
— Servainiana,	id.	137
— singularis,	id.	164
— Smithi,	id.	137
— Ujijensis,	id.	137
Guillainia cœrulans, Afrique équatoriale		136
— compressa,	id.	136
— Georgei,	id.	136
— Mabilliana,	id.	136
— magnifica,	id.	136
— Revoili,	id.	136
— Rochebruniana,	id.	136
Gundlachia adelosia, Cuba (Antilles)		55
— Poeyi,	id.	55
Hagenmulleria Letourneuxi, Algérie		117
— Pechaudi,	id.	117
Hamya Revoili, Afrique équatoriale		136
Hauttecœuria Bridouxiana,	Tanganika	163
— Brincatiana,	id.	163
— Burtoni,	id.	163
— Cambieri,	id.	163
— Cameroni,	id.	163
— Charmetanti,	id.	163
— Duveyrieriana,	id.	138
— eximia,	id.	138
— Giraudi,	id.	138
— Hamyana,	id.	138
— Jouberti,	id.	163
— Lavigeriana,	id.	163
— Levesquiana,	id.	163
— Locardiana,	id.	163
— macrostoma,	id.	163

— 214 —

			Pages.
Hauttecœuria	Maunoiriana,	Tanganika	138
—	Milne-Edwardsiana,	id.	138
—	minuta,	id.	138
—	Moineti,	id.	136
—	pusilla,	id.	163
—	Reymondi,	id.	138
—	Servainiana,	id.	163
—	singularis,	id.	138
—	soluta,	id.	138
Helix	Abbadiana, Abyssinie		124
—	abietina, Algérie		92
—	ablennia, id.		94
—	acanonica, id.		69
—	acela, Tunisie		144
—	acentromphala, France, Espagne		108
—	Achillei, Abyssinie		124
—	acleochroa, Algérie		92
—	acompsia, id.		92
—	acorta, Tunisie		142
—	acosmeta, France		121
—	acosmia, id.		122
—	adisana, Tunisie		144
—	adriatica, Dalmatie		150
—	æcouria, Tunisie		142
—	æglia, id.		143
—	æstuosa, id.		144
—	agapeta, Transylvanie		114
—	aggarica, Tunisie		143
—	aglena, Maroc		130
—	agrioica, Algérie		92
—	Ahmarina, Maroc		130
—	aimophila, Italie		51
—	alsia, Algérie		92
—	amathia, France		121
—	Ambidotina, foss. mioc. France		35
—	ambloxa, Tunisie		143
—	amethysta, id.		144
—	amicula, id.		143
—	Ammaderana, id.		142
—	amoma, id.		144

		Pages.
Helix	amphibola, Tunisie	143
—	anasia, *id.*	143
—	Andorrica, Andorre (Pyrénées)	78
—	anephela, Tunisie	144
—	anombra, *id.*	145
—	apalolena, France, Espagne	63
—	Arbana, Tunisie	144
—	archæa, foss. quat. Algérie	27
—	arenarum, Algérie	92
—	argoderma, Tunisie	143
—	Arianensis, *id.*	95-145
—	armoricana, France	122
—	Arrouxi, Syrie	59
—	artara, Tunisie	142
—	artonilla, *id.*	143
—	asemnis, Anatolie	53
—	astata, Espagne, Tunisie, France	108
—	asteia, Espagne	59
—	asthena, foss. mioc. France	35
—	astonara, Tunisie	143
—	atopa, foss. mioc. France	35
—	atrolabiata, Italie	123
—	Aubiniana, France	69, 121
—	Aucapitainiana, Algérie	59
—	Augustiniana, Espagne, Algérie	108
—	axia, Espagne	69, 108
—	axiotheata, Tunisie	142
—	azorella, Maroc	69
—	Baccueti, Algérie	92
—	Barattei, Tunisie	142
—	Barcinensis, Espagne	65
—	Bardoensis, Tunisie	95
—	Bargesiana, Syrie	39
—	Barreri, foss. mioc. France	35
—	Bastidiana, Algérie	94
—	Baudotiana, *id.*	69
—	Belgrandi, foss. quat. France	28
—	Belluciana, Tunisie	145
—	Berthieri, Algérie	69
—	Bertini, France	122

— 216 —

		Pages.
Helix	Binetiana, foss. quat. France.	12
—	Biagioi, Dalmatie.	150
—	Billotiana, Tunisie.	144
—	birta, id.	142
—	blossura, id.	144
—	Bonduelliana, Algérie 59,	91
—	Boudriesina, Tunisie.	142
—	Bourniana, France	87
—	Bradybæna, Tunisie.	143
—	Brenoica, Dalmatie.	150
—	briarma, Tunisie	143
—	brocha, Algérie.	131
—	Brondeli, id.	44
—	burella, Tunisie.	142
—	Burini, Algérie.	58
—	Buxetorum, France. 69,	121
—	Byrsæ, Tunisie.	144
—	cacista, id.	143
—	calendyma, Algérie.	91
—	callistoderma, Tunisie.	145
—	calopsis, Algérie.	92
—	camelina, Syrie.	74
—	Campanea, foss. mioc. France.	35
—	cana, Tunisie.	144
—	Cantæ, Espagne.	131
—	Cantrainei, Dalmatie.	150
—	Capuana, Italie.	145
—	carascalioides, Bosphore.	43
—	Carpiensis, Tunisie, Syrie.	144
—	carta, Tunisie	144
—	Casertana, Italie, Tunisie	143
—	catagonia, foss. mioc. France	35
—	catharolena, Algérie.	68
—	catharota, Tunisie, Algérie.	144
—	catharotella id.	144
—	catocyphia, France.	79
—	catodonta, Algérie.	68
—	catostoma, foss. mioc. Algérie.	27
—	caudefacta, Tunisie.	144
—	celestis, id.	142

		Pages.
Helix	celtica, foss. quat. France	28
—	Ceyssoni, France	114, 121
—	Challamelliana, Algérie	94
—	Chambardi, Égypte, Tunisie, etc.	144
—	Charmesiana, Tunisie	144
—	Cheffiana, id.	142
—	chilembia, Egypte	60
—	chioidæa, Algérie, Tunisie	144
—	chiophila, France	121
—	chnoodia, Algérie	92
—	chola, Tunisie	144
—	chonomphala, Sicile, France	68, 121
—	choreta, Algérie	92
—	chorista, Espagne	131
—	chthamatolena, Algérie	67
—	chydopsis, Maroc	69
—	Cithariensis, France	122
—	Clairi, id.	104
—	codia, Portugal	51
—	Colliniana, Suède	59
—	Colomiesiana, Algérie	92
—	Çomaliana, Çomalis (Afrique)	119
—	Combesiana, Abyssinie	124
—	comephora, Grèce	50
—	compsopleura, Tyrol	123
—	concholeuca, Tunisie	143
—	concreta, France	102
—	conicula, Tunisie	145
—	cotinophila, France	121
—	Coutagnei, id.	122
—	crimoda, id.	102
—	Crisiæ, Tunisie	143
—	Crombezi, France	121
—	Cruzyi, Russie	43
—	Cularensis, France	121
—	Cussetiensis id.	121
—	cyrtolena, Grèce, Thessalie	53
—	Danieli, France	81
—	Daniloi, Dalmatie	150
—	Dantei, France	121

		Pages.
Helix	Darolli, Algérie	68
—	Dastuguei, id.	58
—	dasypleura, foss. mioc. France	35
—	Davidiana, Syrie	60
—	Debeauxiana, Algérie	92
—	Deferiana, France	122
—	Delacourti, foss. quat. France	32
—	Dermoi, Espagne, Maroc, Tunisie	144
—	dexia, Tunisie	143
—	D'Hericourtiana, Choa (Afrique)	140
—	diæga, France	102
—	dicbromolena, Italie	68
—	Dicroceri, foss. mioc. France	35
—	diloricata, Tunisie	143
—	dinarica, Dalmatie	150
—	Diocletiana, id.	150
—	Djarica, Algérie	68
—	Djebbarica, id.	64
—	Djerbanica, Tunisie	144
—	Donatii, Italie, Espagne, Tunisie	144
—	Doumeti, Tunisie	67
—	Druentiana, France	102
—	Dschulfensis, Arménie	50
—	Dumesniliana, foss. quat. France	28
—	Dumorum, France	69, 121
—	Dussertiana, Algérie	64
—	Duveyrieriana, id.	92
—	Dyrrachiensis, Albanie	145
—	elachia, France	59
—	elithia, Tunisie	144
—	embia, Algérie	58
—	encestella, Tunisie	144
—	Enfidana, id.	145
—	Engaddensis, Syrie	74
—	enica, Tunisie	144
—	entara, id.	144
—	entela, foss. mioc. France	35
—	Equitum, Rhodes	68
—	erema, France	122
—	esnorca, Tunisie	144

		Pages.
Helix	etæma, Tunisie	144
—	eucalia, id.	143
—	eucana, id.	144
—	euchromia, Grèce	48
—	eucineta, id.	48
—	eucoræa, Tunisie	148
—	eugastora, Espagne, Algérie	69
—	euglypholena, foss. mioc. France	35
—	eugoniostoma, Syra (Archipel)	68
—	eumoma, Tunisie	144
—	eupæcilia, Grèce	48
—	euphorca, Algérie	92
—	euphorcella, Tunisie	144
—	eupyramis, id.	145
—	eusphæridia, foss. quat. Algérie	27
—	eustropa, Baléares	69
—	eustrongyla, foss. quat. Algérie	27
—	eutrapela, foss. mioc. France	35
—	euthygyra, foss. quat. Algérie	27
—	Euzierriana, foss. quat. France	52
—	exæreta, foss. mioc. France	35
—	exochia id.	35
—	Ezquerriana, Espagne	130
—	Fagoti, France	121
—	Faidherbiana, Algérie	64
—	fera, Tunisie	143
—	Feriana, —	144
—	Ferretiana, Abyssinie	124
—	Filholi, foss. éoc. France	31
—	fimbriata, Syrie	74
—	Fleurati, Tunisie	95
—	Fourousi, Syrie	59
—	Fradiniana, Algérie	92
—	Fratisiana, Tunisie	142
—	Frayssiana, France	122
—	galactina, Tunisie	145
—	galena, Espagne	69
—	galeomma, Tunisie	143
—	Galinieriana, Abyssinie	124
—	Gallandi, Rhodes	67

		Pages.
Helix	gelida, France	102
—	geralæa, foss. quat. Algérie	27
—	Gergisensis, Tunisie	144
—	Geryvillensis, foss. quat. Algérie	26
—	Giuliæ, Malte	68
—	glischra, Tunisie	142
—	goniogyra, id.	143
—	graellopsis, Maroc	69
—	Grannonensis, France, Espagne, Tunisie. 108,	144
—	graphicotera, Archipel	46
—	Grelloisi, id.	40
—	Groboni, France	122
—	Guevarriana, id.	96
—	Guimeti, Egypte	68
—	gyrioxia, foss. quat. Algérie	26
—	Hadrumetorum, Tunisie,	144
—	Haïdrana, id.	142
—	halia, id.	143
—	Hamacenica, Abyssinie	124
—	Hamadanica, Tunisie	144
—	Hariotiana, Baléares	68
—	heliophila, Algérie	69
—	hellenica, Grèce	68
—	Henouiana, Algérie	66
—	Herbini, Abyssinie	124
—	hierica, Sicile	68
—	Hierosolymitana, Syrie	74
—	hola, Tunisie	143
—	Honorati, France	122
—	Horatii, Dalmatie	150
—	Hueti, Arménie	43
—	hylonomia, France	121
—	hypæana, id.	122
—	hyperconica, Algérie	67
—	hypsellina, France	121
—	iadola, id.	121
—	iansthinostoma, Tunisie	144
—	Ibrahimi, Maroc	130
—	Idaliæ, Chypre	40
—	idia, Tunisie	144

			Pages.
Hélix	incolummis,	*id.*	143
—	ingenua,	*id.*	144
—	innoxia, France.		121
—	Interamnensis, Italie.		68
—	ionstoma, Tunisie.		144
—	irana,	*id.*	143
—	irrita,	*id.*	143
—	isæa,	*id.*	143
—	istera,	*id.*	143
—	Jeanbernati, France.		122
—	Jourdaniana, Algérie.		63
—	Juriniana, France.		86
—	Kerizensis,	Tunisie.	143
—	Khanguetina,	*id.*	142
—	Koleensis, foss. quat. Algérie.		26
—	Kolibiana, Tunisie.		145
—	korægelia, France.		121
—	Kurdistana, Kurdistan.		60
—	Kuzmici, Dalmatie.		150
—	Lacertarum, Algérie.		92
—	Lallemantiana,	*id.*	92
—	lamprimathia, Maroc.	69,	131
—	Langloisiana, Syrie.		77
—	Langsdorffi, France.		121
—	lasia, Algérie.		92
—	Latastei,	Tunisie.	144
—	latastcopsis,	*id.*	144
—	lathræa, France.		122
—	Laurenti, Espagne.		66
—	Lautaretina, France.		121
—	Lavandulæ,	*id.*	60
—	Lecouffei, Tunisie.		142
—	Lejeaniana, Abyssinie.		124
—	lemonica,	France.	69, 121
—	lepidophora,	*id.*	69, 121
—	leptomphala,	*id.*	121
—	Letessieriana, Algérie.		65
—	Letourneuxiana,	*id.*	92
—	leucestha, Tunisie.		144
—	leucophora,	*id.*	144

Pages.
Helix Levesquei, Algérie, Tunisie. 144
— limara, France. 122
— Lirouxiana, id. 122
— Locheana, Algérie. 92
— Lotophagorum, Tunisie. 142
— Lucetumensis, Espagne, Algérie. 69, 108
— lutetiana, foss. quat. France. 28
— Luynesiana, Syrie. 68
— Lycina, id. 69
— Mactanica, Algérie. 145
— Madana, Algérie, France. 145
— Madarina, Algérie. 144
— Mahdiana, Tunisie. 143
— mahometana, Turquie. 53
— Malacensis, Espagne. 130
— Malaspinæ, Tunisie. 95
— Marguerittei, Algérie. 69
— Marioniana, France. 122
— Marsiana, France, Espagne. 108
— Martorelli, Espagne. 65
— Massoti, France. 59
— Mattarica, Maroc. 69
— maura, Espagne. 130
— Maureliana, foss. quat. France. 12
— Mauriana, France. 122
— mauritanica, Espagne, Maroc, Algérie. 108
— Mayeti, Tunisie. 144
— Maxulana, id. 144
— mea, Algérie. 69
— Mehadiæ, Banat (Autriche). 69
— melanonixia, Algérie. 68
— melosina, Milo (Archipel). 67
— Membronica, Tunisie. 143
— Meninxica, id. 142
— menobana, Espagne. 69
— Menzelensis, Tunisie. 143
— Mesembrina, id. 142
— Messapia, id. 143
— meteora, id. 142
— meticulosa, id. 144

Pages.

Helix Mezanarica, Tunisie 142
— Michoniana, Kurdistan, Diarbekir 60
— microgyra, France 121
— microspila, Tunisie 144
— Millieri, France 105
— misara, id. 122
— Mogadorensis, Maroc 60
— morbihana, France 121
— Mosellica, id. 69, 121
— monerea, Algérie, Tunisie 144
— Montenegrina, Monténégro 150
— Morini, Tunisie 145
— Mouqueroni, France 122
— musicola, Turquie 43
— myristigmæa, Algérie 130
— Naudieri, France 122
— neftana, Tunisie 143
— Nemesiana, foss. quat. France 32
— Nemetuna, France 69, 121
— newkopsis, Tunisie 145
— nigrozonata, Italie 123
— nilotica, Égypte 59
— nitefacta, Tunisie 69
— nitelina, Rhodes 74
— noctuella, Tunisie 143
— nomephila, France 122
— nya, Algérie 144
— occonella, Tunisie 144
— odæca, France 121
— odopachya, Algérie 92
— onixiomicra, Monténégro 53
— oreta, Tunisie 144
— ovularis, Turquie 43
— pachestha, Tunisie 144
— pachya, Syrie 53
— pachypleuros, France 121
— palæa, foss. quat. Algérie 27
— Paladilhi, France 63
— Palmana, Baléares 131
— panurga, Tunisie 144

— 224 —

		Pages.
Helix	Paretiana, foss. quat. France et Ligurie. . . .	65
—	parthenia, Tunisie.	143
—	Partschi, Espagne.	108
—	Pechaudi, Algérie.	108
—	pediana, Algérie, Tunisie.	144
—	pedianopsis id.	144
—	pellanica, Dalmatie.	150
—	Pelopica, Espagne.	108
—	Pelvouxiana, France.	121
—	Penchinati, Espagne.	65
—	peracanthoda, Abyssinie.	124
—	perfecta, Tyrol.	193
—	perlutosa, Tunisie.	143
—	persordida, id.	142
—	philammia, Égypte.	60
—	phorochætia, France	87
—	Phygaliæ, Grèce	69
—	philoscia, foss. mioc. France.	35
—	Pictonum, France.	122
—	pisanella, Espagne	144
—	pisaniformis, Çomalis (Afrique)	114
—	Pisanorum, France	122
—	plebæia, Tunisie	144
—	plæsia, Maroc.	69
—	plæsiasteia, id.	130
—	pleurabdota, Tunisie.	143
—	pleuradra, foss. mioc. France.	35
—	pleurischura, Sicile.	68
—	polypleura, foss. mioc. France.	35
—	Poupillieri, Algérie	92
—	privata, Tunisie.	143
—	promæca, France.	121
—	Prophetarum, Syrie.	74
—	psammacella, Tunisie.	143
—	psammæcia, foss. quat. Algérie	26
—	psammathæa, Tunisie.	143
—	psara, Algérie	92
—	psaturochæta, France	81
—	pseudenhalia, id.	79
—	ptilota, id.	80

		Pages.
Helix	ptychodia, Egypte	60
—	pycnia, Syrie	53
—	pycnocheilia, Algérie	91
—	pyrgia, France	121
—	rachioidea, Anatolie	59
—	Radesiana, Tunisie	144
—	Radigueli, foss. quat. France	28
—	Ramisi, Espagne	131
—	raymondopsis, Maroc	69
—	Reboudiana, Algérie	92
—	rechodia, foss. mioc. Algérie	26
—	resinica, France	121
—	Rokniaca, Algérie	64
—	romalæa, Sahara	69
—	Rouvieriana, Algérie	65
—	rozetopsis, Tunisie	143
—	Ruchetiana, foss. quat. France	28
—	Rusinica, France	69
—	rypa, Tunisie	142
—	rypara, Italie	123
—	Sabljari, Dalmatie	150
—	Sageti, Tunisie	144
—	Salemensis, id.	144
—	salivosa, id.	143
—	Sampoli, Espagne	131
—	sancta, Syrie	74
—	Sansanica, foss. mioc. France	36
—	Schahbulakensis, Arménie	68
—	schlœrotricha, Algérie	65
—	sciamoica, foss. mioc. France	35
—	scrupæa, France	122
—	Seignettei, Sahara	69
—	Seissanica, foss. mioc. France	35
—	semna, id.	35
—	Separica, France	39, 121
—	Servaini, id.	65
—	sigela, Tyrol	123
—	Silanica, France	121
—	simocheilia, Espagne, Algérie	69
—	Simoniana, France	65

15

		Pages.
Helix	Sitifiensis, Algérie, France	122
—	Slouguina, Tunisie	142
—	Soccaliana, Corfou	150
—	solitudinis, Syrie	74
—	Soleilleti, Sahara	68
—	spaella, Tunisie, Algérie	145
—	spaellina, Tunisie	145
—	specialis, Espagne, Algérie, Tunisie	108
—	sphæriostoma, Grèce	48
—	sphæromorpha, Algérie	69
—	Spllmenti, Tunisie	144
—	spiroxia, Syrie	65
—	stercolena, Tunisie	144
—	stereodonta, Sahara	69
—	sterra, foss. mioc. France	35
—	sthenara, id.	35
—	sticta, Maroc	69, 131
—	stomatoloxa, foss. quat. Algérie	27
—	straminiformis, Italie	68
—	strongillostoma, foss. mioc. France	35
—	subaustriaca, France	104
—	subbadiella, France	121
—	subcostulata, Algérie	92
—	subintersecta, France	122
—	sublimbata, id.	121
—	subnivellina, Abyssinie	124
—	subobstructa, Russie	43
—	subpisana, Espagne, Tunisie, Istrie	144
—	surrodonta, Sahara	69
—	subsenilis, foss. mioc. Algérie	25
—	sustellostoma, foss. quat. Algérie	27
—	syntela, Tunisie	143
—	Syrosina, Syra (Archipel)	67
—	Tabarkana, Tunisie	143
—	Tacapica, id.	143
—	Tafernica, id.	142
—	Takredica, Maroc	69, 131
—	talepora, France	121
—	Tardyi, id.	121
—	tarentina, Italie	145

		Pages.
Helix	taria, Tunisie	143
—	Tarifensis, Espagne	108
—	Tassyi, France	133
—	Tauchoniana, Tunisie, Algérie	142
—	Tchernagorica, Monténégro	150
—	Tebourbana, Tunisie	143
—	tellica, Algérie	67
—	Tenietensis, id.	65
—	terricola, Tunisie	143
—	Thayaca, Algérie	63
—	thera, Tunisie, Algérie	144
—	therella, Tunisie	143
—	Tiani, Çomalis (Afrique)	119
—	tineiformis, Tunisie	144
—	Tiranoi, Espagne	131
—	Tisemsinica, Algérie	145
—	Tissotiana, Tunisie	144
—	Tlemcenensis, Algérie	64
—	Tohenica, Çomalis (Afrique	119
—	Toukriana, Algérie	68
—	tremata, Tunisie	143
—	triphera, France	121
—	Tritonidis, Tunisie	143
—	una, id.	143
—	urbanara, id.	144
—	vafella, id.	143
—	Vaganensis, id.	143
—	Valcourtiana, France, Espagne	108
—	Valdemusana, Espagne	131
—	Valeryana, id.	144
—	Vatonniana, Algérie	64
—	Velaviana, France	121
—	Vellanorum, id.	114, 121
—	Vendoperanensis, France	121
—	Veneriana, Tunisie, Algérie	145
—	Venetorum, France	121
—	veprium, id.	121
—	Vicianica, id.	122
—	villula, id.	121
—	virago, Italie	123

	Pages.
Helix virgultorum, France	121
— vivida, Tunisie	143
— votiophila, foss. mioc. France	35
— Warnieriana, Sahara	95
— Yleobia, Italie	123
— Zaritozi, Tunisie	142
— Zengitana, id.	144
— Zerguana, id.	143
— Zitanensis, id.	144
— Zitanica, id.	142
— Zitoumica, id.	145
Helixarion Raffrayi, Abyssinie	124
Hohenwarthia Hagenmulleri, Tunisie	145
— Pechaudi, id.	145
— tunetana, id.	145
Horatia albanica, Dalmatie	149
— fontinalis, id.	149
— Klecakiana, id.	149
— Letourneuxi, id.	149
— obliqua, id.	149
— obtusa, id.	149
— palustris, id.	149
— præclara, id.	149
— Servaini, id.	149
— Verlikana, id.	146
Horea tanganikana, Tanganika	164
Hyalinia acœna, Algérie	130
— achidæa, id.	130
— bradypa, id.	129
— chersa, France	121
— Cossoni, Tunisie	142
— diauga, Algérie	129
— gyraploa, id.	129
— ignari, Algérie, Espagne	129
— parthenica, Algérie	130
— permodesta, id.	129
— stæchadica, France	121
— suballiaria, Algérie	129
Hydrobia acerosa, id.	56
— arenaria, id.	56

	Pages.
Hydrobia Brondeli, Algérie.	56
— Challameliana, *id.*	94
— dolichia, foss. quat. Algérie	26
— Duveyrieri, Algérie.	95
— elachista, *id.*	56
— Peraudieri, *id.*	56
— phoxia, foss. quat. Algérie	26
— plagioxia, *id.*	26
— Reboudi, Algérie.	63
— Tritonum, Grèce	74
Hylacantha Anceyi, Tanganika.	165
Ischurostoma Filholi, foss. éoc. France.	31
Isthmia Doumeti, Tunisie.	145
Jolya Letourneuxi, Algérie.	101
Joubertia Baizeana, Tanganika.	164
Klecakia Letourneuxi, foss. plioc. Dalmatie.	33
Krynickillus Brondelianus, Algérie.	91
— eustrictus, Syrie.	63
— Maurelianus, France.	96
— subsaxanus, Algérie.	91
Lartetia Belgrandi, foss. quat. France.	28
— Joinvillensis, *id.*	28
— Mabilli, *id.*	28
— Nouletiana, *id.*	28
— Radigueli, *id.*	28
— Roujoui, *id.*	28
— sequanica, *id.*	28
Lavigeria callista, Tanganika.	164
— compsa, *id.*	164
— coronata, *id.*	164
— diademata, *id.*	164
— Jouberti, *id.*	164
— perexemia, *id.*	164
— Ruellaniana, *id.*	164
Ledoulxia alfieriana, Choa.	136
— formosa, Afrique équatoriale.	136

— 230 —

		Pages.
Ledoulxia insignis, Afrique équatoriale.		136
— megastoma,	id.	136
— unizonata,	id.	136
Leguminaia Doriæ, Italie.		127
— Gestroi,	id.	127
— Servaini,	id.	127
Leopardus brachystoma, Mamm. foss. quat. France		22
— Filholianus,	id. 12,	22
— Larteti,	id.	22
— presbyterus,	id.	22
Letourneuxia atlantica, Algérie.		129
— numidica,	id.	63
Lhotelleria ægyptiaca, Égypte		117
— Lævigata, Algérie.		101
— Letourneuxi,	id.	101
— ornata,	id.	101
— Pechaudi,	id.	117
— Saint-Simonis, Égypte		117
Limax abrostolus, Madère.		52
— Berytensis, Syrie.		74
— Brondelianus, Algérie.		54
— calendymus, Madère		52
— callichrous, Italie.		54
— Companyoi, France.		59
— Deshayesi, Algérie	54,	91
— Doriæ, Italie.		54
— drymonius, Madère.		52
— eremiophilus, Algérie.		54
— erythrus, France		87
— eubalius,	id.	87
— helveticus, Suisse.		83
— Martinianus, France.		96
— nubigenus,	id.	54
— nyctelius, Algérie.	54,	91
— phœniciacus, Syrie		74
— polyptielus, Ténériffe		52
— psarus, Italie		54
— pycnoblennius, France		54
— Raymondianus, Algérie	54,	91
— scaptobius,	id.	54

	Pages.
Limax subsaxauns, Algérie	54
— Veranyanus, Italie	54
— xanthius, Allemagne	63
Limicolaria Armandi, Çomalis (Afrique)	119
— Charbonieri, Afriq. équat.	157
— Chefneuxi, Choa	140
— Choana, id.	140
— Coulboisi, Afriq. équat.	157
— D'Hericourtiana, Choa	140
— Dromauxi, Afriq. équat	157
— Gilbertæ, Çomalis	119
— Giraudi, Afriq. équat	137
— glandinopsis, Choa	140
— lamellata, Afriq. équat	157
— Leontinæ, Çomalis	119
— Maunoiriana, id.	119
— megalæa, Afriq. équat	157
— Milne-Edwardsiana, Çomalis	119
— Perrieriana, id.	119
— pyramidalis, Choa	140
— Rabaudi, Çomalis	119
— Revoili, id.	119
— Rochebruni, id.	119
— sepulcralis, Afriq. équat.	157
— Soleilleti, Choa	140
Limnæa acroxa, Abyssinie	125
— acutespira, Bulgarie	114
— æthiopica, Abyssinie	125
— africana, Egypte, Abyssinie	125
— alexandrina, id.	125
— Alleryi, Sicile	115
— apalista, Italie	115
— apricana, France	115
— Aradasi, Sicile	115
— Barreri, foss. mioc. France	36
— Benoiti, Sicile, Italie	114
— Berlani, Valachie	96
— borealis, Russie	56
— Bourchardiana, Hongrie	115
— britannica, Angleterre	115

		Pages.
Limnæa	Brumatii, Frioul.	116
—	bulgarica, Bulgarie	115
—	Caillaudi, Abyssinie.	125
—	Cameroni, Afrique équat.	159
—	Cantalica, France.	115
—	Carotæ, Sicile.	115
—	colpodia, Anatolie, Bosphore	56
—	combsella, foss. mioc. France.	36
—	crassa, France.	115
—	crimeana, Russie	115
—	Cyphidœa, Sicile.	114
—	danubialis, Autriche, Croatie	115
—	Debaizei, Afrique équat.	149-159
—	debilis, Carniole, France	114
—	decussata, Espagne.	115
—	Doriana, Sicile.	56
—	elophila, France, Suisse.	56
—	eumicra, foss. mioc. France	36
—	exigua, Bulgarie.	115
—	Fenziana, Dalmatie.	115
—	Gravieri, Choa.	140
—	Heldreichi, Grèce	115
—	iberica, Espagne.	115
—	Isseli, Italie.	115
—	Jouberti, Tanganika	162
—	Kynganika, Afrique équat.	159
—	Langsdorffi, France.	105
—	Lavedaniea, id.	116
—	Laurenti, Tanganika.	162, 163
—	Lavigeriana, id.	163
—	Ligerica, France.	115
—	mamillata, id.	115
—	Mandraliscæ, Sicile.	115
—	Maresi, foss. quat. Algérie	26
—	Martorelli, Espagne.	66, 115
—	Maureliana, France.	115
—	Moitessieri, France	115
—	montana, France.	116
—	multizonata, France	115
—	Moscovica, Russie.	115

	Pages.
Limnæa Muriatica, France	115
— Nabresina, Frioul	116
— nivalis, France	105
— nubigena, id.	44
— oarium, Italie	115
— œnostoma, Corfou	116
— opisthostoma, France	116
— Peraudieriana, foss. quat. Algérie	26
— Perrieri, Çomalis (Afrique)	114
— Pheacina, Corfou	115
— Pilariana, Croatie, Italie	115
— plagiostoma, France	115
— Planinæ, Carniole	115
— Plaskiensis, Croatie	115
— Poirieri, Çomalis	114
— Pornæ, Italie	115
— præclara, Serbie	115
— psilia, France, Italie	56
— Putoni, France	115
— Raffrayi, Abyssinie	125
— raphidia, Dalmatie, Slavonie	53
— Revoili, Çomalis	114
— Roujoui, foss. quat. France	28
— sandriformis, France	115
— slavonica, Slavonie, Bavière	114
— Soleilleti, Choa	140
— sphærogyra, foss. mioc. France	36
— stenostoma, France	115
— subanpullacea, Angleterre, France	115
— terpna, foss. mioc. France	36
— thaumasta, Valachie	114
— Thorshavnensis, îles Feroë	115
— Vagoritana, France	115
— Varnensis, Bulgarie	115
— Vatonni, Sahara	96
— virescens, Andorre	115
— zanzibarica, Afrique équat.	158
Limnotrochus cyclostoma, Tanganika	138
— Giraudi id.	138
Lithoglyphus Penchinati, Valachie	97

	Pages.
Lithoglyphus Servainianus, Croatie	97
Lycorus Nemesianus, Mamm. foss. quat. France	12, 19
Maizania olivacea, Afrique équat.	158
Marconia gibbosa, *id.*	152
— recta, *id.*	158
Margaritana pyrenaica, France	152
Meladomus Alexandri, Afrique équat.	159
— Bloyeti, *id.*	159
— Deguerryanus, *id.*	159
— Jouberti, *id.*	159, 163
— Letourneuxi, Égypte.	104
— nitidissimus, Afrique équat.	159
— Pfeifferi, Haute-Guinée	104
— pyramidalis, Afrique équat.	104
Melanella agnatella, Bosnie	134
— amblya, Slavonie	134
— Berlani, Valachie	134
— crassilabris, Croatie	134
— castanea, Croatie	134
— codiella, Frioul	134
— coronata, Croatie, Dalmatie	134
— divina, Dalmatie	134
— eximia, Croatie, Slavonie	134
— Fagotiana, Croatie	134
— gigantea, Carniole, Croatie	134
— Krapinensis, Croatie	134
— Letourneuxi, Croatie, Bosnie	134
— ovoidea, Bulgarie	134
— Pilariana, Croatie, Bosnie	134
— speciosa, Croatie	134
Melania Seguri, Serbie (Danube)	39
Melanopsis acutespira, Espagne	135, 141
— Alepi, Syrie	135
— Ascania, *id.*	135
— aterrima, *id.*	135
— belonidæa, Algérie, Tunisie	135
— Belusi, Syrie	136
— Bofilliana, Espagne	135, 141
— callichroa, Syrie	135

Pages.

Melanopsis callista, Syrie 135
— cerithiopsis, id. 135
— Cossoni, Espagne 135, 141
— coupha, Tunisie 135
— desertorum, Anatolie, Syrie 136
— Doumeti, Tunisie 147
— Duveyrieri, id. 147
— egregia, Syrie. 136
— episema, Algérie, Maroc 135
— eumorphia, Syrie, ... 136
— Feliciani, id. 136
— Guiraoi, Espagne 135, 141
— Hebraica, Syrie 136
— Heliophila, Sahara, Maroc 136
— hiera, Syrie 135
— Isseli, Italie, Syrie, Algérie 135
— jebusitica, Syrie 135
— Klecakiana, foss. plioc. Dalmatie 33
— lampra, Syrie 136
— Latastei, Tunisie 147
— Letourneuxi, Algérie, Maroc 70
— macrostoma, Espagne 136, 141
— magnifica, Maroc 136
— Maresi, foss. quat. Algérie 136
— mauritanica, Maroc 135
— microcolpia, Syrie 135
— microstoma, Algérie 136
— minutula, Syrie, Algérie 135
— Mohammedi, Maroc 135
— myosotidæa, Espagne 135, 141
— Mzabica, Sahara 135
— obesa, Espagne, Algérie 135
— obliqua, Syrie 136
— Olivieri, Syrie, Bosphore 135
— olivula, Tunisie 147
— ovula, Espagne 136, 141
— ovum, Syrie 136
— Paulovici, foss. plioc. Dalmatie 33
— Pechaudi, Algérie, Maroc 136
— Penchinati, Espagne 64

Pages.

Melanopsis phœniciaca, Syrie 136
— pleuroplagia, Espagne. 136, 141
— pleurotomoidæa, Italie. 135
— potamactebia, Valachie, Croatie. 97
— Prophetarum, Syrie 135
— Rossmassleri, Espagne. 136, 141
— saharica, Algérie 135
— Salomonis, Syrie 135
— sancta, id. 135
— Saulcyi, id. 77
— Seignetti, Algérie, Maroc. 135
— Sesteri, Syrie. 135
— sphæroidæa, id. 135
— stephanota, id. 135
— subgraellsiana, Espagne. 135, 141
— subscalaris, Maroc. 135
— Tanousi, Syrie. 136
— Tripaloi, foss. plioc. Dalmatie. 33
— vespertina, Espagne, Maroc. 135-141
Melanoptychia acanthinula, foss. plioc. Dalmatie. . . . 33
— Mojsisovicsi, id. 33
— pleuroplagia, id. 33
Microcolpia canaliculata, Valachie. 135
— Coutagniana, Anatolie. 135
— Gallandi, id. 135
— Hagenmulleriana, Hongrie. 135
— Letourneuxi, Croatie. 135
— Mabilliana, Anatolie. 135
— pachistoma, Croatie 135
— peracuta, id. 135
— præclara, Croatie, Slavonie 135
— pyramidalis, Hongrie, Valachie. 135
— Rochebruniana, Anatolie 135
— Servaini, Slavonie, Bosnie. 135
— Stossichiana, Carniole. 135
— Villeserriana, Anatolie 135
Micronyassia eximia, lac Nyassa (Afrique). 150
— Giraudi, id. 151
— singularis, id. 151
— Smithi, id. 151

		Pages.
Milax baripus, Syrie		63
— eremiophilus, Algérie.		91
— scaptobius, id.		91
Milne-Edwardsia Barreri, foss. mioc. France.	35,	100
— Deshayesi, —	35,	100
Moiteissieria Gervaisiana, France		85
— Massoti, id.		85
— Rolandiana, id.		85
— Simoniana id.		85
Moncetia Anceyi, Tanganika.		139
— Bridouxi, id.		71
— Jouberti, id.		71
— Lavigeriana, id.		71
— Moineti, id.		71
— Rochebruniana, id.		71
Musimon Faidherbi, Mamm. foss. quat., Algérie		18
— Lartetianus, id.		18
— Rouvieri, id.		18
Mutela Bridouxi, Tanganika		71
— Jouberti, id.		71
— Lavigeriana, id.		71
— Moineti, id.		71
— Monceti, id.		71
— soleniformis, id.		71
— Vysseri, id.		71
Neæra Maresi, foss. plioc. Algérie.		27
Nematurella Aristidis, foss. plioc. Dalmatie.		33
— communis, id.		33
— Klecakiana, id.		33
— lamellata, id.		33
— Letourneuxi, id.		33
— obesa, id.		33
— Paulovici, id.		33
— producta, id.		33
— pygmæa, id.		33
— Sandriana, id.		33
— Stossichiana, id.		33
— Tripaloi, id.		33
Nenia Mahilli, France		98

	Pages.
Neothauma euryomphalus, Tanganika.	163
— Giraudi, id.	138
— Jouberti, id.	163
— Pelseneeri, id.	163
— Vysseri, id.	163
Neritina Maresi, Algérie.	93
— Michoni, Syrie.	74
— Saulcyi, Grèce.	74
— Syriaca, Syrie.	74
Nyassella acuminata, lac Nyassa (Afrique).	151
— arenaria, id.	151
— episema, id.	151
— formosa, id.	151
— pulchra, id.	151
— Smithi, id.	151
— Tayloriana, id.	151
Nyassia acutalis, id.	151
— callista, id.	151
— Edgari, id.	151
— elegans, id.	151
— Giraudi, id.	151
— hermosa, id.	151
— lacunosa, id.	151
— lacustris, id.	151
— nodulosa, id.	151
— magnifica, id.	151
— paradoxa, id.	151
— rivularis, id.	151
— thaumasta, id.	151
Nyassomelania lævigata, id.	151
— leia id.	151
— truncatelliformis, id.	151
Opeas isseli, Abyssinie	125
Orcula desertorum, Syrie.	69
— hellenica, Grèce.	69
— Mabilliana, id.	69
— pyrgula, Syrie.	69
— ropala, id.	69
— scyphoidea, Anatolie	69

	Pages.
Orcula turcica Archipel (Santorin)	69
Otopoma Perrieri, Çomalis	114
— Poirieri, id.	114
Pachnodus Leroyi, Afrique équatoriale	154
— Rochebrunianus, Abyssinie	125
— Sesamorum, Afrique équatoriale	154
Paladilhia Gervaisiana, France	94
— Masclaryana, id.	63
— Moitessieri, id.	94
— pleurotoma, id.	94
— sequanica, id.	106
— Servaini, Espagne	106
Paludestrina aciculina, France	68
— acutalis, id.	68
— arenarum, id.	68
— Cossoni, Tunisie	146
— elegantissima, Algérie	68
— eucyphogyra, France	68
— euryomphalus, id.	68
— gracillima, id.	68
— leneumicra, id.	68
— Mabilli, id.	68
— meca, Tunisie	146
— mecyna, id.	146
— Milne-Edwardsiana, France	68
— Moitessieri, France	68
— Narbonensis, id.	68
— oxitata, Tunisie	146
— paludinelliformis, France	68
— Saint-Simoniana, id.	68
— Sancti-Coulbani, id.	68
— soluta, id.	68
— spiroxia, id.	68
— vitracca, Tunisie	146
Paramelania arenarum, Tanganika	164
— Baizeana, id.	138
— bythiniformis, id.	164
— callopleuros, id.	138
— Cameroniana id.	138

		Pages.
Paramelania crassilabris,	Tanganika	138
— Duveyrieriana,	id.	138
— egregia,	id.	138
— elongata,	id.	164
— formosa,	id.	164
— Giraudi,	id.	138
— Grandidieriana,	id.	138
— Hamyana,	id.	138
— infralirata,	id.	164
— lacunosa,	id.	164
— Ledoulxiana,	id	138
— Lessepsiana,	id.	138
— limnæa,	id.	164
— Livingstoniana,	id.	138
— Locardiana,	id.	138
— Mabilliana,	id.	164
— Milne-Edwardsiana,	id.	138
— nassatella,	id.	164
— nassatiformis,	id.	164
— obtusa,	id.	164
— palustris,	id.	164
— pulchella,	id.	138
— Randabeli,	id.	164
— Reymondi,	id.	138
— singularis,	id.	164
— Servainiana,	id.	138
— Smithi,	id.	164
— spinulosa,	id.	138
— Stanleyana,	id.	138
— timida,	id.	164
— venusta,	id.	164
Parmacella Moquini, France		51
Paulia Berenguieri, id.		118
— Locardiana, id.		118
Pechaudia Letourneuxiana, Algérie.		116
Peringia admirabilis, Tunisie		146
— cyclolabris, Algérie.		68
— helvetica, Suisse.		68
— Letourneuxi, France.		68
— Mabilli, Algérie		68

                                             Pages.
Peringia micropleuros, France 68
   — microstoma, id. 68
   — Nansoutyana, id. 68
   — paradoxa, Tunisie 146
   — Perrieriana, France 68
   — punica, Tunisie 146
   — pyramidalis, Algérie. 68
   — Reboudi, id. 68
   — solitaria, Tunisie 146
   — tumida, Algérie 68
Petrettinia Letourneuxi, foss. plioc. Dalmatie. 34
Physa acutespira, France 122
   — Brondeli, Algérie. 46
   — Canariensis, îles Canaries 46
   — Coulboisi, Tanganika 163
   — cyrtonota, Afrique méridionale. 46
   — Fischeriana, Abyssinie 45
   — Forskali, id. 125
   — Maresi, foss. quat. Algérie. 26
   — Randabeli, Tanganika. 163
   — Raymondiana, Algérie. 46
   — Saulcyi, Égypte. 46
   — Taciti, France 122
   — Taslei, id. 80
   — truncata, Égypte 46
   — Verreauxi, Afriq. mérid.. 46
Physopsis Bloyeti, Afriq. équat. 158
   — eximia, Abyssinie 104
   — Letourneuxi, Egypte. 104
   — Lhotellerii, id. 104
   — Meneliki, Choa. 140
   — ovoidea, Afriq. équat. 104
   — præclara, id. 104
   — Soleilleti, Choa 140
   — Stanleyana, Afriq. équat.. 104
Pisidium Giraudi, Tanganika 139
   — hermosum, id. 165
   — Moquinianum, Amériq. mérid. 41
   — Recluzianum, France 75
   — sinuatum, id. 74

— 242 —

		Pages.
Pisidium	Vionianum, foss. quat. France	28
Planorbis	aclopus, Algérie	51
—	adelosius, Italie	51
—	Adowensis, Abyssinie	103
—	æthiopicus, id.	125
—	agraulus, Algérie	93
—	anabænus, foss. mioc. France	36
—	anthracius, Valachie	51
—	Arcelini, foss. quat. France	30
—	atticus, Grèce	74
—	Aucapitainianus, foss. quat. Sahara	95
—	Banaticus, Autriche	51
—	Bridouxianus, Tanganika	163
—	callistus, foss. mioc. France	36
—	Campaneus, id.	36
—	Crosseanus, Suisse	84
—	diaphanellus, Algérie	93
—	Duveyrieri, foss. quat. Sahara	95
—	elophilus, Transylvanie	51
—	Emyduum, foss. mioc. France	36
—	epagogus, id.	36
—	euchelius, Algérie	93
—	euphæus, id.	93
—	gyreligmus, foss. mioc. France	36
—	hebraicus, Syrie	74
—	Herbini, Abyssinie	125
—	Jobæ, foss. mioc. Algérie	26
—	Lavigerianus, Tanganika	163
—	lenapalus, foss. mioc. France	36
—	leptogyrus, id.	36
—	Mabilli, France	65
—	Maresianus, foss. quat. Sahara	95
—	megistus, Valachie	96
—	microstatus, foss. mioc. France	36
—	Monceti, Tanganika	163
—	Nordenskioldi, Russie	51
—	numidicus, Algérie	93
—	omalus, foss. mioc. France	36
—	Penchinati, Valachie	96
—	piscinarum, Syrie	74

	Pages.
Planorbis Radigueli, foss. quat. France	28
— Raymondi, Algérie	93
— sphæriolenus, foss. mioc. France	36
— stelmachætius, France	79
— tanganikanus, Tanganika	163
— telæus, foss. mioc. France	36
Planorbula calliodon, Égypte	70
— Chambardiana, id.	70
— Cleopatræ, id.	70
— diodonta, id.	70
— Ægyptiaca, id.	70
— Letourneuxi, id.	70
— microstoma, id.	70
— odontostoma, id.	70
— Tanousi, id.	70
Pliodon Diolibanus, Niger	104
— elongatulus, id.	104
— Letournouxianus, id.	104
— pachyodon, id.	104
Plotia Bloyeti, Afriq. équat.	159
— Leroyi, id.	159
Poeyia gundlachioides, Cuba (Antilles)	55
Pomatias Aradasi, Sicile	69
— atlanticus, Algérie	64
— baliolenus, Sicile	69
— Belloiri, Tunisie	146
— cyclonixius, id.	146
— Doumeti, id.	146
— euneus, id.	146
— eupleurus, Sicile	69
— euristoma, Tunisie	146
— Frossardi, foss. quat. France	30
— Henoni, Tunisie	146
— Isselianus, France	96
— Latasteanus, Tunisie	146
— Letourneuxi, Algérie	63
— Macei, France	96
— megotius, Sicile	69
— Monterosati, id.	69
— monticola, Tunisie	146

	Pages.
Pomatias Pinianus, Sicile.	69
— primævus, foss. quat. France	28
— punicus, Tunisie	146
— Rayanus, France	49
— Rogeri, Tunisie	146
— Sabaudinus, France	86
— Simonianus, id.	96
— Tunetanus, Tunisie	146
Pseudanodonta aploa, France	162
— Arnouldi, id.	162
— Berlani, Valachie	110
— Cazioti, France	162
— Danubialis, Valachie	110
— ellipsiformis, id.	110
— Euthymei, France	162
— Grateloupiana, id.	110
— imperialis, id.	162
— Isariana, id.	162
— Klettii, Danemark, Russie	110
— lacustris, France	162
— Letourneuxi, Valachie	110
— Ligerica, France	110
— mecyna, Valachie	110
— Mongazonæ, France	162
— Nantelica, id.	162
— Nordenskioldi, id.	110
— Pacomei, id.	162
— Pancici, Serbie, Valachie	110
— Pechaudi, France	162
— præclara, Valachie	110
— Rayi, France	110
— rivalis, id.	162
— Rossmassleri, Serbie, Valachie	110
— scrupœa, Valachie	110
— Tanousi id.	110
— Trivurtina, France	162
Pupa amblya, foss. quat. Algérie	26
— Andorrensis, Andorre (Pyrénées)	85
— Aucapitainiana, Algérie	93
— Barattei, Tunisie	145

	Pages.
Pupa Blanci, foss. quat. France	32
— Bourgetica, France	86
— Brondeli, Algérie	93
— Delesserti, Syrie	77
— ectina, foss. quat. Algérie	26
— eudolicha, France	60
— Gaudryi, Chypre	40
— Lallemantiana, Algérie	93
— Letourneuxi, id.	93
— Loroisiana, France	80
— Massotiana, Andorre (Pyrénées)	85
— Michoni, Syrie	77
— palæa, foss. quat. France	28
— Penchinatiana, Andorre (Pyrénées)	85
— Poupillieri, Algérie	93
— punica, Tunisie	145
— Raymondi, Syrie	59
— Sabaudina, France	86
— Saulcyi, Syrie	74
— Sublævigata, France	86
Pupilla Raffrayi, Abyssinie	125
Pyrgula pyrenaica, France	55
Rachis Bloyeti, Afrique équatoriale	154
— elongatulus, id.	154
— Jouberti, id.	154
— pachystoma, id.	154
Rachisellus Burtoi, id.	154
— Ledoulxi, id.	154
Raffraya Milne-Edwardsi, Abyssinie	125
Randabelia catoxia, Tanganika	164
Reymondia Bridouxiana, id.	164
— Giraudi, id.	138
— Horei, id.	138
— Jouberti, id.	163
— Monceti, id.	163
— pyramidalis, id.	164
Revoilia Milne-Edwardsi, Çomalis	114
Rochebrunia Delmaresi, Afrique équatoriale	149
— Guillainopsis	120

Pages.
Rochebrunia Letourneuxi, Afrique équatoriale 149
— Revoili, Çomalis 119
Rumella callifera, Tanganika 164
— Giraudi, id. 138
— Jouberti, id. 164
— Lavigeriana, id. 164
— Milne-Edwardsiana, id. 138

Saint-Simonia birimata, foss. plioc. Dalmatie. . . . 34
— Letourneuxi, id. . . . 34
Sansania Larteti, foss. mioc. France. 35
Segmentina Barreri, id. 36
— Larteti, id. 36
— microcephala, France 116
— Milne-Edwardsi, foss. mioc. France. 36
— Montgazoniana, France 116
— Servaini, Hongrie, Croatie 116
Serpæa Pintoi, Afriq. équat. 156
Sesteria Gallandi, Diarbekir. 132
Sitala Raffrayi, Abyssinie. 124
Soleilletia Abbadiana, Choa. 140
— Hamyana, id. 140
Spathella Bloyeti, Afrique équatoriale 160
— Nyassana, lac Nyassa (Afrique). 152
— spathuliformis, Afrique équatoriale. 160
Spekia Cameroni, Tanganika 163
— Duveyrieriana, id. 138
— Giraudi, id. 138
— Grandidieriana, id. 138
— Hamyana, id. 138
— Reymondi, id. 138
Sphærium Alpecanum, France 121
— Boettgerianum, Pologne. 121
— Brochonianum, France 78
— Deshayesianum, id. 38
— gallicum, id. 121
— hispanicum, Espagne 66
— Letourneuxi, Valachie. 121
— Loiræ, France 120
— Servaini, France 121

	Pages.
Sphærium subcapense, Abyssinie	125
Sphyradium Adamii, Italie	69
Stanleya, Giraudi, Tanganika	138
— Smithiana, id.	138
Stenogyra Grandidieriana, Afrique équatoriale	157
— Leroyi, id.	157
Subulina cylindracea, id.	157
— Jickelii, Abyssinie	125
— Jouberti, Afrique équatoriale	157
— Lhotellerii, Abyssinie, Afrique équatoriale. 103,	125
— Mabilliana, Abyssinie	125
— Perrieriana, id.	125
Succinea Adowensis, id.	103
— africana, Afrique méridionale	44
— brachya, France	100
— Chefneuxi, Choa	140
— chroabsinthina, France	100
— Dupuyana, id.	100
— Fagotiana, id.	100
— haliotidea, id.	100
— Joinvillensis, foss. quat. France	27
— Maresi, foss. quat. Algérie	25
— megalonixia, Sicile	51
— Meneliki, Choa	140
— Milne-Edwardsi, France	100
— pyrenaica, id.	100
— Raymondi, Algérie	44
— Saint-Simonis, France	100
— Servaini, Espagne	108
— Soleilleti, Choa	140
— strepholena, Espagne	108
— sublongiscata, France	100
— Valcourtiana, id.	96
— xanthelæa, id.	100
Sus primævus, Mamm. foss. quat. France	13
Syrnolopsis Anceyana, Tanganika	137
— Giraudi, id.	137
— Grandidieriana, id.	137
— Hamyana, id.	137
— minuta, id.	137

Pages.

Tanganikia Fagotiana,	Tanganika		138
— Giraudi,	id.		138
— globosa,	id.		138
— Maunoiriana,	id.		138
— opalina,	id.		163
— ovoidea,	id.		138
Tanousia Letourneuxi,	Dalmatie		116
— Marchesettiana,	id.		116
— Stossichiana,	id.		116
Tayloria Jouberti, Afrique équatoriale			153
Testacella Brondeli, Algérie			55
— drymonia, Italie (Capri)			94
— episcia, France			83
— Fischeriana, Algérie			54
— Nouleti, foss. mioc. France			35
— Pecchiolii, Italie			55
— Saulcyi, Syrie			74
Thapsia Buchholzi, Afrique équatoriale			136
— Chaperiana,	id.		153
— euryomphala, Abyssinie			124
Tiara Vouanica, Afrique équatoriale			159
Tigris europæa, Mamm. foss. quat. Belgique			21
Tiphobia Jouberti, Tanganika			141
— longirostris,	id.		141
Tripaloia Letourneuxi, foss. plioc. Dalmatie			34
Trochonanina Anceyi, Afrique équatoriale		136,	153
— Bloyeti,	id.		153
— Leroyi,	id.		153
— Smithi,	id.		153

Unio actephilus, Suisse		84
— adonus, France		152
— Albanorum, id.		152
— Alfierianus, Choa		141
— Alpecanus, France		122
— Andeliacus, id.		152
— Ararisianus, id.		152
— arcuatulus, id.		152
— arenarum, id.		122
— Bagdadensis, Mésopotamie		74

— 249 —

		Pages.
Unio Benoiti, Sicile		126
— Berenguieri, France		122
— Berthelini, id.		122
— Besnardianus, id.		152
— Bivonianus, Sicile		127
— Blanci, Italie		127
— Bourgeticus, France		122
— Brevieri, id.		122
— Bridouxi, Tanganika		71
— Caficianus, Sicile		127
— calathus, Tanganika		139
— callichrous, Italie		127
— campanus, id.		127
— campsus, id.		126
— campylus, France		152
— Cancrorum, id.		122
— Caroliensis, id.		152
— Catalaunicus, id.		152
— Caumonti, id.		152
— Charbonnieri, Tanganika		71
— Churchillianus, Mésopotamie		49
— Cirtanus, foss. mioc. Algérie		26
— Corbini, France		122
— Coulboisi, Tanganika		71
— Courquinianus, Espagne		62
— crassatellus, France		122
— d'Anconæ, Italie		127
— Delesserti, Syrie		74
— Delevelieusæ, Tunisie		147
— Delpretei, Italie		126
— diptychus, France		152
— Dolfusianus, id.		122
— Doumeti, Tunisie		147
— Dromauxi, Tanganika		71
— Duponti, Nyanza-Oukéréwé		128
— Edwardsianus, id.		128
— edyus, France		122
— eucallistellus, Italie		127
— eucirrus, Syrie		49
— eucyphus, Anatolie		49

		Pages.
Unio euphraticus, Mésopotamie		74
— fabæformis, France		122
— Fagoti,	id.	122
— falsus,	id.	122
— Fournei,	id.	122
— Frayssianus,	id.	152
— gallicus,	id.	122
— Gentiluomoi, Italie		127
— Gestroianus, France, Italie		122
— glaucinus, Italie		126
— Gobionum, France		122
— Gonthieri, Russie		49
— Graellsianus, Espagne		62
— Grandidieri, Nyanza-Oukérewé		128
— Grantianus,	id.	128
— Grelloisianus, Syrie		46
— Guillemeti, Tanganika		71
— Gurkensis, Italie		126
— Hamyanus, Choa		141
— Hattemani, France		152
— Hauterivianus,	id.	122
— Hauttecœuri, Nyanza-Oukérewé		128
— Hermosus, lac Nyassa (Afrique)		152
— Hippopotami, foss. quat. France		28
— ignari, France		152
— ignariformis,	id.	152
— Ilgi, Choa		140
— Ingrandiensis, France		152
— Isseli, Italie		127
— Jickelii, Abyssinie		126
— Joinvillensis, foss. quat. France		28
— Jordanicus, Syrie		46
— Josseti, Tanganika		71
— Jouberti,	id.	71
— Jousseaumei, France		122
— Lagnisicus,	id.	122
— latinus, Italie		126
— Lavigerianus, Tanganika		71
— Lemotheuxi, France		152
— Letourneuxi, Algérie		93, 94

— 251 —

		Pages.
Unio	Ligerieus, France	122
—	Locardianus, id.	122
—	Lourdeli, Nyanza-Oukéréwé	149
—	lugdunicus, France	152
—	lunulifer, Syrie	46
—	Maccarthyanus, Algérie	63
—	macrorhynchus, France	122
—	Mariæ, id.	152
—	Matronicus, id.	122
—	mauritanicus, Algérie	65
—	Menardi, Tanganika	71
—	Meneliki, Choa	141
—	meretricis, Italie, France	122
—	Meyranicus, France	152
—	Michoni, Syrie	74
—	Milne-Edwardsi, France	122
—	Moineti, Tanganika	71
—	Monceti, Nyanza-Oukéréwé	128
—	Monterosati, Sicile	127
—	mucidellus, France	152
—	mucidulus, id.	122
—	nyassanus, lac Nyassa (Afriq.)	152
—	Oberthurianus, France	152
—	Opperti, Mésopotamie	45
—	orientalis, id.	74
—	Pacomei, France	152
—	padanus, Italie	127
—	Passavanti, France	152
—	Pecchiolii, Italie	127
—	Pedemontanus, id.	127
—	Penchinatianus, Espagne	62
—	Piloti, France	122
—	Pinciacus, id.	122
—	pisanus, Italie	126
—	Pornæ, Italie, France	122
—	potamius, France	122
—	proechistus, Valachie	97
—	proechus, Suisse	84
—	Prusii, Anatolie	45
—	Randabeli, Tanganika	71

	Pages.
Unio rathymus, France	122
— Rayi, id.	122
— Riciacensis, id.	122
— rostratellus, id.	122
— Rothi, Syrie	62
— Rouirei, Tunisie	147
— Ruellani, Nyanza-Oukéréwé	128
— Salmarensis, France	152
— Saulcyi, Syrie	74
— Schwerzenbachi, Turquie	45
— Sebinensis, Italie	126
— Seneauxi, France	152
— septentrionalis, id.	122
— Socardianus, id.	122
— Soleilleti, Choa	140
— Strobeli, Italie	127
— subreniformis, Espagne	62
— Surraulti, France	152
— talus, id.	152
— terminalis, Syrie	74
— Tigridis, Mésopotamie	74
— Triffoiricus, France	152
— Tripolitanus, Syrie	74
— Uziellii, Italie	126
— Valliericus, France	152
— Verbanicus, Italie	126
— Vescoi, Turquie	45
— Vinckei, Tanganika	71
— Vittorioi, Italie	126
— Vysseri, Tanganika	71
— Zenaticus, Algérie, Tunisie	147
Ursus Faidherbianus, Mammifère vivant et foss. quat. Algérie	11, 17
— Lartetianus, Mamm. foss. quat. Algérie	11, 15
— Letourneuxianus, id.	11, 16
— Pomelianus, Mamm. foss. quat. France	13
— Rouvieri, Mamm. foss. quat. Algérie	11, 16
Valvata ægyptiaca, Egypte	70
— Arcelini, foss. quat. France	30

	Pages.
Valvata callista, Égypte.	70
— Coronadoi, Espagne.	66
— judaica, Syrie.	70
— Larteti, foss. mioc. France.	36
— Letourneuxi, Égypte.	70
— planulata, id.	70
— Revoili, Afriq. équat.	159
— Rothi, Égypte.	70
— Saulcyi, Syrie.	77
— syriaca, Syrie.	70
Vertigo aprica, Algérie.	93
— Barreri, foss. mioc. France.	35
— bothriocheila, id.	36
— briobia, Algérie.	94
— callostoma, foss. mioc. France.	36
— Campanea, id.	36
— chydæa, id.	35
— codia, Algérie.	93
— codiolena, foss. mioc. France.	36
— cyclophora, id.	36
— discheilia, foss. quat. Algérie.	26
— eucrina, foss. [mioc. France.	35
— eumicra, Suisse.	84
— læmodonta, foss. mioc. France.	36
— Latasteana, Tunisie.	145
— Ludovici, foss. mioc. France.	35
— Maresi, foss. quat. Algérie.	26
— microlena, Algérie.	93
— micronixia, foss. mioc. France.	36
— Milne-Edwardsi, id.	36
— necra, id.	36
— onixiodon, id.	36
— ragia, id.	36
— rhynchostoma, id.	36
— tapeina, id.	35
— triodonta, id.	36
Vitrina æthiopica, Abyssinie.	124
— antediluviana, foss. quat. Algérie	27
— Herbini, Abyssinie.	124
— Letourneuxi, Algérie.	94

	Pages.
Vitrina Milne-Edwardsiana, Abyssinie	124
— Penchinati, France	67
— Poirieriana, Abyssinie	124
— Raffrayi, id.	124
— striata, France	67
Vivipara acerosa, Valachie, Serbie, Croatie	56
— amblya, Valachie	97
— Aristidis, Serbie	106
— Bajamontiana, foss. plioc. Dalmatie	33
— Blanci, Grèce	106
— brachya, Croatie, Carniole, Frioul	100
— Bridouxiana, Tanganika	163
— Brincatiana, id.	163
— carniolica, Carniole	106
— cloantha, Manchourie	54
— communis, France, Allemagne	106
— crystallina, Angleterre	106
— danubialis, Valachie	97
— elophila, Manchourie	57
— Gallandi, Turquie	106
— imperialis, France	133
— Isseli, Italie	106
— Letourneuxi, Valachie	106
— microlena, Valachie	97
— Nevilli, Angleterre	106
— occidentalis, France 97,	106
— pachya, Manchourie	54
— paludosa, Danemark	106
— Pauloviciana, foss. plioc. Dalmatie	33
— Penchinati, Valachie	96
— Simonsi, lac Nyassa (Afrique.)	152
— Smithi, id.	152
— sphæridia, Valachie	106
— stelmaphora, Chine	56
— strongyla, Valachie, Allemagne	106
— subfasciata, Anatolie, Europe méridionale	96
— Taciti, Valachie	106
— Tanousi, Serbie	106
— taurica, Russie	106
— Thiesseana, Valachie	106

		Pages.
Zonites acænus,	Algérie	108
—	achidæus, id.	108
—	achlyophilus, id.	91
—	amphicyrtus, Syrie	52
—	apalistus, Algérie	91
—	apneus, foss. mioc. France	35
—	argius, Algérie	52
—	Blidahensis, id.	63
—	Blondianus, France	96
—	callopisticus, id.	108
—	catoleius, Égypte	66
—	cavaticus, Algérie	108
—	chelius	91
—	Courquini, Espagne	66
—	crystalliformis, Dalmatie	108
—	deilus, Russie	48
—	diaugus, Algérie, Tunisie	108
—	Dumontianus, France	86
—	Durandoianus, Algérie	66
—	Elephantium, foss. quat. France	27
—	eudedalæus, Grèce	47
—	eurabdotus, Algérie	63
—	eustilbus, id.	91
—	Farinesianus, France, Espagne	65
—	gyrocurtus, Espagne	108
—	illautus, France	107
—	improperus, Algérie	108
—	Issericus, Algérie	64
—	Jacetanicus, Espagne	66
—	latebricola, Grèce	47
—	Lawleyanus, Italie	60
—	Maceanus, France	96
—	Navarricus, France, Espagne	65
—	noctuabundus, France	108
—	parthenicus, Algérie	108
—	Pazi, Espagne	63
—	permodestus, Algérie	108
—	Pictonicus, France	66
—	piestius, Algérie	52
—	Pilaticus, Suisse	83

Zonites Pomelianus, Algérie	63
— psaturus, id.	91
— pseudohydatinus, France, Italie	47
— Rigiacus, Suisse	83
— secretus, France	108
— sedentarius, France	108
— septentrionalis, France	65
— stilpnus, foss. quat. France	32
— subglaber, France	80
— subplicatulus, Algérie	94
— subterraneus, France	47
— subvitreolus, Algérie	108
— tardus, id.	108
— tenebrarius, France	108
— umbraticus, Espagne	107
— vesperalis, France, Algérie	108
— vitreolus, Espagne	108
— Walderdorffi, Dalmatie	108
— Zancleus, Sicile	108
Zospeum aglenum, Carniole	48
— nycteum, id.	48
— nyctozoilum, id.	48

FIN

DU MÊME AUTEUR

(*En cours d'exécution*)

I

ICONOGRAPHIE

DES LAMELLIBRANCHES

DE LA TURQUIE D'ASIE

(Anatolie, Syrie, Mésopotamie)

1 v. in-4; av. 15 pl. n. s. chine.

II

ORDINUM, FAMILIARUM GENERUMQUE

CONSPECTUS METHODICUS

MOLLUSCORUM EXTRAMARINORUM

in europæo systemati

ANNO MDCCCXCI VULGATORUM

1 vol. in-4 cum tabulis.

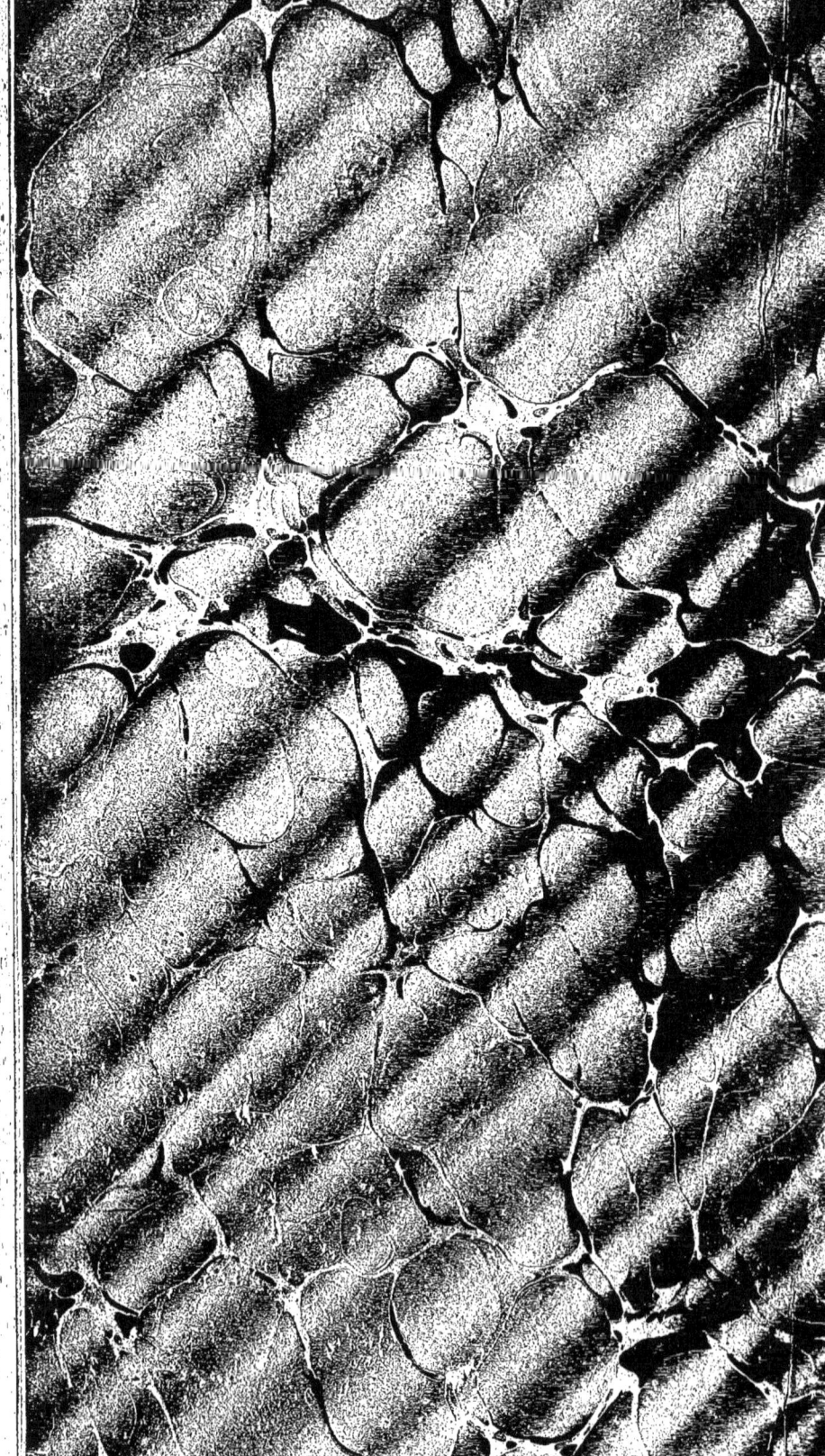

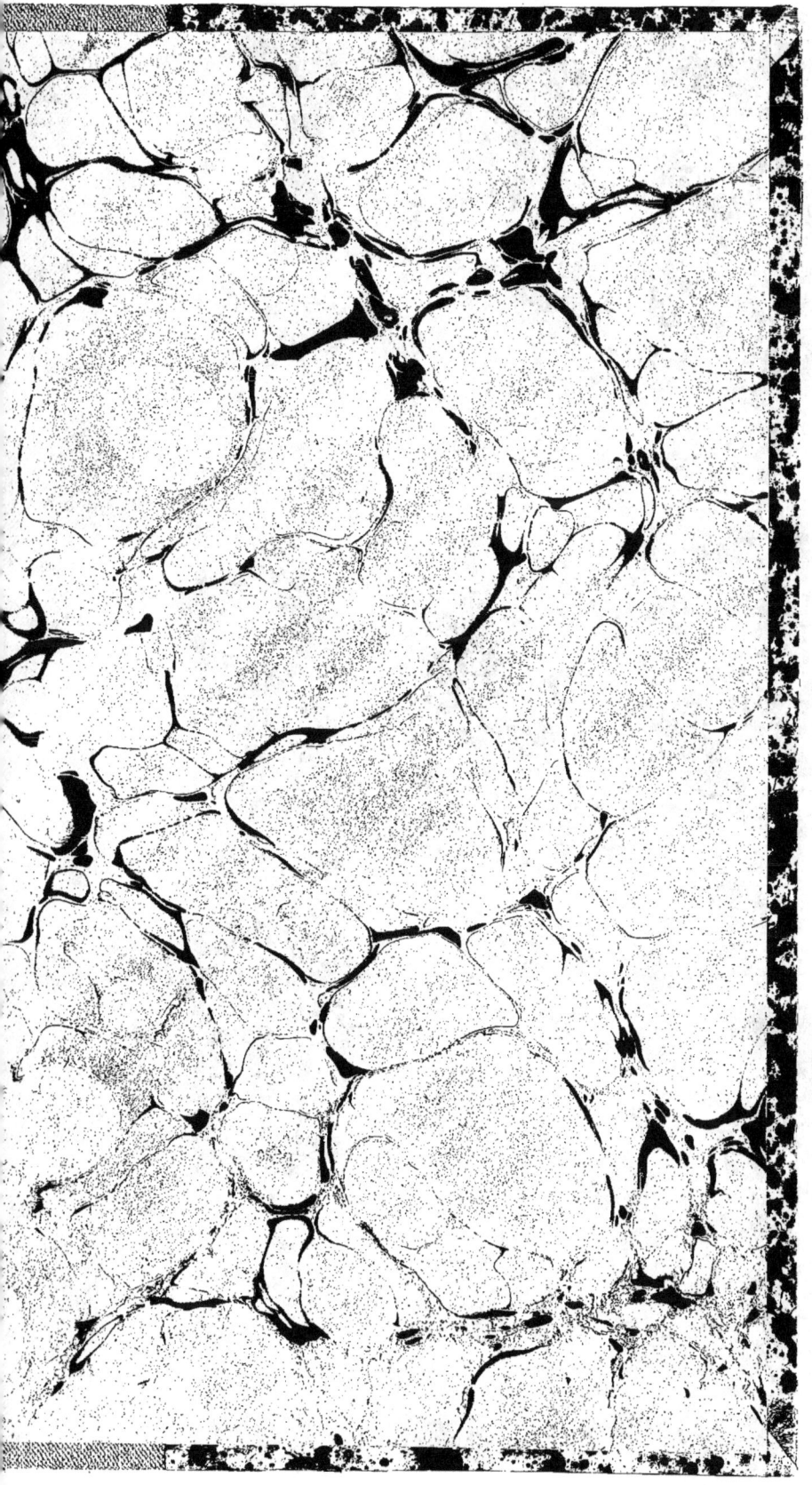

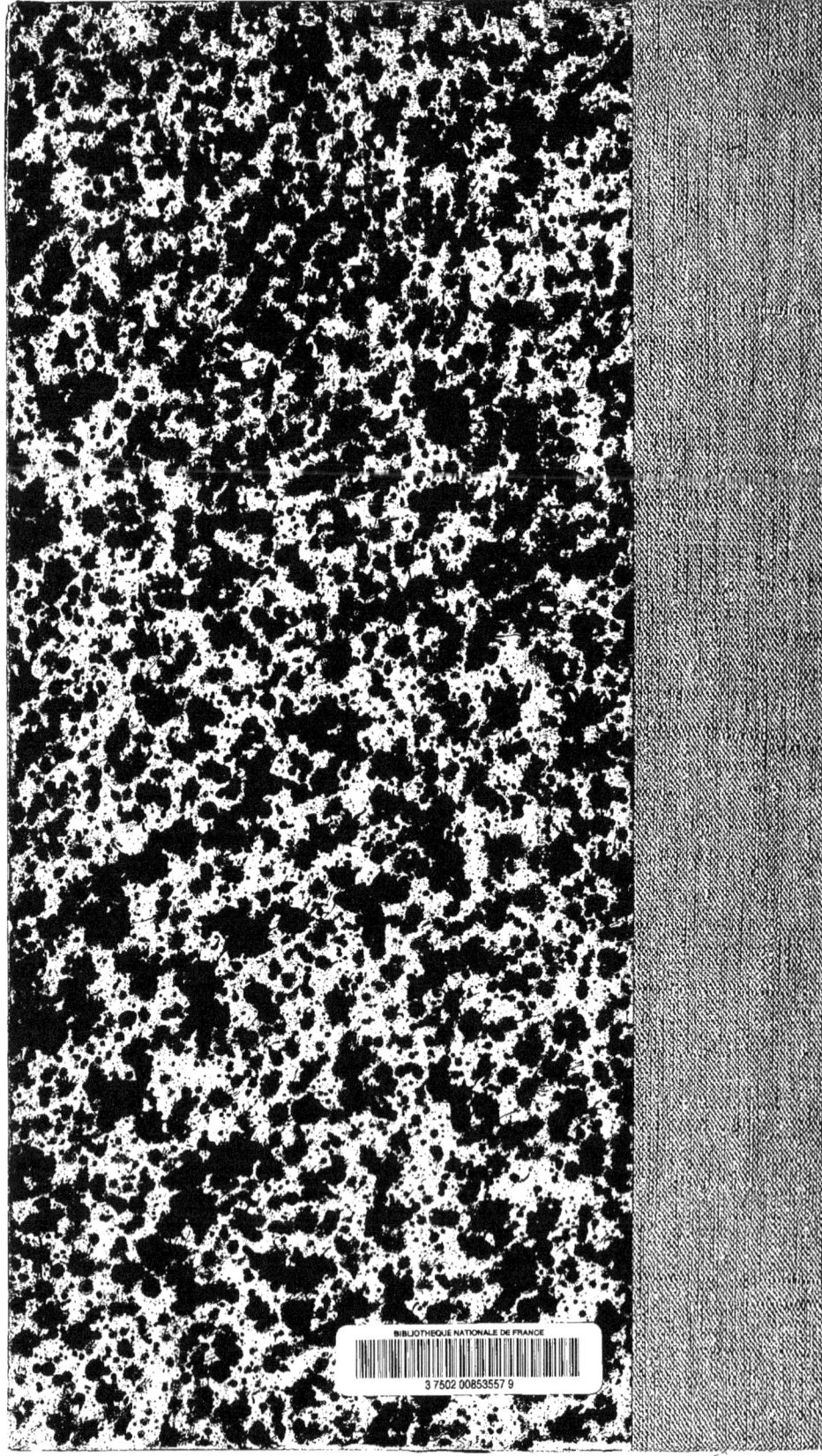

www.ingramcontent.com/pod-product-compliance
Lightning Source LLC
Chambersburg PA
CBHW050644170426
43200CB00008B/1146